陶行知教育名篇评述

梁伯琦 编著

浙江工商大学出版社
ZHEJIANG GONGSHANG UNIVERSITY PRESS
· 杭州 ·

图书在版编目(CIP)数据

陶行知教育名篇评述 / 梁伯琦编著. —杭州:浙江工商大学出版社,2022.6(2023.4重印)
ISBN 978-7-5178-4940-7

Ⅰ. ①陶… Ⅱ. ①梁… Ⅲ. ①陶行知(1891—1946)—教育思想—研究 Ⅳ. ①G40-092.6

中国版本图书馆 CIP 数据核字(2022)第 080091 号

陶行知教育名篇评述
TAOXINGZHI JIAOYU MINGPIAN PINGSHU
梁伯琦 编著

责任编辑	唐 红
责任校对	何小玲
封面设计	东印广告
责任印制	包建辉
出版发行	浙江工商大学出版社
	(杭州市教工路198号 邮政编码310012)
	(E-mail:zjgsupress@163.com)
	(网址:http://www.zjgsupress.com)
	电话:0571-88904980,88831806(传真)
排 版	杭州朝曦图文设计有限公司
印 刷	杭州宏雅印刷有限公司
开 本	710mm×1000mm 1/16
印 张	18
字 数	276千
版 印 次	2022年6月第1版 2023年4月第2次印刷
书 号	ISBN 978-7-5178-4940-7
定 价	58.00元

序

　　陶行知原名陶文睿,1891年10月18日出生于安徽歙县西乡黄潭源村的一个农民家庭。少年时入歙县一所教会办的崇一小学堂,1908年从崇一中学堂毕业,1909年入南京汇文书院学习,1910年转入南京金陵大学文科。1914年赴美留学,先后在伊利诺大学、哥伦比亚大学师范院学习,获得都市学务总监资格文凭和教育硕士学位。1917年夏天归国,即任教于南京高等师范学校。1922年南京高等师范学校并入东南大学,陶行知任东南大学教授、教育科主任、教育系主任。1923年8月,辞去东南大学职务,专任中华教育改进社总干事。

　　早在金陵大学学习期间,青年陶行知即崭露出超众的教育天赋。他留美归国以后就投入到中国教育改造的实践中。1917年下半年,他率先提出:"吾国办学十余年,形式上虽不无可观,而教育进化之根本方法,则无人过问。"(第1卷,第209页)①1918年9月又接着提出:"吾国维新二十载,形式上虽不无可观,而知识进化之根本方法,则无人过问。"(第1卷,第235页)洋务教育、维新教育,以及废除科举、兴学堂都是相当可观的教育改革,但是未见显著成效,究其原因,正如陶行知所说:教育进化与知识进化之根本方法无人过问。陶行知是位治学严谨的大学者,他一贯提倡做学问以诚为本。1918年9月,他在南京高等师范学

---

① 本书陶行知论述引自四川教育出版社出版的《陶行知全集》。其中第1至第10卷为1981年版,第11卷为1998年版,第12卷为2002年版。

校的演讲《智育大纲》中提出："深望诸生能思想以探知识之本源,能应用以求知识之归宿。盖明知识之本源,然后乃能取之不尽;明知识之归宿,然后乃能用之无穷。若徒以灌输知识为务,而不求所以得其源流,则枯寂之弊所不能免,又安能尽物之性哉?"(第1卷,第233页)

简言之,中国为何这样落后? 中国的教育为什么走到山穷水尽? 陶行知就是要打破砂锅问到底。20世纪20年代,陶行知开始了在中国教育改造的实践,创建了符合中国国情的生活教育理论。这个理论的根本主张是"生活即教育""社会即学校""教学做合一""在劳力上劳心"等等。这些根本主张旨在解决教育进化与知识进化道路上的一个个瓶颈问题。它们不是陶行知幻想出来的,而是在中国与世界历史的对照研究中,在他亲身经历的中国教育改造的实践中获得的。他从世界背景中看中国,在故土里寻找中国教育落后的深层次根源。

欧洲文艺复兴运动促成了人性的解放和新的人文主义世界观的形成,是人类的第一次思想大解放。它促进了文学艺术的空前繁荣、近代自然科学的诞生,激发了人类史无前例的大探索、大行动、大发现。近代自然科学的发展,证明了人类只有行动才能获得真理。哥白尼用了三十年观察发现了太阳系,维萨里从实际解剖中发现了人体的结构,哈维发现了人与动物的血液循环,伽利略奠定了实验物理的基础,牛顿则综合了经典力学并宣告了经典力学的完成。所有这些都昭示了人类只有行动才能求得真知识,如果读死书,人类就没有今天的自由、幸福。文艺复兴运动以后,从18世纪60年代到19世纪40年代,欧洲又连续实现了几次产业革命。引领产业革命的不是大学教授,而是在生产一线、有近代科学知识的产业工人,如英国哈格里沃斯发明珍妮纺纱机,瓦特改良蒸汽机,富尔顿发明蒸汽轮船,史蒂芬逊发明蒸汽机车,法拉第发明发电机,以及爱迪生发明多种电器,大大地改变了人类的生活。而此时处于明清时期的中国,正是在"八股取士"的科举时代。陶行知对此评价说:"等到八股发达到极点,朱注的'四书'被拥护上天的时候,……中国的知识真正濒于破产了。"(第1卷,第122页)

两次鸦片战争失败后,清政府为挽救垂危的统治,发起了洋务运动。在同一时期,日本明治维新(1868)成功,推翻了幕府统治,在政治、经济、军事和文化教育方面推行一系列的改革,提出了"富国强兵""殖产兴业""文明开化"等改革口号。明治维新之初,日本把学习西方、兴办教育视为立国之本。清政府发起的洋务教育,虽也引入西学,但不放弃祖制,"中学为体,西学为用",所有洋务学堂都规定了必须读经的时间,如三天读经、四天习西学。而日本则是全面学习西学,并大量派遣留美、留欧学生,没过几年,这些留学归国人员成为传播西学的骨干力量。清政府从1872年开始,先后派遣120名幼童赴美留学。后因中西方观念的差异,留学幼童于1881年被清政府强行撤回。洋务运动也有一定成效,例如创建了中国第一支海军北洋水师。然而在1894年的中日甲午海战中,北洋水师败于日本,全军覆没。洋务运动也因此而告终。后来在光绪年间发起的维新运动,仍以"中学为体,西学为用"为基本政策,最后以光绪帝被囚,康有为、梁启超逃亡,谭嗣同等六君子被杀的失败而告终。1905年,清政府宣布正式废科举、兴学堂。

陶行知指出:"我们先前以'老八股'不适用,所以废科举、兴学堂;但是新学办了三十年,依然换汤不换药,卖尽力气,不过把'老八股'变成'洋八股'罢了。'老八股'与民众生活无关,'洋八股'依然与民众生活无关。"(第1卷,第97页)科举时代的"老八股"只教人读书做官,确实与民众生活无关,培养的人无济于民生的改善,那么新学何以变成"洋八股",依然与民众生活无关? 陶行知深刻地指出:"'老八股'与'洋八股'虽有新旧之不同,但都是靠着片面的工具来表现的,这片面的工具就是文字与书本。……文字、书本,倘能用得得当,还不失为人生工具之一;但是'老八股'与'洋八股'的学生们却不用他们来学'生',偏偏要用他们来学'死'。中国教育所以弄到山穷水尽,没得路走,是因为大家专靠文字、书本做唯一无二的工具,并且把文字、书本这个工具用错了。"(第1卷,第97页)陶行知又进一步指出:"精神文明与物质文明是合而为一的。这合而为一的媒介就是工具。教育是什么? 教育是教人发明工具、制造工具、运用工具。生活教育教人发明生活工具、制造生活工具、运用生活工具。空谈生活教育是没有用的。真正的生活教育必以生活工具为出发点。没有工具则精神不能发挥,生活无由表现。观察一个国家或一个学校的教育是否合乎实际生活,只需看它有无生活工具,再进一步看它是否充分运用所有的生活工具。教育有无创造力,也只需看它能否发明人生新工具或新人生工具。中国教育已到绝境,千万不要空谈教育,千万不要空谈生活;只有发明工具、制造工具、运用工具是真

教育,是真生活。"(第1卷,第98页)

　　欧洲文艺复兴运动以来,近代自然科学的诞生,促进了欧洲的产业革命,改变了人类的生活,极大地提高了人类的物质文明与精神文明。陶行知根据欧洲文艺复兴运动以来的经验,开展了中国教育改造的实践,创建了适合于中国国情的生活教育理论。他的理论的根本思想是:文字与书本只是人生工具之一种,不是唯一的工具,真理是在大自然、大社会里,人们只能通过行动才能获得。书中的知识有真有伪,只有在用中才能鉴别真伪。也只有通过实践,别人的知识才能转化为自己的真知识。书中即使有许多真知识,但也未必充分反映真理,只是相对真理而已,需要我们用行动去进一步寻求更完美的真理。这是人类追求真知识、寻求真理的实际过程。人类永远不会满足于既有的生活水平,会永无止境地去追求更美好的生活,这是人类所独有的本性。人类在不断地提高生活水平的过程中,在与自然的斗争中,会遇到许多困难,发现许多问题,这就要通过行动去解决。所以人类知识的进步,一步也离不开生活,离不开行动。

　　中国传统文化中的错误教育观念严重地影响着中国教育的进化与知识的进化。它不教人在行动中去发明工具、制造工具、运用工具,只教人读死书。陶行知的生活教育理论的根本主张就是"生活即教育""社会即学校""教学做合一"。不论是教还是学,都必须是"行动"的,否则就成了假教假学,先生成了假先生,学生成了假学生,即"不做无教""不做无学"。

　　陶行知发现了人类知识进化的根本方法是不仅要"行动的真理",而且要"在劳力上劳心",人类的一切创造发明都是从这里来的。陶行知反对劳力与劳心分家,也反对在劳心上劳力,也就是说,脱离生活、脱离实际的劳心,实际上也是劳心与劳力分家。陶行知说:"我们所要追求的是行动的真理、真理的行动(Truth in action)。这种真理不是坐在沙发上衔着雪茄烟所能喷得出来的。行动的真理必须在真理的行动中才能追求得到。"(第3卷,第382页)也就是说,我们的劳心一步也不能离开劳力,只有在劳力上劳心才最有效力。欧洲文艺复兴运动以来,自然科学的诞生和近代的产业革命,正是基于这样的认识。而中国古代传承下来的是一种脱离生活、没有行动的读书教育,造就的是双手无能的读书人。遗憾的是,这种教育观念产生的深远影响至今犹存。

　　陶行知著述宏富,其教育思想博大精深,初学者难以马上入门,通常要花两三年才能初通。根据我个人学陶的浅见,我认为要首先把握住陶行知教育思想的根本——教育创新、知识求进。抓住这条红线,然后运用陶行知的教育思想来观察、思考现实问题,这样会比较快地领悟陶行知的教育思想。出于这样的考虑,我写了这本书,以飨读者。我的能力有限,未必尽善,共勉吧!

2019 年 6 月 10 日

目　录

一

求学篇

🌐 **阅读提示**

陶行知6岁时得旸村塾师方庶咸秀才为其开蒙;8岁时随家到休宁万安镇,入吴尔宽经馆就读;13岁得到秀才程朗斋和贡生王藻对"四书"经学的指点和传授。因此,少年陶行知深受中国传统文化的熏陶。

陶行知在同代人中较早系统接受西学。早在1876年,基督教"中华内地会"前往歙县传教。1900年,歙县城关镇的教堂附近设立第一所教会办的学校——崇一小学堂,1906年改为三年制的崇一中学堂,从小学到中学,校长都由唐进贤担任。他是该校唯一的西学教师。当时,陶行知于1905年进入崇一小学堂,1906年升入中学堂,1908年提前一年初中毕业。在这三年中,陶行知一面学习儒家文化,一面学习西学,包括英文、数学、物理、化学、生物、医药常识等,开始接受西方文化。

从崇一中学堂毕业后,陶行知考入杭州广济医学堂,但因不满该校对非入教学生的歧视,入学三天后,愤然离去。后在唐进贤的建议下,陶行知回了徽州,专心学习半年多的英语后,考入美以美会创办的南京汇文书院博习馆(即预科)。1910年,汇文书院与宏育书院合并为金陵大学,陶行知随即直升金陵大学文科,是年19岁。

1911年,陶行知20岁。辛亥革命爆发,陶行知成为孙中山三民主义的信徒,主张读书与国家命运相结合。1913年,陶行知成为学报《金陵光》中文编辑主笔,陆续发表文章十余篇:《〈金陵光〉出版之宣言》《增刊中文报之缘起》《一夫多妻之恶结果》《因循篇》《导引新生之倡议》《为考试事告全国学子》《伪君子篇》《杀机之天然淘汰》《民国三年之希望》《呜呼某校》《医德》等。1914年6月22日,陶行知在文科毕业仪式上宣读毕业论文《共和精义》,宣读后即面呈江苏省教育司司长黄炎培。黄炎培后来在哭陶诗中,称此文为"秀绝金陵第一声"。1914年,陶行知以第一名的成绩毕业于金陵大学,并于9月赴美留学。

当时的中国还没有一所大学全面传播西学,大多要受"中学为体,西学为用"限制。陶行知从1906年进入崇一中学堂,至1917年8月学成回国,经历了从初步接受西学到亲身考察美国的实际社会生活,历时11年。与同代人相比,陶行知较系统地接受西学,这是他成为大教育家的一个重要因素。

陶行知求学期间发表了许多文章。这些文章不像一个二十岁出头的青年所作。我们或可把这些文章看作废除科举制度后青年学子们的心声。与同龄的知识分子相比,陶行知无论在知识上还是思想上都走在时代前列。

陶行知在《杀机之天然淘汰》一文中写道:"文明愈进,则杀机愈少;文明之极,则杀机永消于无形。彼时之一番泰和气象,实是令人津津生羡也。"(第1卷,第167页)这与当今世界倡导的"走和平发展道路""携手合作,共同发展""文明因交流而多彩,文明因互鉴而丰富"的发展理念有异曲同工之妙。陶行知是颇具远见的。

名篇评述

评述1

因循篇

披阅英儒培根所著之《因循篇》(Essay on Delays),兴起无穷感触。盖以生乎今之世,列强既具有进取之特性,其学术工商复高出吾人之上,以强佐强,进步一日千里。吾人欲与并驾齐驱,其进取当有列强十百倍之猛勇。即欲在世界求一生存,犹当夙兴夜寐,不容稍事蹉跎。苟仍萎靡不振,习于因循,则保守已无余地,大局何堪设想?爰引申培氏之说,撰著因循之篇,究因循之原因,揭因循之结果,俾国人晓然于因循之害,不独妨一己之发展,实足以障人群之进化焉!

(一)释名

趑趄其行,应前不前,是为因循。因循之人,除退化无收效,除敷衍无方法。对于事言,是为放弛责任;对于己言,是为自暴自弃。阳膺职守,其实滥竽也。

(二)辟因循者之图说

因循者,每自饰其说曰:"'欲速则不达','其进锐者其退速'。与其不达何如迟?与其退速何如藏其锋?"曰:孔孟之为此言,盖以警夫世之暴躁者,深恐有如宋人之揠苗,非徒无益,而又害之。然揠苗诚过矣,而圃人迁就其培植,延迟其灌溉,以致禾苗日即于枯槁,则又何说耶?不及犹过也!因循与欲速,皆背中庸之正道。则彼因循者之图说欺人,适以彰其偏耳!

(三)因循之原因

(甲)原于畏　处此物竞之世界,与器间有竞争,与物诱有竞争,即下至饮食起居之细,亦莫不含有竞争之义。于是筹备竞争也,宜任劳;实行竞争也,宜耐苦。竞争而不能胜,则难生矣!竞争而败北,则痛生矣!彼畏怯者,心既懦弱,气安能壮?于是见劳而畏焉,见苦而畏焉,见难而畏焉,见痛而畏焉。畏则虽知其应进而不敢进,虽知其应行而不敢行;不敢进,不敢行,而因循之念萌矣。

(乙)原于惰　存诸念者,谓之惰;惰之见于事实者,谓之因循。"今日不学,曰有明日;今年不学,曰有明年。"因循自误,实惰为之原动力也。

(丙)原于自满　自满则目空一切。凡事举不足介其意,以为即稍自暇逸,先鞭亦莫我着。于是朝夕因循,放心不求。推求其故,则皆自满一念有以致之耳!(泰西寓言有所谓龟兔竞走者。一日,兔与龟订竞走之约。兔见龟行笨滞,以为莫能为,偷息中途,卒以延时太久,龟得先登。斯兔之所以失败,由于因循;而所以致兔之因循者,则自满耳!此言虽小,可以喻大。)

(丁)原于自私　人自私之念太过,则所谓莫非扩张一己之利益。有益于我,则求之惟恐不力;利益少杀,则泄沓从之。甚或今日慕其利,明日见利之更大于此者,复移其爱慕之心于彼。既得所欲,而向昔之职守,或碍于势而未能遽卸;或尚有利益可渔,则其结果必为因循敷衍无疑。今日官僚界、社会界中,以一人而兼数差者,不可更仆数(注:即更仆难数,语出《礼记》,用以形容事物繁多,数不胜数),而所事皆鲜有成效可睹。问其何以至此?曰:惟因循故。问其何以因循?曰:惟自私而不量力故。

(戊)原于宴安　管子(注:即管仲)曰:"宴安鸩毒,不可怀也。"吕东莱(注:即吕祖谦,南宋学者)又从而说明之,谓为骧心丧志之所由来。盖形为物役,形已不克自主;心志又为形役,而复由形而役于物,则心安得不丧?志安得不骧?心丧志骧,而能不因循者几何哉?是故国事虽艰,先之以妻妾之奉,耳目之乐。宴安既不可须臾离,则敷衍国事,以循情欲,势所必然也。

以上五者,乃因循之大原。间有因大事牵连,势不得不迁延小事者,其情可原,故不列论。

（四）因循之结果

因循之原既明，则吾人所急当研究者，即因循于个人果具何等之结果，于社会具有何等之影响。

（甲）失机宜　培根氏对于此点，论之最详。其言曰："机会之去，如射弹空中，霎时即没。"培氏又以为机会既难得而易失，则乘迎必期敏捷，断不容稍事徘徊。故其章末曰："吾人处事，当察之以阿耳嘎斯（Argus）（注：希腊神话人物'百眼巨人'）之百目，行之以白流辽斯（Briareus）（注：希腊神话人物'百手巨人'）之百臂。"若舍此不务，专事狐疑，则由狐疑而观望，由观望而因循，忽此大好机会，偷逝于无声无臭之间，迨至四十五十，始嗟一事无成，悔之无及矣，岂不悲哉！

（乙）长惰　人能习于勤，亦能习于惰。人之有惰念，不难芟除之；所可惧者，既由惰而因循，复由因循而长惰。习与性成，斯惰之根牢不可拔矣！

（丙）伤名誉　因循者，鲜不陨职。迨至事无成，或成而不良，人必訾议之曰："此某责任之不尽也，此某因循之贻误也。"人相诽，家相谤，名誉隳落矣。吾雅不欲以名誉勉人为善，然此实因循必然之结果，无可讳者也。

（丁）妨他人之进步　人非皆鲁宾逊，谁能处世而可离其群者哉？不能离群，则我与群有相互之关系。故名誉不独我伤，全体受其玷辱；机宜不独我失，全群滞其进步。我既因循，群亦难于有为，理势然也。懦弱如余，宁随勇为者之疾趋，虽力竭声嘶，犹觉愉快；一与因循者遇，则如逢逆风，如拉千钧。吾心焦，吾首疾，吾额蹙，吾不可以一朝居，吾无可如何。况彼忧时如焚之士，吾知其与因循者同群，其苦楚当有更甚于余者矣。

（戊）引他人之因循　因循之人，不独妨他人之进步，且足以引他人之因循。盖勇行之士，固可努力前进，曾不因人之因循而稍存退步。而懦弱之徒，其始亦未尝不以因循为非是，然浸假而灰心矣，浸假而效尤矣，浸假而随浪浮沉矣。观乎吾国在野各会之委蛇不进，参议院、政府之敷衍溺职，何一非由一二人之因循，而牵及全局之因循者哉？

（五）结论

由上论观之，则因循之害，既足以自误，复足以误人，更足以误国。吾人果自爱，则不当因循；吾人果爱人爱国，尤不当因循。然世人之因循，相习既久，脑印已深，一旦除之，自非易事。于此则吾人所当垂择者，有二事焉：（一）不问他人因循与否，吾惟努力前进，勇行其是；(二)因循既由畏、惰、自满、自私、宴安诸念所致，则欲远离因循，自非排去畏、惰、自满、自私、宴安五念不可。自警警人，务期易怯为勇，易惰为勤，易自满为不足，易自私为利人，易宴安为忧劳，使国人共跻于勇为之士，则吾辈所不可放释之责任也。由(一)说，则己不致陷于因循；由(二)说，则可勉人力行。果能如是，则吾国虽弱且贫，其前途必有光荣之希望。不然，社会因循而民气不张，政府因循而国魂不振，吾国行将由贫弱而渐臻于沦丧，岂不甚可畏乎？勉哉国人！(第1卷，第148～151页)

本篇系陶行知在金陵大学三年级时所作，原载金陵大学学报《金陵光》第4卷第3期。什么是因循？陶行知释名为："趑趄其行，应前不前，是为因循。"《因循篇》出自一位年仅22岁的大学生，实令人钦佩。一位大学生能对社会有如此深邃的洞察能力，实属罕见。

陶行知指出了因循之原因有畏、惰、自满、自私、宴安等等。在中国，因循之病由来已久。中国是文化古国，但是到了近代，为什么落人之后，受到列强的欺凌？究其根本原因，是由于世界在变化，社会在发展，而我们由于因循而落人之后。长达一千多年的科举制度，只教人读儒家经典，只教人读书做官，把一个个学子造成书痴。1840年第一次鸦片战争，1856年第二次鸦片战争，1895年中日甲午战争，全都以失败告终。光绪二十四年五月，梁启超等人向光绪皇帝递交《公车上书请变通科举折》，其中写道："夫近代官人，皆由科举，公卿百执，皆自此出……然内政外交，治兵理财，无一能举者，则以科举之试，以诗文楷法取士，学非所用，用非所学故也。""夫当诸国竞智之时，吾独愚其士人，愚其民，愚其王公，以与智敌，是自掩闭其耳目，断刖其手足，以与乌获离娄搏，岂非自求败亡哉！""无如大地忽通，强邻四逼，水涨堤高，专视比较，有一不及，败绩立见，人皆智而我独愚，人皆练而我独闇，岂能立国乎？故言守八股楷法不变者，皆不学之人，便其苟窃科第之私耳。"①再看光绪二十七年五月张之洞、刘坤一所奏《筹议变通政治人才为先折》，其开篇第一段："窃谓中国不贫于财而贫于人才，不弱于兵而弱于志气。人才之贫，由于见闻不广，学业不实；志气之弱，由于苟安者无

---

① 舒新城编：《中国近代教育史资料》，上册，人民教育出版社1981年版，第39～41页。

履危救亡之远谋,自足者无发愤好学之果力,保邦致治,非人无由。"①由此看来,青年陶行知的《因循篇》是根据历史教训与对现实的观察而写的一篇劝世之文。

在结论中,陶行知指出:"世人之因循,相习既久,脑印已深,一旦除之,自非易事。"(第1卷,第151页)陶行知毕生都在为反对因循守旧而斗争着,尤其反对传统教育观念中的"读死书、死读书、读书死",反对鸟笼式的教育,提倡"用活书、活用书、用书活",提倡"生活即教育""社会即学校""教学做合一""在劳力上劳心"。

陶行知是一位伟大的人民教育家,他的教育思想来自大众,来自实践。为了拯救中华民族,使劳苦大众获得解放,他创建了生活教育理论。这是一种坚决反对传统文化中错误教育观念的崭新的教育理论。陶行知曾经指出:"我国凡百之病态,为麻木不仁。教育界之麻木,尤为百病之根。"(第11卷,第470页)因循之习根深蒂固,直到今天我们仍有可能重蹈覆辙。

评述2

伪君子篇

人之有誉,而己不能行,不敢行或不愿行,又欲邀其誉,则不得不假之……是故伪君子非趋利即求名,而趋利求名者,必是伪君子。伪君子之由来,名利为之也……

伪君子虽百出而莫穷,然自外言之,其所以为诱者则一。一者何?名利而已。伪君子与世浮沉,随祸福毁誉而变其本色,以博名利。故其出处、去就、进退、取与,不定于义理,而定于毁誉祸福,而义理亡。夫人之出处、去就、进退、取与,贵当其义理耳。出处、去就、进退、取与,而违乎义理,则非人之出处、去就、进退、取与矣。自内言之,人之所以受名利之诱,而演出千百之伪状者亦一。一者何?心伪而已。张甄山曰:"为人须为真人,毋为假人。"朱子曰:"是真虎必有风。"真人必有四端之心:"心不在焉,视而不见,听而不闻,食而不知其味。"故人而心伪,则耳目口舌俨然人也,而实假人矣。孔子曰:"恶乎成名?"谓其无以成真人之名也。

---

① 舒新城编:《中国近代教育史资料》,上册,人民教育出版社,1981年1版,第47页。

天下非真小人之为患,伪君子之为患耳。……一家行之而家声伪,一国行之而国风伪,行之既久而世俗伪。嗟夫! 真小人之为患,深之不过数世,浅则殃及其身而已;伪君子则直酿成伪家声、伪国风、伪世俗,灾及万世而不可穷。故曰:"乡愿,德之贼也!"孔子恶似而非,恶乎此也。综天下而论,伪君子惟吾国为最多;统古今而论,伪君子惟今世为最盛。吾国之贫,贫于此也;吾国之弱,弱于此也;吾国多外患,患于此也;吾国多内乱,乱于此也。读者疑吾言之骇乎?(第1卷,第160~164页)

《伪君子篇》是陶行知在金陵大学读四年级时撰写的一篇文章,发表在1913年11月金陵大学学报《金陵光》第5卷第6期上。《金陵光》是我国最早的由学生创办的学报之一,但最初只有英文版。1913年1月,陶行知建议增设中文版,并着手筹备。2月,《金陵光》中文版第1期(总第4卷第1期)出版,陶行知初任编辑,后任主笔。

《伪君子篇》反映了青年陶行知对社会的洞察,文中可见他精辟的立论与分析。他指出:"伪君子则酿成伪家风、伪国风、伪世俗,灾及万世而不可穷。""综天下而论,伪君子惟吾国为最多;统古今而论,伪君子惟今世为最盛。吾国之贫,贫于此也;吾国之弱,弱于此也;吾国多外患,患于此也;吾国多内乱,乱于此也。"

时隔18年,陶行知于1931年又写了《假人》,摘引如下:

假　人

颜习斋十六岁时,他的干祖父朱翁想行贿为他中一个秀才,他哭得连饭都不肯吃。他说:"宁为真白丁,不当假秀才。"我们做人都应该有这种精神。一天我坐电车,身上只带了一个双角子,摸出来买票,那卖票的说:"铜噶,弗好用。"我只好下车步行。假角子尚且给人这样多的麻烦,何况假人?假角子用不去,而假人偏能行得通,又是什么缘故呢?真小人易知,伪君子难防。看去是真的,又像有几分假,听来是假的,又像有几分真;真中有假,假又像真,把人弄得头昏脑黑,无从辨别。假社会当中做人是多么难对付的一件事啊!去年夏天写就《假好人》短诗十首,志在劝世,兼以自励。措词未免过分,但一腔热血,实望大家洗心改面,共同手创一个光明磊落的真世界罢了。恕我罪我,听人裁判吧!

(一)假好人

世界如何坏?

坏在假好人。

口是而心非,

虽人不是人!

(二)假父子

假父子!

金子是老子。

嘴里喊爸爸,

心里咒他死。

(三)假母女

假母女,

养女如养猪。

谁个银子多,

可以买肥猪。

(四)假夫妻

假夫妻,

貌合心已离。

老婆偷汉子,

丈夫打野鸡。

(五)假情人

假情人,

丢手成路人。

遇着新路人，
又成意中人。

（六）假朋友
假朋友，
交情肉与酒。
酒肉吃光了，
到处丢你丑。

（七）假师生
假师生，
买卖在书本。
一旦要打倒，
只因少给分。

（八）假军队
假军队，
忍看山河碎。
他自有本事，
会杀亲姐妹。

（九）假官吏
假官吏，
嘴上有主义，
吃了百姓饭，
要剥百姓皮。

（十）新武松
我是新武松，

已上景阳岗。

遇着人面虎，

打去无商量。

1930年7月（第7卷，第9页）

陶行知一生都在打"假"，他认为"假人"比假货危害更大、更深。"假"从何而来？制造"假人"的土壤在哪里？我们要把它连根带土铲除掉！陶行知在后来的中国教育改造实践中把这些问题——破解。

评述3

读书与用书

（一）三种人的生活

中国有三种人：书呆子是读死书、死读书、读书死；工人、农人、苦力、伙计是做死工、死做工、做工死；少爷、小姐、太太、老爷是享死福、死享福、享福死。

（二）三帖药

书呆子要动动手，把那呆头呆脑的样子改过来，你们要吃一帖"手化脑"才会好。我劝你们少读一点书，否则在脑里要长"瘩块"咧。工人、农人、苦力、伙计要读一点书，吃一帖"脑化手"，否则是一辈子要"劳而不获"。少爷、小姐、太太、老爷！你们是快乐死了。好，愿意死就快快地死掉吧。我代你们挖坟墓。倘使不愿意死，就得把手套解掉，把高跟鞋脱掉，把那享现成福的念头打断，把手儿、头脑儿拿出来服侍大众并为大众打算。药在你们自己的身上，我开不出别的药方来。

（三）读书人与吃饭人

与读书连成一气的有"读书人"一个名词。假使书是应该读的，便应使人人有书读；绝不能单使一部分的人有书读叫做读书人，又一部分的人无书读叫做不读书人。比如饭是必须吃的，便应使人人有饭吃；绝不能使一部分的人有饭吃叫做吃饭人，又一部分的人无饭吃叫做不吃饭人。另一面看，只知道吃饭，不成为饭桶了吗？只知道读书，别的事一点也不会做，不成为一个活书架了吗？

(四)吃书与用书

有些人叫做蛀书虫。他们把书儿当作糖吃,甚至于当作大烟吃,吃糖是没有人反对,但是整天地吃糖,不要变成一个糖菩萨了吗?何况是连日带夜地抽大烟,怪不得中国的文人,几乎个个黄皮骨瘦,好像鸦片烟鬼一样。我们不能否认,中国是吃书的人多,用书的人少。现在要换一换方针才行。

书只是一种工具,和锯子、锄头一样,都是给人用的。我们与其说"读书",不如说"用书"。书里有真知识和伪知识。读它一辈子不能分辨它的真假;可是用它一下,书的本来面目便显了出来,真的便用得出去,假的便用不出去。

农人要用书,工人要用书,商人要用书,兵士要用书,医生要用书,画家要用书,教师要用书,唱歌的要用书,做戏的要用书,三百六十行,行行要用书。行行都成了用书的人,真知识才愈益普及、愈易发现了。书是三百六十行之公物,不是读书人所能据为私有的。等到三百六十行都是用书人,读书的专利便完全打破,读书人除非改行,便不能混饭吃了。好,我们把我们所要的书找出来用吧。

> 用书如用刀,
>
> 不快就要磨。
>
> 呆磨不切菜,
>
> 何以见婆婆。

(五)书不可尽信

孟子说:"尽信书则不如无书。"在书里没有上过大当的人,决不能说出这一句话来。连字典有时也不可以太相信。第五十一期的《论语》(注:文艺半月刊,1936年创立于上海,林语堂主编。)的《半月要闻》内有这样一条:

据二卷十二期《图书评论》载:《王云五大辞典》将汤玉麟之承德归入察哈尔,张家口"收回"入河北,瀛台移入"故宫太液池",雨花台移入南京"城内",大明湖移出"历城县西北"。

我叫小孩子们查一查《王云五大辞典》,究竟是不是这样,小孩子的报告是,《王云五大辞典》真的弄错了。只有一条不能断定,南京有内城、外城,雨花台是在内城之外,但是否在外城之内,因家中无志书,回答不出。总之,书不可尽信,连字典也不可尽信。

（六）戴东原的故事

书既不可以全信，那末，应当怀疑的地方就得问。学非问不明。戴东原先生在这一点上是给了我们一个很好的引导。东原先生十岁才能开口讲话。《大学》有《经》一章，《传》十章。有一条注释说这一章《经》是孔子的话，由曾子（注：曾参。）写的；那十章《传》是曾子之意，由他的门徒记下来的。东原先生问塾师怎样知道是如此。塾师说，朱文公（夫子）是这样注的。他问朱文公是何时人。塾师说是宋朝人。他又问孔子和曾子是何时人。塾师说是周朝人。"周朝离宋朝有多少年代？""差不多是二千年了。""那末，朱文公怎样能知道呢？"塾师答不出，赞叹了一声说："这真是个非常的小孩子呀！"

（七）王冕的故事

王冕十岁时，母亲叫他到面前说："儿啊！不是我有心耽误你，只因你父亲死后，我一个寡妇人家，年岁不好，柴米又贵，这几件旧衣服和些旧家伙都当卖了。只靠着我做些针线生活寻来的钱，如何供得你读书？如今没奈何，把你雇到隔壁人家放牛，每月可得几钱银子，你又有现成饭吃，只在明天就要去了。"王冕说："娘说的是。我在学堂里坐着，心里也闷，不如往他家放牛，倒快活些。假如我要读书，依旧可以带几本去读。"王冕自此只在秦家放牛。……每日点心钱也不用掉，聚到一两个月，偷空走到村学堂里，见那学堂的书客，就买几本旧书，逐日把牛栓了，坐在柳荫树下看。

现在学校教育是对穷孩子封锁，有钱、有闲、有面子才有书念。我们穷人就不要求学吗？不，社会就是我们的大学。关在门外的穷孩子，我们踏着王冕的脚迹来攀上知识的高塔吧。（第3卷，第515～518页）

本篇原载于1934年11月10日《读书生活》第一卷第一期。《读书生活》为李公朴主编。关于怎样医治书呆子，早在南京安徽公学时期，陶行知即写了下面的诗：

贺安徽中学十周年

大事不好了，

黄帝子孙今病倒。

书呆软手又软脚；

田呆笨头复笨脑。

强盗进门怕抵抗，

张开大嘴会吵闹。

不要吵，

不要闹，

呆子会医呆子病，

我校仙丹炼好了，

一丸叫做脑化手，

一丸叫做手化脑。

呆子吃下呆气消，

手脑相长永不老。

十年生聚十年教，

再过十年该好了。

（第7卷，第120页）

安徽中学是陶行知任南京学生联合会顾问时，在南京安徽会馆创办的一所学校，又叫安徽公学。该校创办于1923年9月，由陶行知、姚文采创办，1928年立案时改名为安徽中学，设初高中两部，陶行知、姚文采先后任校长。今南京市第六中学校园内有"行知馆"以为纪念。

中国自古以来就是一个读书大国。读书人凭着读书，有的做政客，有的当教师，等等。却很少有人通过读书，继承前人的经验，进一步去研究大自然，研究生产，即使有，也是凤毛麟角。为何会这样呢？自隋朝以来，科举制度是中国历代统治者的选官制度，通过严格的层层考试筛选出能效忠统治阶级的人才。这种选官考试制度，使学校失去了独立性而完全成了科举考试的辅导机构。所以，中国人对读书产生了误解，认为读书就是为了做官。1905年，清政府宣布正式废除科举制度。从此，中国人的读书观念开始逐步发生转变。

在陶行知的生活教育理论中，"书只是一种工具，和锯子、锄头一样，都是给人用的。我们与其说'读书'，不如说'用书'。书里有真知识和伪知识。读它一辈子不能分辨它的真假;可是用它一下,书的本来面目便显了出来,真的便用得出去,假的便用不出去"(第3卷,第516页)。这就是说,"实践是检验真理的唯一标准",只有在实践中用书,才能检验书中知识的真假,也只有在实践中才能发展真理。否则,长年累月地呆读,不会有什么新发现。

陶行知说:"死学校只专在书本上做功夫。"(第2卷,第251页)"真正的教育,必须使学者和人民万物亲近。与人民亲近是'做人'的第一步,与万物亲近是'格物'的大门口。专在书本上学'做人''格物'的道理,究显隔膜。所以我们要把汗牛充栋的书本移在两旁,做我们生活的助手,不可使他们立在中央,把我们和人民、万物的关系离间掉。"(第2卷,第360页)人们只有在实际生活中才能获得这样的真知灼见。"书本子的东西,不过告诉你别人得来的知识。"(第3卷,第447页)如果满足于书本的知识,就一无所获,因为你不去行动,就没有自己的经验做根,也难理解别人的经验。既无自己的经验,哪里会有新的发现? 在陶行知看来,书本可以帮助我们继承前人的经验以了解过去的知识,但不能呆读。如果呆读就失去了读书的根本意义。从这个意义上讲,书本可以帮助人类进步;如果呆读,书本就会害人,造就一无所能的书呆子。陶行知批评说:"具有数百年传统的错误教育观念是我们的障碍。用旧念来看,教育就是读书,学者被称为'读书人',意思是读书的人。"(第6卷,第283页)"中国的教员、学生,实在太迷信书本了。他们以为书本可以耕田、织布、治国、平天下;他们以为要想耕田、织布、治国、平天下,只要读读书就会了。"(第2卷,第19页)在这样的错误观念下,便造就了许多只知不做的"读书人"。"我们不排斥书本,但决不允许书本做狄克推多①,更不许它与'做'脱离关系,而成为所谓'教学'之神秘物。"(第2卷,第20页)这就是陶行知生活教育理论对"读书"的认识与态度。

人人都来做用书人。书是人类进步的阶梯,这是大文豪高尔基的一句名言。生活教育理论反对"读死书,死读书,读书死",反对造就只读书而不会做事的书呆子,目的无非是要大家都来做用书人,让书做我们的助手,引导我们去探寻真理、为人类造福。

孟子说:"尽信书则不如无书。"这句话的含义是很精深的。书里讲的知识

---

① 原文加注:狄克推多是英文 Dictator 音译,即独裁官。

有真有假,即使是一本好书,也未必句句都是金科玉律。何况适于彼一时的书未必适于此一时。所以读书就有很多讲究,最好的办法就是在实践中用书。这里包含了读活书、用活书的意思。比如,中国老一辈无产阶级革命家,就是把马克思主义的普遍真理与中国革命实践相结合,寻求到了中国革命的正确道路。很多大科学家、大发明家都是长年累月在科学实践的探索中才有惊人的创造。如果他们尽信书,就不必去探索什么,哪里会有发明创造? 在传统的错误教育观念中,还有人误以为"读书与求知是一件事"(第3卷,第293页),这不仅是坐井观天,而且也绝了创新创造之路。以为书本是一切知识的来源,无疑是要求前人把所有真理都写到书上,供子孙后代享用无穷。这是迷信书的心理。或者说,书呆子为书所役,而且对生活缺乏敏感。

天文学家哥白尼曾上过三所大学,学过医学、数学、物理、天文,是一位知识渊博的学者。他在研究古希腊哲学和天文学著作时,了解到古希腊人曾有过地球绕太阳的猜想,便立志终生从事天文观测与推算,后来创立日心说。这是活用书的典范。

我们求学为了什么? 为了探求真理,掌握探求真理的方法。不可以尽信书,也不可以呆读书。陶行知提倡"学非问不明"(第3卷,第517页)。他曾提到过孔子的每事问,赞扬这种精神说:"发明千千万,起点是一问。""人力胜天工,只在每事问。"(第7卷,第49页)你去思考,有了问题,再去探究,这是知识进化的一般规律。

综观陶行知的生活教育理论,核心就是解决知行问题。所以,怎样读书就成了头等重要的问题。"书是一种工具,只可看,只可用。看也是为着用,为着解决问题,断不可以呆读。认清这一点,书是最好的东西,有好书,我们就受用无穷了。"(第4卷,第252页)可以说,陶行知的生活教育理论也是一部读书指导。

关于读书与读书人(用书人),陶行知写过的文章,除了本篇外,还有《新旧时代之学生》(第2卷,第123页)、《大众读书谈》(第3卷,第303页)、《说书》(第4卷,第252页)等。此外还有许多关于读书的论述散见于其他论著或演讲中。

有一种对陶行知的生活教育理论的片面理解,认为生活教育理论反对读书,只提倡"做"。这是极大的误解。陶行知反对"读死书、死读书、读书死",提倡"读活书、活读书、读书活";提倡"教学做合一""在劳力上劳心""手脑并用",

提倡"行动的教育",反对束缚人们手脑和行动自由的教育。所有这些,不是陶行知主观臆想出来的,而是在中国教育改造的实践中总结提炼出来的。

名篇推荐

《〈金陵光〉出版之宣言》(第1卷,第135～138页)

《增刊中文报之缘起》(第1卷,第139～140页)

《一夫多妻之恶结果》(第1卷,第141～147页)

《杀机之天然淘汰》(第1卷,第165～167页)

《医德》(第1卷,第172～175页)

《共和精义》(第1卷,第181～191页)

《我的学历及终身志愿——致J.E.罗素》(第6卷,第455～457页)

《中华民国之将来——艾迪演讲词》(第6卷,第685～693页)

《遗传论》(第11卷,第4～11页)

《中国的道德与宗教教育》(第12卷,第16～31页)

二

职业教育篇

　　美国的职业教育是很发达的。陶行知留美时已做详尽考察。感性认识加上理性思考,使陶行知写出有关职业教育的专业性论文。什么是职业教育?"职业以生利为作用,故职业教育应以生利为主义。生利有二种:一曰生有利之物,如农产谷、工制器是。二曰生有利之事,如商通有无、医生治病是。前者以物利群,后者以事利群,生产虽有事物之不同,然其有利于群则一。故凡生利之人,皆谓之职业界中人,不能生利之人,皆不得谓之职业界中人。凡养成生利人物之教育,皆得谓之职业教育,凡不能养成生利人物之教育,皆不得谓之职业教育。"(第1卷,第12页)

　　陶行知潜心研究职业师资,认为职业教师应具备三个条件:"第一要事即在生利之经验;第二要事为生利之学识;第三要事为生利之教授法。""准如前说,则健全之职业教师,自必以经验、学术、教法三者皆具为标准。三者不可得兼,则宁舍教法学术而取经验。盖无学术教法而有经验,则教师尚不失为生利之人物,纵无进取良法,然学生自能仪型教师所为,以生产事物。既能生产事物,即不失职业教育之本旨。如无经验,则教授法无由精密,纵学术高尚,断不能教学生之生利。既不能生利,则失职业教育之本旨矣。是故经验学术教法三者皆为职业教师所必具之要事,然三者之中,经验尤为根本焉。"(第1卷,第13页)

　　在20世纪初时,中国办职业教育遇到的最大困难是:农工多数不识字,文盲太多。所以陶行知多数精力投入平民教育、普及教育。

　　论及生利主义之职业课程,陶行知认为,"职业学校之课程,应以一事之始终为一课。例如种豆,则种豆始终,一切应行之手续为一课。每课有学理,有实习,二者联络无间,然后完一课即成一事。成一事再学一事,是谓升课。自易至难,从简入繁。所定诸课,皆以次学毕,是谓毕课。定课程者必使每课为一生利单位,俾学生毕一课,即生一利;毕百课则生百利。然后方无愧于职业之课程"(第1卷,第15~16页)。

　　职业学生之择业是不能忽视的问题。学生择业,有的听父母,有的听朋友,结果,"学生择事不慎,则在校之时,学不能专;出校之后,行非所学"(第1卷,第

16页）。陶行知提出学生要想找到适合自己的职业，最好到"职业试习科"试习一段时间后再择业。试习时间少至几周，多至半年。试习之后，学生选择最有才能、最有兴味之一科专习之，则学而安、行而乐，生大利。

《生利主义之职业教育》一文是陶行知重要的经典文献之一，发表于1918年1月15日《教育与职业》第1卷第3期。他用一篇短文，把职业教育诸根本论题概括无遗。此文条理分明，最后给出一个极其简明的结论："职业学校有生利之师资、设备、课程，则教之事备；学生有最适之生利才能兴味，则学之事备。前者足以教生利，后者足以学生利。教与学咸得其宜，则国家造就一生利人物，即得一生利人物之用，将见国无游民，民无废才，群需可济，个性可抒。然后辅以相当分利之法，则富可均而民自足矣"（第1卷，第17页）。

在人类社会发展中，职业教育是社会经济繁荣必不可少的，可以说是一个"大众出口"。职业教育向社会不断输入生利人才，是促进社会进步的举措，不可不加重视。

名篇评述

评述4

生利主义之职业教育

夫职业教育之成效有赖于正当之主义，则问何谓正当之主义，生活乎？衣食乎？抑生活衣食之外别有正当之主义乎？

生活主义包含万状，凡人生一切所需皆属之。其范围之广，实与教育等。有关于职业之生活，即有关于职业之教育；有关于消闲之生活，即有关于消闲之教育；有关于社交之生活，即有关于社交之教育；有关于天然界之生活，即有关于天然界之教育。人之生活四，职业其一；人之教育四，职业教育其一。故生活为全体，职业为部分；教育为全体，职业教育为部分……

衣食主义既多弊窦，生活主义又太宽泛，二者皆不适用于职业教育，然则果应以何者为正当之主义乎？曰，职业作用之所在，即职业教育主义之所在。职业以生利为作用，故职业教育应以生利为主义。生利有二种：一曰生有利之物，如农产谷、工制器是;二曰生有利之事,如商通有无、医生治病是。前者以物利群,后者以事利群,生产虽有事物之不同,然其有利于群则一。故凡生利之人,皆谓之职业界中人,不能生利之人,皆不得谓之职业界中人。凡养成生利人物之教育,皆得谓之职业教育,凡不能养成生利人物之教育,皆不得谓之职业教育。生利主义既限于职业之作用,自是职业教育之特别目的,非复如生活主义之宽泛矣,此其一。以生利主义比较衣食主义尤无弊窦之可指,故以生利主义为准绳,则不能生利之赖子、乞丐、盗窃与养成之者,皆摈于职业教育之外矣,此其二。学校既以生利为主义,则足于衣食而不能生利者无所施其遁避,此其三。父母莫不欲其子女之能生利,职业教育苟以生利为主义,自能免于施舍之性质,自好者方将督促子女入学之不暇,又何暇反加阻力乎?此其四。职业既以生利为作用,吾人果采用生利主义以办职业教育,则生利之方法,即可为职业教育方法之指针,此其五。职业教育既以养成生利人物为主义,则其注重之点在生利时之各种手续,势必使人人于生利之时能安乐其业,故无劳禄之弊,此其六。生利主义侧重发抒内力以应群需,所呈现象正与衣食主义相反。生产一事一物时,必自审曰:“吾能生产乎?吾所生产之事物于群有利乎?”教师学生不知不觉中自具一种利群之精神,此其七。不特此也,能生利之人即能得生活上一部分之幸福;而一衣一食亦自能措置裕如。不能生利之人,则虽有安富尊荣,亦难长守。故惟患不能生利,不患不得生活之幸福与温饱。然则生利主义既无生活主义之宽泛,复无衣食主义之丛弊。又凡兼二者之益而有之,岂非职业教育之正当主义乎?

生利主义之职业师资

职业教育既以养成生利人物为其主要之目的,则其直接教授职业之师资,自必以能生利之人为限。盖已立而后能立人,已达而后能达人,天下未有无生利经验之人而能教育人生利者。昔樊迟请学稼,子曰:“吾不如老农。”请学为圃,曰:“吾不如老圃。”孔子岂故为拒绝哉?亦以业有专精,事有专习,孔子之不知农圃,亦犹老农老圃之不知六艺耳。由是以推,无治病之经验者,不可以教医;无贸易之经验者,不可以教商。凡百职业,莫不皆然。故职业教师之第一要事,即在生利之经验。无生利之经验,则以书生教书生,虽冒职业教师之名,非吾之所谓职业教师也。

然职业教师不徒负养成生利人物之责,且负有改良所产事物之责。欲求事物之改良,则非于经验之外别具生利之学识不可。无学识以为经验之指导,则势必故步自封,不求进取。吾国农业数千年来所以少改良者,亦以徒有经验而无学识以操纵之耳。故职业教师之第二要事,是为生利之学识。

兼有生利之经验、学识,尚不足以尽职业教师之能事。盖教授生利之法,随业而异。有宜先理想而后实习者,有宜先实习而后理想者,有宜理想、实习同时并进者。为职业教师者自宜熟悉学者之心理、教材之性质,使所教所学皆能浃洽生利之方法,而奏事半功倍之效。故职业教师之第三要事,为生利之教授法。

准如前说,则健全之职业教师,自必以经验、学术、教法三者皆具为标准。三者不可得兼,则宁舍教法学术而取经验。盖无学术教法而有经验,则教师尚不失为生利之人物,纵无进取良法,然学生自能仪型教师所为,以生产事物。既能生产事物,即不失职业教育之本旨。如无经验,则教授法无由精密,纵学术高尚,断不能教学生之生利。既不能生利,则失职业教育之本旨矣。是故经验学术教法三者皆为职业教师所必具之要事,然三者之中,经验尤为根本焉。

职业教师既以生利经验为根本资格,则养成职业师资自当取材于职业界之杰出者。彼自职业中来,既富有经验,又安于其事,再加以学术教法,当可蔚为良材,概之收录普通学子,为事当较易,收效亦当较良且速也。

职业教师既以生利之经验、学术、教法三者为资格,则如何养成此种教师之方法,亦在吾人必须研究之列。大概养成职业师资之法有三:(一)收录普通学子教以经验学术与教法;(二)收录职业界之杰出人物,教以学术与教法;(三)延聘专门学问家与职业中之有经验者同室试教,使其互相砥砺补益,蔚为职业教师。夫经验所需之多少,随职业而异;其需经验较少之职业,利用第一法。如普通师范学校之教师有二三年之经验者,即可做教授之基础。故收录普通学子而养成之,为事甚易。其次,则商业学校教员,似亦可以利用此法。但农工等职业之教师,性质迥异,非富有经验,不足以教生利。舍难就易,似不如采用第二法,精选职业界之杰出者养成之。彼既从职业中来,自必有相当之经验,再教以实用之学术教法,为事自顺。然此法效力之大小,常视国中教育普及之程度为差。其在欧美教育普及之邦,职业中人,大半受过八年之公共教育,既有普通知能以植其基,则于学术、教法自易领悟。中国则不然,教育未普及,农工多数不识文字;既不识文字,则欲授以学术教法,自有种种困难。然而职业界之杰出者,终不乏粗识文字之人。当事者苟能精选而罗致之,则有用之职业师资,或能济济而出也。此外则有延聘学问家与经验家同室试教一法。当今职业师资缺乏,为其备选者,或有学术而无经验,或有经验而无学术,速成之计,莫如合学问家与经验家于一炉而共冶之;既可使之共同试教,又可使之互相补益,则今日之偏材,经数年磨炼之后,或能蔚成相当之师资,岂非一举两得哉? 然一班二师,所费实巨,况学术、经验贵能合一,若分附二人之身,终难免于隔膜。故此计虽有优点,不过为过渡时代权宜之策耳。总之,职业教师最重生利之经验;则养成之法,自宜提其要领,因已有之经验而增长之,方能事半功倍也。

生利主义之职业设备

孔子曰:"工欲善其事,必先利其器。"无利器而能善其事者,吾未之前闻。职业教育又何独不然? 必先有种种设备,以应所攻各业之需求,然后师生乃能从事于生利;否则虽有良师贤弟子,奈巧妇不能为无米之炊何! 故无农器不可以教农,无工器不可以教工。医家之教必赖刀圭,画家之教必赖丹青。易言之,有生利之设备,方可以教职业;无生利之设备,则不可以教职业。然职业学校之生利设备可分二种:一、自有之设备;二、利用职业界之设备。但无论设备之为已有、为利用,学生教师莫不可因以生利。故设备虽有己有利用之分,而同为学生教师生利之资则一。余尝游美之麻撒诸塞州(Massachusetts),视其乡村中学校附设之农业科,多利用学生家中之田园设备,使各生在家实习,命之曰家课(Home Project)。教员则自御汽车,循环视察,当场施教。农隙则令学生来校习通用之学术。故校中自有之设备,除课堂点缀以外,实属寥寥无几;校外则凡学生足迹所至,皆其所利用之设备。论其成效则不特设备之经费可省,而各家之农业皆藉学生而间接改良之。此盖利用他人生利设备以施职业教育之彰明较著者也。

生利主义之职业课程

职业学校之课程,应以一事之始终为一课。例如种豆,则种豆始终,一切应行之手续为一课。每课有学理,有实习,两者联络无间,然后完一课即成一事。成一事再学一事,是谓升课。自易至难,从简入繁。所定诸课,皆依次学毕,是谓毕课。定课程者必使每课为一生利单位,俾学生毕一课,即生一利;毕百课则生百利。然后方无愧于职业之课程。职业课程既以生利为主,则不得不按事施教,欲按事施教,则不得不采用小班制。故欧美之职业实习班至多不满十五人,凡以便生利课程之教授也。不特每课为然,即各课之联络,亦莫不以充分生利为枢机。客有学蚕桑者,学成执蚕桑业,终岁生利之期两三月而已,余则闲居坐食,不数年而家计渐困,卒改他业。此能生利而不能充分生利之过也。故职业课程之配置,须以充分生利为标准,事之可附者附教之,事之可兼者兼教之。正业之外,苟能兼附相当之业,则年无废月,月无废日,日无废时矣。此之谓充分之生利。根据此旨以联络各课,是为充分生利之课程。

生利主义之职业学生

有生利之师资、设备、课程,遂足以尽职业教育之能事乎?曰,未也。学生择事不慎,则在校之时,学不能专;出校之后,行非所学。其弊也:学农者不归农,学商者不归商。吾国实业教育之所以鲜成效,固由于师资、设备、课程之不宜于生利,然其学生择业之法之不当,亦其一因也。大凡选择职业科目之标准,不在适与不适,而在最适与非最适。所谓最适者有二:一曰才能;二曰兴味。吾人对于一业,才能、兴味皆最高,则此业为最适;因其最适而选之,则才能足以成事。兴味足以乐业,将见学当其性,用当其学,群与我皆食无穷之益矣。故能选最适之业而学者,生大利不难,岂仅生利已哉!择业不当,则虽居学习生利之名,而究其将来之生利与否,仍未可必。故欲求学业者归业,必先有精选职业之方法。方法维何?曰,职业试习科是也。职业试习科,包含农工商及其他业之要事于一课程,凡学生皆使躬亲历试之。试习时期可随遇伸缩,多至半载,少至数星期皆可。但试习之种种情形,必与真职业无异,始可试验学生之真才能真兴味。一参假面具则试验科之本旨失矣。试习之后,诸生于各业之大概既已备尝,再择其最有才能最有兴味之一科专习之。彼其选择既根本于才能兴味,则学而安焉,行而乐焉,其生利之器量,安有不大者哉?

结　论

职业学校有生利之师资、设备、课程,则教之事备;学生有最适之生利才能兴味,则学之事备。前者足以教生利,后者足以学生利。教与学咸得其宜,则国家造就一生利人物,即得一生利人物之用,将见国无游民,民无废才,群需可济,个性可抒。然后辅以相当分利之法,则富可均而民自足矣。故职业教育之主义在是,职业教育之责任在是,余之希望于教育家之采择试行者,亦莫不在是。谨贡一得,聊献刍荛,幸垂教焉。(第1卷,第10～17页)

本篇原载于1918年1月15日《教育与职业》第1卷第3期。发表时有编者按语:"作者所谓'生利',当作'生产'。再进一步讲,'生产'云者,增加物力之谓。而'生利'当作增加物力之有益于群生者。"并有编者识:"留美硕士陶行知君,为伊利诺大学硕士,毕业后入哥伦比亚大学师范学院,得都市总监学位,回国后任南京国立高等师范学校教育学教授。本社(注:中华职业教育社)同人以陶君研究职业教育有素,请其言论。陶君慨允担任义务撰述员,同人感之,并志数语,以为介绍。"

中国所办的教育,向来不注重培养生利人才,一味地造就不事生产的读书人。长达千年的科举制度,造成了中国人对教育的误解,以为读书人就是不劳动、不生利的,以为教育就是教人读书做官。在这种观念下,中国的职业教育长期得不到发展。可以说,科举制度严重地影响了中国职业教育的发展。中国的职业教育原本发展很早,当推至鸿都门学时期,至唐代为鼎盛时期,但后来渐趋消失,主要原因在此。清末废科举之后,职业教育出现了一个小高潮,反映了大众对职业教育的迫切渴望。中华民国时期,职业教育出现了一线生机,但为时不长。抗战时期,职业教育又顺势而兴。

人类社会发展到今天,我们应该反思:现代教育的目的、任务、宗旨是什么?用什么方法去造就现代人?试问,现代教育是应该造就只知分利、不事生产的读书人呢,还是造就能思索、能建设、能生利的劳动者?现代教育是只教人用脑呢,还是教人脑指挥手、手脑并用呢?现代教育是纸上谈兵呢,还是"真刀真枪"、实实在在、科学地干呢?现代教育是叫人死读书呢,还是教人用活书、活用书?

可以说,陶行知的生活教育理论是现代职业教育的基本理论,回答了以上诸多问题。《生利主义之职业教育》是一篇经典之作。它明确提出:"职业以生利为作用,故职业教育应以生利为主义。"(第1卷,第12页)"凡生利之人,皆谓之职业界中人,不能生利之人,皆不得谓之职业界中人。"(第1卷,第12页)这种界定在实践中有重要意义。究竟什么是职业界中人?那种只会夸夸其谈、高谈阔论的人,没有生利能力的人,就不能算职业界中人。

陶行知说:"好教育应当给学生一种技能,使他可以贡献社会。换言之,好教育是养成学生技能的教育,使学生可以独立生活。譬如社会上的农夫、裁缝、工人、教员……他们都有贡献社会的技能,他们各人贡献他们所做的事,可以使社会得着许多便利。倘若有一个人没有能力,则此人必分大家的利,而造成社会的恐慌了!所以教育的成绩,就是'技能',教育就是'技能教育'。"(第1卷,第309页)只有实行"教学做合一""在劳力上劳心",才能养成精湛的技能。如果教师在讲堂上只是高谈阔论、教而不做,学生学而不做,绝不可能养成精湛的技能,也就不能培养出职业界中人。

合格的职业教师是职业教育成功的关键。职业教师第一要事是生利之经验。没有这一条,纵有学术与教法,也难教学生生利。办职业教育最忌讳的是"以书生教书生"。陶行知提出了培养"生利经验、学术与教法三者兼备"的职业教师的切实可行的方法。职业教育另一个难点是职业设备。一所职业学校不可能购置全各行各业所需之设备,因此就要与各行各业联手共同培养,做到"社会即学校"。但职业学校可以考虑有所侧重、适量购置基本设备。

在篇末,陶行知言简意明地勾画了现代社会的职业教育。职业教育办得好,"国家造就一生利人物,即得一生利人物之用,将见国无游民,民无废才,群需可济,个性可抒。然后辅以相当分利之法,则富可均而民自足矣"(第1卷,第17页)。社会的财富要靠众人来创造,把每个人造成生利之才,使国无游民、民无废才,这是关乎国计民生之大事。"输血"不如"造血"来得更有效力。陶行知的生活教育理论是生活、教育、知识进化的根本理念与方法,循此方法踏踏实实去做,就能造就有知识、有技能、有生利能力的人。这样的人就有"造血"功能。陶行知一贯主张:"用智识去造财富,用财富去求知识,使人民愈富愈智,愈智愈富。"(第2卷,第510页)当我们造就了亿万高素质的劳动大军时,其中便蕴藏了无穷的创造力,这是职业教育的另一重深远含义。

评述5

目前中国教育的两条路线

——教劳心者劳力,教劳力者劳心

中国有四千余年的历史、二千余年的文化,照理讲来应该站在时代的最前

线。为什么现在不但不能和欧美各国并驾齐驱，而且还处处跟人不上？这个原因固很复杂，但是过去教育政策的失败，可以算是主因。

从前的教育是传统政策，单教劳心者，不教劳力者。《孟子》上有说：“劳心者治人，劳力者治于人。”从这里就可以看得很透彻了。

一般的知识阶级，他们是劳心而不劳力，读书而不做工，所以形成了“书呆子”。教书的人是“教死书”“死教书”“教书死”，读书的人是“读死书”“死读书”“读书死”。充其量只是做一个活书厨，贩卖知识而已。除此之外，他们的一双手总是不肯拿来使用。我们常常可以看见一般老先生的手，老是叉在袖内，现在的新学辈却因衣袖太狭叉不进去，所以换个方式叉在裤袋里。这可以十足地表现出来中国的知识阶级是不肯用他们的贵手来与工农合作的。现在有一段故事把它引来说说。更可以明白些：二千年前孔老夫子跑到乡间，有个农家儿子要请教老夫子学农圃的事。老夫子答：“好，你要学农圃的事，可以跟老农去学好了；我是教人读书的，不晓得农圃的事。”由此可见一斑了。

农工阶级呢？他们是劳力而不劳心，做工而不读书，所以形成了“田呆子”。他们只知道“做死工”“死做工”“做工死”。除此之外，什么事情都可以不管，就使天翻地覆了，他们也只以为半天下雨，不知来由。他们受尽了剥削，还不知道什么道理，只是听天由命，叹几声命运的蹇舛而已。从前山东在张宗昌为督军时，连年饥馑，而张宗昌又极搜刮之能事，人民困厄，莫可言宣。但是当时的人民，反不知道这个原因究在哪里，只是晓得叩天求神来消除灾苦。试问哪里可以得到安慰？言之可悲而又可怜！

中国因为有了“书呆子”和“田呆子”，所以形成了一个“呆子”国家。读书的人除劳心以外，不去劳力，除读书以外，不去做工，以致不能生产。他们寄生在社会上，只是衣架饭囊，为社会国家蟊蠹。中国目前的坏，坏在哪里？可以说完全是坏在这一班人身上。做工的人除劳力以外，不去劳心，除做工以外，不去读书，以致不能自保其利益，而受他人的横搜直刮。要他们做国家的主人翁，那更是在做梦。

中国现在危机四伏，存亡一缕。造成这个的原因，就是这山穷水尽的传统教育。我们要挽回国家的危亡，必须打破传统的教育而寻生路。我觉得目前中国的教育只有两条路线可以走得通：

（1）教劳心者劳力——教读书的人做工；

（2）教劳力者劳心——教做工的人读书。

站在现在的时代前，劳心不劳力的固然不行，劳力不劳心的也是不行。中国比不上外国，原因即在乎此。现在英、美、法、意、日、俄的教育都注意到教劳心的人劳力，教劳力的人劳心，尤以俄国为显现。中国的教育自然也应该走这两条路——教读书的人做工，教做工的人读书。

中国读书的人不去生利，是一个极不好的现象。现在的教育者要把他们的头脑灌输得科学化，使他们为自己创造，为社会创造，为国家创造，为民族创造。更要把他们的一双手解放开来，使他们为自己生利，为社会生利，为国家生利，为民族生利，这才是对的。南通中学应了这个要求，招了六十个学生，先行试试脑手同训练。他们一星期上课，一星期做工，每日工作六小时，所做的工作为金工、土工、木工、竹工，甚至磨豆腐、包面包都来。实行了半年之后，考查他们的学业，程度和其他学生相等，不过教学差些。这六十个学生，既然能够做工，并且能赶得上他们的学业，这是他们已经把两手解放了。我希望他们学校当局推广之，都实行这种工读的设计，同时更希望全国学校都采用，尤其是对于高等教育更为必要。

中国做工的人，不去求知，这也是一个极大的缺憾。无论哪一个国家的工人，比中国的工人程度总要胜过一筹，这是事实，无需我们置辩的。因此我国的工人也就只配做被支配的阶级，做被剥削的民众。若要拿"主人翁"的一等金交椅给他们坐，他们是无所措其手足。所以教做工的人读书，是最重要的，而且是刻不容缓的。

现在已经把用脑的人要用手，用手的人要用脑的理由说过了。希望我们负有教育责任的人，都要注意注意。现在还有一首诗拿来劝劝大家手脑并用：

人生两个宝，

双手与大脑。

用脑不用手，

快要被打倒；

用手不用脑，

饭也吃不饱。

手脑都会用,

才算是开天辟地的大好佬。

(第 3 卷,第 431~433 页)

本篇系陶行知在国立暨南大学教育学系的演讲记录,原载于 1932 年 11 月 28 日福建教育厅《教育周刊》第 137 期。这是一篇在民族危机时刻的呼吁。1931 年"九一八"事变后的四个多月内,东北全境沦陷;1932 年 1 月 28 日,日军在上海发动"一·二八"淞沪战争,3 月日本侵略者在东北成立"伪满政权"。"九一八"事变后的第三天(9 月 20 日),中共中央发表《中国共产党为日本帝国主义强暴占领东北三省事件宣言》;9 月 22 日,发表《关于日本帝国主义强占满州事变的决议》;12 月 11 日,中华苏维埃共和国临时中央政府发布了《为国民党政府出卖中华民族利益告全国民众书》,并于翌年 4 月 15 日发布《对日战争宣言》。而这时的蒋介石国民政府奉行"攘外必先安内"的政策,从 1930 年 11 月至 1933 年 1 月对中共先后发动四次围剿。《目前中国教育的两条路线》就是在这样的历史背景下发表的。

陶行知指出:"中国现在危机四伏,存亡一缕。做成(造成)这个的原因,就是这山穷水尽的传统教育。"(第 3 卷,第 432 页)根据陶行知关于"传统教育"的论述,可以概括出"传统教育"的基本错误有三:一是迷信书本,把文字与书本看作人生唯一的工具,忽视其他一切生活工具;二是把读书当作唯一的教育,忽视读书以外的一切生活;三是不教劳心者劳力,不教劳力者劳心,致使两者都过着残废的人生。显然,这与世界知识进化的历程相背。陶行知指出:"目前中国的教育只有两条路线可以走得通:(1)教劳心者劳力——教读书的人做工;(2)教劳力者劳心——教做工的人读书。"(第 3 卷,第 432 页)陶行知指出的两条路,是救人救民族的生路,切实可行。教读书的人去做工,会改变呆头呆脑,从而转变成战士;教做工的人读点书好思考,就会转变为民族解放的勇士。

洋务运动以来,中国的教育改革虽引入了西学,但贯彻"中学为体,西学为用"的宗旨,并未摆脱传统的读书教育模式。究其原因大概有以下几点:

1. 受传统的错误教育观念影响太深。"万般皆下品,唯有读书高"的观念,使得读书人往往不在追求真理上下功夫,而在追名逐利上拼命。

2. 误以为一切知识都在书本里,把求知与读书看成一件事。

陶行知在中国教育改造实践中创建的生活教育理论告诉人们什么是知识,什么是创造,强调必须遵循人类知识进化的客观规律,我们才可获得真知识,才能有所创造、有所发明,我们的民族才能恢复"造血功能",获得新生而有无穷的力量。

名篇推荐

《在职业教育设施法的讨论会上的发言》(第1卷,第224～226页)

《教育者之机会与责任》(第1卷,第306～312页)

《中华民族之出路与中国教育之出路》(第2卷,第491～526页)

《事业之境界》(第11卷,第221页)

《学校宜改称工学团》(第11卷,第457～458页)

三

破解篇

🔬 **阅读提示**

　　1917年8月,陶行知留美回国即投入中国教育改造的实践活动。经十余年的探索,他于1928年出版《中国教育改造》(亚东图书馆)。陶行知回国后首先要搞明白中国教育究竟出了什么问题,只有这样,才好下手改造。在《生活工具主义之教育》一文中,陶行知说:"人的生活,必须有相当工具,才能表现出来。工具充分,才有充分的表现;工具优美,才有优美的表现;工具伟大,才有伟大的表现。'老八股'与'洋八股'虽有新旧之不同,但都是靠着片面的工具来表现的,这片面的工具就是文字与书本。文字与书本只是人生工具之一种。'老八股'与'洋八股'教育拿它当作人生的唯一工具看待,把整个的生活都从这个小孔里表现出来,岂不要把生活剥削得黄皮骨瘦吗?"(第1卷,第97页)陶行知进一步指出:"教育是教人发明工具、制造工具、运用工具。生活教育教人发明生活工具、制造生活工具、运用生活工具。空谈生活教育是没有用的。真正的生活教育必以生活工具为出发点。没有工具则精神不能发挥,生活无由表现。观察一个国家或一个学校的教育是否合乎实际生活,只需看它有无生活工具。倘使有了,再进一步看它是否充分运用所有的生活工具。教育有无创造力,也只需看它能否发明人生新工具或新人生工具。中国教育已到绝境,千万不要空谈教育,千万不要空谈生活;只有发明工具、制造工具、运用工具是真教育,是真生活。"(第1卷,第98页)

　　关于教、学、做三者的关系,陶行知指出:"我自回国之后,看见国内学校里先生只管教,学生只管受教的情形,就认定有改革之必要。这种情形以大学为最坏。"(第1卷,第106页)

　　早在五四运动前,陶行知已发表《教学合一》,主张教的方法要依据学的方法。后来新学制(指1922年的壬戌学制)颁布,陶行知进一步主张:"事怎样做就怎样学,怎样学就怎样教;教的法子要根据学的法子,学的法子要根据做的法子。"(第1卷,第106页)《在劳力上劳心》一文进一步解释了"教学做"中"做"的特定意义:"真正之做只是在劳力上劳心,用心以制力。这样做的人要用心思去指挥力量,使能轻重得宜,以明对象变化的道理。这种人能以人力胜天工,世界

上一切发明都是从他那里来的。他能改造世界，叫世界变色。"（第1卷，第108～109页）

《"伪知识"阶级》是《中国教育改造》最末一篇文章。"知识有真有伪。思想与行为结合而产生的知识是真知识，真知识的根是安在经验里的。从经验里发芽抽条开花结果的是真知灼见，真知灼见是跟着智慧走的。""不是从经验里发生出来的知识便是伪知识。"（第1卷，第119页）但是，若样样知识都要从自己的经验里得来，那么，知识就很有限了。陶行知说："如果把别人从经验发生之知识接到我们从自己经验发生知识上去，那么，我们的知识必可格外扩充，生活必可格外丰富。我们要有自己的经验做根，以这经验所发生的知识做枝，然后别人的知识方才可以接得上去，别人的知识方才成为我们知识的一个有机体部分。这样一来，别人的知识在我们的经验里活着，我们的经验也就生长到别人知识里去开花结果。至此，别人的知识便成了我们的真知识。……倘若对某种知识，自己的经验上无根可找，那么无论如何勉强，也是接不活的。"（第1卷，第120页）

知识的一部分是藏在文字里的，那么，哪些文字是真知识？哪些知识是伪知识？陶行知打了个比方，把经验比作准备金，把文字比作钞票："银行应该根据准备金去发行钞票，钞票是不可滥发的。学者不应自欺欺人，必须根据他的经验去发表文字，文字是不可滥写的。滥发钞票，钞票便不值钱；滥写文字，文字也不值钱。"（第1卷，第121页）陶行知说："只有从经验里发生出来的文字才是真的文字知识，凡不是从经验里发生出来的文字都是伪的文字知识。伪的文字知识比没有准备金的钞票还要害人，还要不值钱。"（第1卷，第122页）陶行知最后提醒国人："二十世纪以后的世界，属于努力探获真知识的民族。凡是崇拜伪知识的民族，都要渐就衰弱以至于灭亡。三百六十行中绝没有教书匠、读书人的地位，东西两半球上面也没有中华书呆国的立足点。我们个人与民族的生存都要以真知识为基础。伪知识是流沙，千万不可在它上面流连忘返。""凡事手到心到——在劳力上劳心，便是骑着千里驹在生路上飞跑了。"（第1卷，第127页）

《智育大纲》是陶行知的又一篇经典名作。在这篇短小的文章中，陶行知提出："故本校智育，亦以诚为本。依据诚训以养成学生思想及应用能力，则本校智育之标准也。"(第1卷,第233页)"本校智育方法,有一贯之精神,曰:试验。盖徒事思想而无试验,……则封于故步,皆不足以尽智育之能事也。"试验精神是近代科学得以产生和发展的强大武器,物理、化学、生物等各科,都是建立在实验基础上的。没有实验就没有强有力的证据揭穿谎言,社会就不能进步。18世纪初,欧洲的大学相继而兴,学者不断涌现,社会发展迅速。

陶行知指出:"吾国办学十余年,形式上虽不无可观,而教育进化之根本方法,则无人过问。"(第1卷,第209页)"盖能试验,则能自树立,能自树立,则能发古人所未发,明今人所未明,人将师我,岂惟进步已哉?"(第1卷,第209~210页)中国古代有许多发明创造,如火药、指南针、造纸、印刷术等,都是反复试验的成果。但是后来由于教育观念的偏向,这种试验精神没有传承和发扬光大,因此民族的知识进化失去了"造血功能"。

在《生活即教育》中,陶行知简述了他的生活教育理论的形成过程。"我可以说,'教育即生活'是杜威先生的教育理论,也就是现代教育思潮的中流。我从民国六年起便陪着这个思潮到中国来,八年的经验告诉我说'此路不通'。在山穷水尽的时候才悟到'教学做合一'的道理。所以,'教学做合一'是实行'教育即生活'碰到墙壁把头碰痛时所找出来的新路。'教育即生活'的理论,至此乃翻了半个筋斗。实行'教学做合一'的地方,再也不说'教育即生活'。它不再耐烦把学校变成社会的缩影。它要伸张到大自然大社会里去活动。它要我们在生活里各尽所能,各取所需。没有'教育即生活'的理论在前,绝产生不出'教学做合一'的理论。但到了'教学做合一'的理论形成的时候,整个的教育便根本地变了一个方向,这新方向是'生活即教育'。"(第2卷,第7页)。1917年留美归来,陶行知把杜威的"教育即生活"理论实行了八年,但到处碰壁。这就提醒了陶行知学西方的教育理论不能盲目照抄照搬,必须抱一个实验的态度。陶行知终于寻找到了适合中国国情的教育理论。总结起来,他的生活教育理论的核心是:"教学做合一""生活即教育"。

名篇评述

评述6

生活工具主义之教育

"教育以生活为中心。"这句话已成为今日学校里的口头禅。但是细考实际，教育自教育，生活自生活，依然渺不相关。这是因为什么缘故？我们先前以"老八股"不适用，所以废科举、兴学堂；但是新学办了三十年，依然换汤不换药，费尽力气，不过把"老八股"变成"洋八股"罢了。"老八股"与民众生活无关，"洋八股"依然与民众生活无关。但是新学校何以变成"洋八股"，何以与民众生活无关？其中必有道理。

人的生活，必须有相当工具，才能表现出来。工具充分，才有充分的表现；工具优美，才有优美的表现；工具伟大，才有伟大的表现。"老八股"与"洋八股"虽有新旧之不同，但都是靠着片面的工具来表现的，这片面的工具就是文字与书本。文字与书本只是人生工具之一种。"老八股"与"洋八股"教育拿它当作人生的唯一工具看待，把整个的生活都从这个小孔里表现出来，岂不要把生活剥削得黄皮骨瘦吗？文字、书本，倘能用得得当，还不失为人生工具之一；但是"老八股"与"洋八股"的学生们都不用它们来学"生"，偏偏要用它来学"死"。中国教育所以弄到山穷水尽，没得路走，是因为大家专靠文字、书本做惟一无二的工具，并且把文字、书本这个工具用错了。我们要纠正中国教育，使它适应于中国国民全部生活之需要，第一就须承认文字、书本只是人生工具的一种，此外还有许多工具要运用来透达人生之欲望；第二就须承认我们以前运用文字、书本的方法是错的，以后要把它们用得更加得当些。

现在有一班人，开口就说：西方的物质文明比东方好，东方的精神文明比西方高。这句话初听似乎有理，我实在是百索不得其解。精神与物质接触必定要靠工具。工具愈巧则精神愈能向着物质发挥。工具能达到什么地方即精神能达到什么地方。动物以四肢百体为工具，所以它的精神活动亦以四肢百体的力量所能达到的地方为限。人的特别本领就是不专靠自己的身体为工具。人能发明非身体的工具，制造非身体的工具，应用非身体的工具。文明人与野蛮人的最大分别就是文明人能把这些非身体的工具发明得格外多，制造得格外精巧，运用得格外普遍。有了望远镜，人的精神就能到火星里去游览；有了显微镜，人的精神就能认识那叫人生痨病的不是痨病鬼乃是痨病虫。今年五月七日第一次飞渡大西洋的飞行家林白从德国柏林通电话到美国和他的老母谈话，是精神交通破天荒的成功，也是物质文明破天荒的成功。精神文明与物质文明是合而为一的。这合而为一的媒介就是工具。教育是什么？教育是教人发明工具、制造工具、运用工具。生活教育教人发明生活工具、制造生活工具、运用生活工具。空谈生活教育是没有用的。真正的生活教育必以生活工具为出发点。没有工具则精神不能发挥，生活无由表现。观察一个国家或一个学校的教育是否合乎实际生活，只需看它有无生活工具。倘使有了，再进一步看它是否充分运用所有的生活工具。教育有无创造力，也只需看它能否发明人生新工具或新人生工具。中国教育已到绝境，千万不要空谈教育，千万不要空谈生活；只有发明工具、制造工具、运用工具是真教育，是真生活。（第1卷，第97~98页）

本篇原载于1927年7月1日《乡教丛讯》第1卷第13期，原题为《工具教育》，作者将此文收入《中国教育改造》时把题目改为《生活工具主义之教育》。

"人的生活，必须有相当工具，才能表现出来。工具充分，才有充分的表现；工具优美，才有优美的表现；工具伟大，才有伟大的表现。"（第1卷，第97页）纵观人类历史，就是一部发明工具、制造工具、运用工具的历史。锄头、镰刀、斧子、锯子、菜刀、勺子、筷子、望远镜、显微镜、照相机、汽车、火车、轮船、军舰……人类的生活充满各种工具。有了工具，人类才能战胜大自然，从大自然里取得各种资源，为己所用。没有杀虫剂，蝗虫成灾，顷刻间能把万顷稻田吞食；没有显微镜，我们不能发现结核杆菌；没有望远镜，我们不能了解火星、月球、银河系；没有蜡烛、电灯等各种照明设备，人类还在黑暗中度过夜晚。这里特别要提出，书也是一种工具，我们要把书作为生活的助手，在"活用书"上下功夫，而不要"死读书"。衡量教育成败的标准是什么？陶行知提出："观察一个国家或一个学校的教育是否合乎实际生活，只需看它有无生活工具。倘使有了，再进一步看它是否充分运用所有的生活工具。教育有无创造力，也只需看它是否发明人生新工具或新人生工具。"(第1卷,第98页)这里提到的"是否合乎实际生活",就是指教育能不能依据实际生活起着推进作用,能否为生活的进步做出贡献。什么是生活? 陶行知说:"实际生活,说得明白些便是日常生活。积日为年,积年为终身,实际生活便是人生的一切。分析开来,战胜实际的困难,解决实际的问题,生实际的利,格实际的物,爱实际的人,求实际的衣、食、住、行,回溯实际的既往,改造实际的现在,探测实际的未来。这些事总括起来,虽不敢概括全部人生,但人生除了这些事还有什么? 在做这些事上去学、去教,虽不敢说有十分收成,但是教成的与学得的必是真本领。实行这种教育的社会,虽不敢说其进步必一日千里,但是脚踏实地地帮助人类天演历程向上向前运行而无一步落空,那是可以断言的。"(第1卷,第20页)换句话说,如果我们一味地让学生把文字与书本当作唯一无二的工具,只让学生在文字与书本上下功夫,就是把学生引入"读死书"的死胡同,他们的创造力就会受到摧残、破坏,哪里会有创造与发明? 因此,不能空谈教育,也不能空谈生活,应该通过工具的应用把教育与生活结合起来。

1929年1月,陶行知发表《答朱瑞琰之问》,此文是对工具主义之教育的一个重要补充:"耳、目、口、鼻、四肢百体都是要活用的。所以有的事要用耳做,有的事要用眼做,有的事要用嘴做,有的事要用脚做,有的事要用手做,有的事用它们合起来做。中国教育的一个普通的误解是以为:用嘴讲便是教,用耳听便是学,用手便是做。这样不但是误解了做,也误解了学与教了。""中国教育的第二个普通的误解,便是一提到教育就联想到笔杆和书本,以为教育便是读书、写字,除了读书、写字之外,便不是教育。"(第2卷,第19页)于是以为教育就是教会大家使用笔杆和书本,别的工具就不必学、不必教了。因此产生了一种更大的误解:"中国的教员、学生,实在太迷信书本了。他们以为书本可以耕田、织布、治国、平天下;他们以为要想耕田、织布、治国、平天下,只要读读书就会了。"(第2卷,第19页)书呆子就是这样造成的。

评述7

教学做合一

教学做合一是本校的校训,我们学校的基础就是立在这五个字上,再也没有一件事比明了这五个字还重要了。说来倒很奇怪，我在本校从来没有演讲过这个题目，同志们也从来没有一个人对这五个字发生过疑问。可是我近来遇了两件事，使我觉得同志中实在还有不明了校训的意义的。一是看见一位指导员的教学做草案里面把活动分成三个方面，叫做教的方面、学的方面、做的方面。这是教学做分家，不是教学做合一。二是看见一位同学在《乡教丛讯》上发表一篇关于晓庄小学的文章。在这篇文章里，他说："晓庄小学的课外作业就是农事教学做。"在教学做合一的学校的辞典里并没有"课外作业"。课外作业是生活与课程离婚的宣言，也就是教学做离婚的宣言。今年春天洪深先生创办电影演员养成所，招生广告上有采用"教""学""做"办法字样。当时我一见这张广告，就觉得洪先生没有十分了解教学做合一。倘使他真正了解，他必定要写"教学做"办法，决不会写作"教""学""做"办法。他的误解和我上述的两个误解是相类的。我接连受了这两次刺激，觉得非彻底地、源源本本和大家讨论明白，怕要闹出绝大的误解。思想上发生误解则实际上必定要引起矛盾，所以把这个题目来演讲一次是万不可少的。我自回国之后，看见国内学校里先生只管教，学生只管受教的情形，就认定有改革之必要。这种情形以大学为最坏。导师叫做教授，大家以被称教授为荣。他的方法叫做教授法，他好像是拿知识来贩济人的。我当时主张以教学法来代替教授法，在南京高等师范学校校务会议席上辩论二小时，不能通过，我也因此不接受教育专修科主任名义。八年①，应《时报·教育新思潮》主干蒋梦麟先生之征，撰《教学合一》一文，主张教的方法要根据学的方法。此时苏州师范学校首先赞成采用教学法。继而"五四"事起、南京高等师范学校同事无暇坚持，我就把全部课程中之教授法一律改为教学法。这是实现教学合一的起源。后来新学制②颁布，我进一步主张：事怎样做就怎样学，怎样学就怎样教；教的法子要根据学的法子，学的法子要根据做的法子。这是民国十一年的事。教学做合一的理论已经成立了，但是教学做合一之名尚未出现。前年在南开大学演讲时，我仍用教学合一之题，张伯苓先生拟改为学做合一，我于是豁然贯通，直称为教学做合一。去年撰《中国师范教育建设论》时，即将教学

---

① 指民国八年，即1919年。
② 新学制即1922年由北洋政府颁布的学制，又称壬戌学制。

做合一之原则做有系统之叙述。我现在要把最近的思想组织起来做进一步之叙述。教学做是一件事,不是三件事。我们要在做上教,在做上学。在做上教的是先生;在做上学的是学生。从先生对学生的关系说,做便是教;从学生对先生的关系说,做便是学。先生拿做来教,乃是真教;学生拿做来学,方是实学。不在做上用功夫,教固不成为教,学也不成为学。从广义的教育观点看,先生与学生并没有严格的分别。实际上,如果破除成见,六十岁的老翁可以跟六岁的儿童学好些事情。会的教人,不会的跟人学,是我们不知不觉中天天有的现象。因此教学做是合一的。因为一个活动对事说是做,对己说是学,对人说是教。比如种田这件事是要在田里做的,便须在田里学,在田里教。游水也是如此,游水是在水里做的事,便须在水里学,在水里教。再进一步说,关于种稻的讲解,不是为讲解而讲解,乃是为种稻而讲解;关于种稻的看书,不是为看书而看书,乃是为种稻而看书;想把种稻教得好,要讲什么话就讲什么话,要看什么书就看什么书。我们不能说种稻是做,看书是学,讲解是教。为种稻而讲解,讲解也是做;为种稻而看书,看书也是做。这是种稻的教学做合一。一切生活的教学做都要如此,方为一贯。否则教自教,学自学,连做也不是真做了。所以做是学的中心,也是教的中心。"做"既占如此重要的位置,宝山县立师范学校竟把教学做合一改为做学教合一。这是格外有意思的。(第1卷,第105~107页)

本篇系陶行知1927年11月2日在晓庄寅会①上所做的演讲词,原载于1928年1月15日《乡教丛讯》第2卷第1期。《乡教丛讯》系中华教育改进社乡村教育同志会会刊,后来同志会与晓庄学校合办此刊。关于"教学做合一",以后陶行知又补充做了许多说明。

"最好的教育,要想它有效,须是教学做合一;最坏的训练,要想它有效,也是教学做合一。教学做合一,是最有效力的法子。""教学做合一有两种含义:一是方法,二是生活的说明。在方法方面,它主张教的法子根据学的法子,学的法子根据做的法子。不然,便要学非所用,用非所学了。在又一方面,这是生活的说明:在做上教的是先生,在做上学的是学生。从先生对学生的关系说,做便是

---

① 编者注:寅会即晨会。

教;从学生对先生的关系说,做便是学。先生拿做来教,乃是真教;学生拿做来学,乃是实学。不在做上用工夫,教不成教,学也不成学。一个活动对事说是做,对己说是学,对人说是教。我们不能说种稻是做,看书是学,讲解是教。为种稻而讲解,讲解也是做;为种稻而看书,看书也是做。例如烧饭是做,烧了一次饭得到一种经验而进步便是学;你的进步影响到别人,使得别人也进步,便是教。"(第2卷,第10~11页)在传统的观念里,用手去做才算做。这里陶行知提醒我们,不要机械地理解"做"。

1928年4月,在湘湖教学做讨论会上,徐耀士君提出:"书是准备做的利器,何等重要啦!为什么又有人说读书的人叫'书呆子'?"陶行知回答说:"书呆子就是读书没有目的的人。我平时尽力劝人不要做书呆子。书是一种工具,只能用,不可读。比如筷子是吃饭的工具,假使我们对于筷子,不晓得拿来用,却对着它'筷子、筷子'地念,那不是'筷呆子'了吗?""只知读书,不会做别的事,便是书呆子,书呆子和只会吃饭的饭桶一个样子。"(第2卷,第14页)

陶行知在1926年11月5日《微音》月刊第29、30期合刊上发表的《我之学校观》一文中说:"学校以生活为中心。一天之内,从早到晚莫非生活,即莫非教育之所在。一人之身,从心到手莫非生活,即莫非教育之所在。一校之内,从厨房到厕所莫非生活,即莫非教育之所在。学校有死的有活的,那以学生全人、全校、全天的生活为中心的,才算是活学校。死学校只专在书本上做工夫。间于二者之间的,可算是不死不活的学校。"(第2卷,第251页)所以,他说:"全部的课程包括了全部生活:一切课程都是生活,一切生活都是课程。"(第2卷,第297页)"在教学做合一的学校的辞典里并没有'课外作业'。课外作业是生活与课程离婚的宣言,也就是教学做离婚的宣言。"(第1卷,第105页)

"教学做合一"是辩证唯物主义认识论在教育领域的应用。陶行知:"教学做合一是全人类教育历程之真相,无论男女老幼,丝毫没有例外。"(第1卷,第113页)

比利时医生、解剖学家维萨里(A. Vesalius,1514—1564),出身医学世家,大学毕业后执教于意大利的帕多瓦大学。他在校译古罗马医学家盖仑的著作时,发现书中有多处错误,原来盖仑解剖的不是人体,而是猕猴。1543年,维萨里出版了《人体构造》,为人类知识进化做出了重要贡献。

哈维（W. Harvey，1578—1657）是英国生理学家，他最大的贡献是发现了血液循环的规律，奠定了近代生理科学发展的基础。他于1616年首次提出血液循环理论，1628年出版了《心血运动论》一书。他在该书序言中写道："这些知识的确是通过我多年从事的解剖实践观察和研究发现的，而不是仅仅从某书本中得到的。"[①]

关于教学做合一，陶行知做过非常通俗易懂的表述。他说："从前是先生教，学生学。教师不做，不是真教；学生不做，不是真学。故教而不做，不是先生；学而不做，不是学生。在做上教，才是真教；在做上学，才是真学。真教，才是先生；真学，才是学生。这就是我们主张的'教学做合一'。"（第11卷，第483页）

评述8

在劳力上劳心

昨天我讲《教学做合一》的时候，曾经提及"做"是学之中心，可见做之重要。那么我们必须明白"做"是什么，才能明白教学做合一。盲行盲动是做吗？不是。胡思乱想是做吗？不是。只有手到心到才是真正的做。世界上有四种人：一种是劳心的人；一种是劳力的人；一种是劳心兼劳力的人；一种是在劳力上劳心的人。二元论的哲学把劳心的和劳力的人分成两个阶级；劳心的专门在心上做工夫，劳力的专门在苦力上讨生活。劳力的人只管闷起头来干，劳心的只管闭起眼睛来想。劳力的人便成了无所用心，受人制裁；劳心的便成了高等游民，愚弄无知；以致弄成"劳心者治人，劳力者治于人"的现象。不但如此，劳力而不劳心，则一切动作都是囿于故常，不能开创新的途径；劳心而不劳力，则一切思想难免玄之又玄，不能印证于经验。劳力与劳心分家，则一切进步发明都是不可能了。所以单单劳力，单单劳心，都不能算是真正之做。真正之做须是在劳力上劳心。在劳力上劳心是真正的一元论。在这里我们应当连带讨论那似是而非的伪一元论。一次我和一位朋友讨论本校主张在劳力上劳心，我的朋友说："你们是劳力与劳心并重吗？"我说："我们是主张劳力上劳心，不是主张劳力

---

① 威廉·哈维：《心血运动论》，何西译，江苏人民出版社，2011。

与劳心并重。"劳心与劳力并重虽似一元论,实在是以一人之身而分为两段,一段是劳心生活,一段是劳力生活,这种人的心与力都是劳而没有意识的。这种人的劳心或劳力都不能算是真正之做。真正之做只是在劳力上劳心,用心以制力。这样做的人要用心思去指挥力量,使能轻重得宜,以明对象变化的道理。这种人能以人力胜天工,世界上一切发明都是从他那里来的。他能改造世界,叫世界变色。我们中国所讲的科学原理,古时有"致知在格物"一语,朱子①用"在即物而穷其理"来解释,似乎是没有毛病的了。但是王阳明②跟着朱子的话进行便走入歧途。他叫钱友同格竹,格了三天,病了。他老先生便自告奋勇,亲自出马去格竹——即竹而穷竹理,格了七天,格不出什么道理来,也就病了。他不怪他自己格得不对,反而说天下之物本无可格,所能格的,只有自己的身心。他于是从格物跳到格心,中国的科学兴趣的嫩芽便因此枯萎了。假使他老先生起初不是迷信朱子的呆板的即物穷理,而是运用心思指挥力量以求物之变化,那便不至于坠入迷途。在劳力上劳心,是一切发明之母。事事在劳力上劳心,便可得事物之真理。人人在劳力上劳心,便可无废人,便可无阶级。征服天然势力,创造大同社会,是立在同一的哲学基础上的,这个哲学的基础便是"在劳力上劳心"。我们必须把人间的劳心者、劳力者、劳心兼劳力者一齐化为在劳力上劳心的人,然后万物之真理都可一一探获,人间之阶级都可一一化除,而我们理想之极乐世界乃有实现之可能。这个担子是要教师挑的。惟独贯彻在劳力上劳心的教育,才能造就在劳力上劳心的人类;也惟独在劳力上劳心的人类,才能征服自然势力,创造大同社会。最后,我想打一个预防针,以免误解。一次有一位朋友告诉我说:"你们在劳心上劳力的主张,我极端地赞成。"我说:"如果是劳心上劳力,我便极端不赞成了。我们的主张是在劳力上劳心,不是'在劳心上劳力'"。(第1卷,第108~110页)

本篇系1927年11月3日陶行知在晓庄学校寅会上的演讲词,原载于1928年1月31日《乡教丛讯》第2卷第2期。这篇演讲词是对前一日即11月2日所讲

---

① 朱子即朱熹。
② 王阳明即王守仁。

的《教学做合一》的重要补充，"'教学做合一'是生活法亦即教育法。为要避去瞎做、瞎学、瞎教，所以提出'在劳力上劳心'，以期理论与实践之统一"（第4卷，第358页）。所以，这两篇演讲词是有不可分割的内在联系的。

陶行知从对立的事物中，找出它们根本上相同的东西加以研究，寻找转化的条件。他认为，两个相反的对立的东西，可以转变为统一的东西，这种转变是有条件的，我们应该找出这个条件并付诸实践。

以前的读书人往往只劳心不劳力，成了半残废的书呆子，要靠农民来养活；农民长年累月地劳作，没有机会念书，结果也成了有手无脑的半残废人。陶行知批评说，"二元论的哲学把劳心的和劳力的人分成了两个阶级"，结果"劳力与劳心分家，则一切进步发明都是不可能了"。（第1卷，第108页）陶行知认为这两种人都要改变自己的生活，提出"在劳力上劳心"，就是要教工农劳动者念书，教念书的人劳力，把两种半残废的人变成一种完全的人。

什么是真正的做？"只有手到心到才是真正的做。""真正之做须是在劳力上劳心。"（第1卷，第108页）盲行盲动、胡思乱想都不是真正之做；劳力的人只管闷起头来干，劳心的人只管闭起眼睛来想，也不是真正的做。一个人如果要真正地去做一件事，那么他必定在做之前要想到用什么工具，用什么参考书，要事先考虑怎样去做才能把事做好；在做的过程中，又要随时注意出现的新情况，用心去观察分析；做完了还要回顾全过程每一步骤是否合理，是否有疏漏之处；等等。所以，真正之做必有许多思考，在做之前、做之中以及做之后都在思考。应该指出，许多问题只有在做之中才会发现，可能事先考虑得不怎么周到，在做的过程中会出现什么新情况也不可能完全预测到，只有做起来才会发现，甚至出现意想不到的情况。在做之前预料的情况，只是依据旧经验；而在做之中发现的新情况正是我们的新经验、新知识。所以，只有在劳力上劳心，我们才有新的进步。通俗地说，就是"实践出真知"。

欧洲产业革命时期，哈格里沃斯发明纺织机，瓦特改进旧式蒸汽机，富尔敦发明蒸汽轮船，史蒂芬逊发明蒸汽机车，他们都是一线的产业工人，长年累月在实践中劳力又劳心，才有了伟大的发明。陶行知提出"在劳力上劳心"，是对人类知识进化的科学的总结。

不论教学做合一，还是"在劳力上劳心"，都把做放在中心地位。"真正之做只是在劳力上劳心,用心以制力。这样做的人要用心思去指挥力量,使能轻重得宜,以明对象变化的道理。这种人能以人力胜天工,世界上一切发明都是从他那里来的。他能改造世界,叫世界变色。"(第1卷,第109页)

评述9

"伪知识"阶级

自从俄国革命以来,"知识阶级"(Intelligentsia)①这个名词忽然引起了世人的注意。在打倒知识阶级呼声之下,我们不得不问一问:什么是知识阶级？ 知识阶级是怎样造成的？ 应当不应当把它打倒？ 这些问题曾经盘旋于我们心中,继续不断地要求我们解答。近来的方向又转过来了,打倒知识阶级的呼声一变而为拥护知识阶级的呼声。我们又不得不问一问:什么是知识阶级？ 知识阶级是怎样造成的？ 应当不应当将它拥护？ 在两种相反的呼声里面,我都曾平心静气地把这些问题研究一番,我所得的答案是一致的。我现在要把我一年来对于这些问题考虑的结果写出来,与有同样兴趣的朋友们交换意见。

我们要想把知识阶级研究得明白,首先便须分别"知识"与"智慧"。智慧是生成的,知识是学来的。孟子说"由射于百步之外也:其至,尔力也;其中,非尔力也。"会射箭的人能百步穿杨。射到一百步的力量是生成的限度;到了一百步还能穿过杨树的一片叶子,那便是学来的技巧了。这就是智慧与知识的分别。又比如言语:说话的能力是生成的,属于智慧;说中国话、日本话、柏林话,便是学成的,属于知识。人的禀赋各不相同,生成的智慧至为不齐。有的是最聪明的,有的是最愚笨的。但从最愚笨的人到最聪明的人,种种差别都是渐渐地推上去的。假使我们把一千个人按着聪明的大小排列成行,我们就晓得最聪明的是少数,最愚笨的也是少数,而各人和靠近的人比起来都差不了几多。我们只觉得各个不同,并找不出聪明人和愚笨人中间有什么鸿沟。我们可以用一个最浅近的比方把这个道理说出来。人的长矮也是生成的。我们可以把一千个人依着他们的长矮顺序排列:从长子看到矮子,只见各人渐渐的一个比一个矮;从

---

① "知识阶级"(Intelligentsia)即知识界或知识分子总称。把知识分子称为"知识阶级"是五四运动时期的叫法。

矮子看到长子,只见各人也是渐渐的一个比一个长。在寻常状态之下,我们找不出一大群的长子,叫做长子阶级;也找不出一大群的矮子,叫做矮子阶级。我们在上海的大马路上或是在燕子矶关帝庙会里仔细一望,就可以明白这个道理。从人之长矮推论到人之智愚,我们更可明白生成之智慧只有渐渐的差别,没有对垒的阶级。智慧既无阶级,自然谈不到打倒、拥护的问题。

其次,我们要考察知识的本身。知识有真有伪。思想与行为结合而产生的知识是真知识,真知识的根是安在经验里的。从经验里发芽抽条开花结果的是真知灼见,真知灼见是跟着智慧走的。同处一个环境,同等的智慧可得同等的真知灼见。智慧是渐渐地相差,所以真知灼见也是渐渐相差。智慧既无阶级,真知识也就没有阶级。俗话说"三百六十行,行行出状元"。真知识只有直行的类别,没有横截的阶级。各行的人有绝顶聪明的,也有绝不中用的,但是他们中间的人,智力上的差别和运用智力取得之真知识的差别都是渐渐的,都是没有阶级可言。倘使要把三百六十行的"上智"联合起来,称为知识阶级,再把三百六十行的"下愚"联合起来,称为无知识阶级,那就是一件很勉强、很不自然的事了。

照这样说来,世界上不是没有知识阶级了吗?不,伪知识能成阶级!什么是伪知识?不是从经验里发生出来的知识便是伪知识。比如知道冰是冷的,火是热的是知识。小孩子用手摸着冰便觉得冷,从摸冰而得到"冰是冷的"的知识是真知识。小孩儿单用耳听见妈妈说冰是冷的而得到"冰是冷的"的知识是伪知识。有人在这里便起疑问:"如果样样知识都要从自己经验得来,岂不是麻烦得很?人生经验有限,若以经验范围知识,那么所谓知识岂不是也很有限了吗?没有到过热带的人,就不能了解热带是热的吗?没有到过北冰洋的人,就不能了解北冰洋是冷的吗?这些疑问是很重要的,我们必须把他们解答清楚,方能明了真知识与伪知识的分别。我只说真知识的根是要安在经验里,没有说样样知识都要从自己的经验上得来。假使我们抹煞别人经验里所发生的知识而不去运用,那真可算是世界第一个大呆子。我们的问题是要如何运用别人经验里所发生的知识使它成为我们的真知识,而不要成为我们的伪知识。比如接树:一种树枝可以接到别一种树枝上去使它格外发荣滋长,开更美丽之花,结更好吃之果。如果把别人从经验发生之知识接到我们从自己经验发生之知识上去,那么，我们的知识必可格外扩充，生活必可格外丰富。我们要有自己的经验做根，以这经验所发生的知识做枝，然后别人的知识方才可以接得上去，别人的知识方才成为我们知识的一个有机体部分。这样一来，别人的知识在我们的经验里活着，我们的经验也就生长到别人知识里去开花结果。至此，别人的知识便成了我们的真知识。其实，它已经不是别人的知识而是自己的知识了。倘若对某种知识，自己的经验上无根可找，那么无论如何勉强，也是接不活的。比如在厨房里烧过火的人，或是在火炉边烤过火的人，或是把手给火烫过的人，便可以懂得热带是热的；在冰房里去过的人，或是在冰窖里走过的人，或是做过雪罗汉的人，便可以懂得北冰洋是冷的。对于这些人，"热带是热的，北冰洋是冷的"，虽从书本上看来，或别人演讲时听来，也是真知识。倘自己对于冷热的经验丝毫没有，那么，这些知识虽是学而时习之，背得熟透了，也是于他无关的伪知识。

知识的一部分是藏在文字里，我们的问题又成为："什么文字是真知识？什么文字是伪知识？"经验比如准备金，文字比如钞票。钞票是准备金的代表，好比文字是经验的代表。银行要想正经生意，必须根据准备金去发行钞票，钞票是不可滥发的。学者不应自欺欺人，必须根据经验去发表文字，文字是不可滥写的。滥发钞票，钞票便不值钱；滥写文字，文字也不值钱。欧战后，德国马克一落千丈，当时有句笑话，说是"请得一席客，汽车载马克"。这句话的意思是马克纸币价格跌得太低，寻常请一席酒要用汽车装马克去付账。这是德国不根据准备金而滥发纸币之过。滥发钞票，则虽名为钞票，几是假钞票。吾国文人写出了汗牛充栋的文字，青年学子把他们在脑袋子里装满了，拿出来，换不得一肚饱。这些文字和德国马克一样的不值钱，因为它们是在经验以外滥发的文字，是不值钱的伪知识。

我国先秦诸子如老子、孔子、孟子、庄子、墨子、杨子①、荀子等都能凭着自己的经验发表文字，故有独到的议论。他们好比是根据自己的准备金发可靠的钞票。孔子很谦虚，只说"述而不作，信而好古"，自居为根据古人的准备金为古人清理钞票；他只承认删诗书，定礼乐，为取缔滥发钞票的工作。孟子虽是孔家的

---

① 杨子即杨朱。

忠实行员，但心眼稍窄，只许孔家一家银行存在，拼命地要打倒杨家、墨家的钞票。汉朝以后，学者多数靠着孔子的信用，继续不断地滥发钞票，甚至于又以所滥发的钞票做准备库，滥上加滥地发个不已，以至于汗牛充栋。韩文公[1]的脾气有些像孟子，他眼看佛家银行渐渐地兴旺，气愤不过，恨不得要拼命将它封闭，把佛家银行的行员杀得干干净净。他至今享了"文起八代之衰"的盛名。但据我看来，所谓"文起八代之衰"只是把孔家银行历代经理所滥发的钞票换些新票而已，他又乘换印新票的时候顺带滥发了些新钞票。程、朱、陆、王[2]纵有许多贡献及不同的地方，但是他们四个人大部分的工作还是根据孔、孟合办银行的招牌和从前滥发的钞票，去滥发钞票。他们此时正与佛家银行做点汇兑，所以又根据佛家银行的钞票，去滥发了些钞票。颜习斋[3]看不过眼，谨慎地守着孔家银行的准备库，一方面大声疾呼地要严格按着准备金额发行钞票，一方面要感化佛家银行行员使他无形解体。他是孔家银行里最忠实的一位行员，可是他所谨守的金库里面有许多金子已经上锈了。等到八股发达到极点，朱注的"四书"[4]被拥护上天的时候，全国的人乃是以朱子所发的钞票当为准备金而大滥特滥地去发钞票了。至此，中国的知识真正濒于破产了。吴稚晖先生劝胡适之先生不要迷信整理国故，自有道理。但我觉得整理国故如同清理银行账目一样，是有它的位置的。我们希望整理国故的先生们经过很缜密的工作之后，能够给我们一本报告，使我们知道国故银行究有几多准备金，究能发行多少钞票，哪些钞票是滥发的。不过他们要谨慎些，千万不可一踏进银行门，也去滥发钞票。如果这样，那这笔账更要糊涂了。总括一句：只有从经验里发生出来的文字才是真的文字知识，凡不是从经验里发生出来的文字都是伪的文字知识。伪的文字知识比没有准备金的钞票还要害人，还要不值钱。

伪的知识，伪的文字知识既要害人又不值钱，那么，它如何能够存在呢？产

---

① 韩文公即韩愈。

② 程即程颐与程颢，合称"二程"。朱即朱熹。陆即陆九渊。王即王守仁。

③ 颜习斋即颜元。

④ 指朱熹所注的《四书章句集注》，包括《大学章句》一卷、《中庸章句》一卷、《论语集注》十卷、《孟子集注》七卷。朱熹在书中按其唯心主义理学的观点，对"四书"做了系统的注释。宋以后被历代封建统治者规定为必读的教科书。

生伪知识的人，应当连饭都弄不到吃，他们又如何能成阶级呢？伪知识和伪钞票一样，必须得到特殊势力之保障拥护才能存在。"伪知识"阶级是特殊势力造成的，这特殊势力在中国便是皇帝。

创业的皇帝大都是天才。天才忌天才是自然的一件事。天下最厉害的无过于天才得了真知识。如果政治的天才从经验上得了关于政治的真知灼见，谁的江山也坐不稳。做皇帝的人，特别是创业之主，是十分明了此中关系的，并且是一百分地不愿意把江山给人夺去。他要把江山当作子孙万世之业，必得要收拾这些天才。收拾的法子是使天才离开真知识去取伪知识。天才如何就他的范围、进他的圈套呢？说来倒很简单。皇帝引诱天才进伪知识的圈套有几个法子。一、照他的意旨在伪知识上用功，便有吃好饭的希望。俗话说"只有穷秀才，没有穷举人"，伪知识的功夫做得愈高愈深，便愈能解决吃饭的问题。二、照他的意旨在伪知识上用功，便有做大官的希望。世上的安富尊荣，尽他享受。中了状元还可以做驸马爷，娶皇帝的女儿为妻。穿破布烂棉花去赴朝考的人，个个都有衣锦回乡的可能。三、照他的意旨在伪知识上用功，便有荣宗耀祖的希望。这样一来，全家全族的人都在那儿拿着鞭子代皇帝使劲赶他进圈套了。倘使他没有旅费，亲族必定要为他凑个会，或是借钱给他去应试。倘使他不去，又必定要用"不长进"一类的话来羞辱他，使他觉得不去应试是可耻的。全家全族的力量都做皇帝的后盾，把天才的儿孙像赶驴子样一个个地赶进皇帝的圈套，天下的天才乃没有能幸免的了。

"伪知识"阶级不是少数人可以组织成功的。有了皇帝做大批的收买，全社会做这大批生意的买办，个人为名利权位所诱而不能抵抗出卖，"伪知识"阶级乃完全告成。依皇帝的目光看来，这便是"天下英雄，尽入我彀中"。雄才大略的帝王个个有此野心，不过唐太宗口快，无意中把它说破罢了。最可叹的是皇帝手段太辣：一方面是积极地推重伪知识，所谓"满朝朱紫贵，尽是读书人"一类的话，连小孩都背熟了；一方面是消极地贱视伪知识以外的人，所谓"万般皆下品，唯有读书高"，又是从娘胎里就受迷的。所以不但政治天才入了彀，七十二行，行行的天才都入了他的圈套了。天才是遗传的，有其父必有其子。老子进了圈套，儿子、孙子都不得不进圈套。只要"书香之家"四个大字，便可把全家世世代代的天才圈入"伪知识"阶级。等到八股取士的制度开始，"伪知识"阶级的形成乃更进一步。以前帝王所收买的知识还夹了几分真，等到八股发明以后，全国士人三更灯火五更鸡去钻取的知识，乃是彻底不值钱的伪知识了。这种知识除了帝王别有用意之外，再也没有一人肯用钱买的了；就是帝王买去也是丝毫无用，也是一堆一堆地烧去不要的。帝王是醉翁之意不在酒，他哪里是收买伪知识，他只是用名利、权位的手段引诱全国天才进入"伪知识"的圈套，成为废人，不能与他的儿孙争雄罢了。

这些废人只是为"惜字炉"继续不断地制造燃料，他们对于知识的全体是毫无贡献的。从大的方面看，他们是居于必败之地。但从他们个人方面看，却也有幸而成的与不幸而败的之分别。他们成则为达官贵人，败则为土豪、劣绅、讼棍、刀笔吏、教书先生。最可痛心的，就是这些废人应考不中，只有做土豪、劣绅、讼棍、刀笔吏、教书先生的几条出路。他们没有真本领赚饭吃，只得拿假知识去抢饭吃、骗饭吃。土豪、劣绅、讼棍、刀笔吏之害人，我们是容易知道的；教书先生之害人更广、更深、更切，我们是不知道的。教书先生直接为父兄教子弟，间接就是代帝王训练"伪知识"阶级。他们的知识，出卖给别人吧，嫌他太假；出卖给皇帝吧，又嫌他假得不彻底。不得已，只好拿来哄骗小孩子。这样一来，非同小可，大书呆子教小书呆子，几乎把全国中才以上的人都变成书呆子了，都勾引进"伪知识"阶级了。"伪知识"阶级的势力于是乎雄厚，于是乎牢不可破，于是乎继长增高，层出无穷。

皇帝与民争，用伪知识来消磨民间的天才，确是一个很妙的计策。等到民间的天才消磨已尽，忽然发生了国与国争，以伪知识的国与真知识的国抗衡，好比是拿鸡蛋碰石头，哪有不碰碎的道理？鸦片之战、英法联军之战、甲午之战，没有一次幸免，皇帝及大臣才明白伪知识靠不住，于是废八股、兴学堂，这未始不是一个转机。但是政权都操在"伪知识"阶级手中，他们哪会培养真知识？他们走不得几步路，就把狐狸尾巴拖出来了。他们自作聪明地把外国的教育制度整个地抄了一个来。他们曾用眼睛、耳朵、笔从外国贩来了些与国情接不上的伪知识。他们把书院变成学堂，把山长改为堂长[①]。"四书"用不着了，一律换为

[①] 山长，元代书院设山长，讲学之外，总领院务。清乾隆时改名院长，清末改名山长。堂长，清末创设各级各类学堂后，设堂长总理校务、教务。

各种科学的教科书。标本,仪器很好看,姑且拣那最好看的买他一套,在玻璃柜里陈列着,可以给客人参观参观。射箭很不时髦,要讲尚武精神,自须学习兵操。好,他们很信他们的木头枪真能捍国卫民咧! 这就算是变法! 这就算是维新! 这就算是自强! 一般社会对于这些换汤不换药的学堂却是大惊小怪,称它们为洋学堂,又称学堂里的学生为洋学生。办学的苦于得不到学生,于是除供饭食、发零用外,还是依旧地按着学堂等级给功名:小学堂毕业给秀才;中学堂毕业给贡生;高等学堂毕业给举人;大学堂毕业给进士;外国留学回来的,赴朝考及第给翰林、点状元。社会就称他们为洋秀才、洋贡生、洋举人、洋进士、洋翰林、洋状元。后来废除功名,改称学士、硕士、博士等名目,社会莫名其妙了。得到这些头衔的人还是仍旧用旧功名翻译新功名,说是学士等于秀才,硕士等于举人,博士等于翰林,第一名的博士等于从前的状元。说的人自以为得意,听的人由羡慕而称道不止,其实还不是穿洋装的老八股吗? 穿洋装的老八股就是洋八股。老八股好比是根据本国钞票发行的钞票,洋八股好比是根据外国钞票去发行的钞票,他们都是没有准备金的假钞票。洋八股和老八股虽有新旧之不同,但同不是从经验里发生的真知识,同是不值钱的伪知识。从中国现在的情况看来,科学与玄学①之争,只可说是洋八股与老八股之争。书本的科学、陈列的实验,岂能当科学实验之名? 它和老八股是同样无用的东西。请看三十年来的科学,发明在哪里? 制造在哪里? 科学客倒遇见不少,真正的科学家在哪里? 青年的学子:书本的科学是洋版的八股,在讲堂上高谈阔论的科学客,与蒙童馆里的冬烘先生②是同胞兄弟,别给他们骗走了啊!

所以中国是有"伪知识"阶级。构成中国之"伪知识"阶级有两种成分:一是老八股派,二是洋八股派。这个阶级既靠伪知识骗饭吃,不靠真本领赚饭吃,便没有存在的理由。

这个阶级在中国现状之下已经是山穷水尽了。收买伪知识的帝王已经消灭,再也找不出第二个特殊势力能养这许多无聊的人。但因为惰性关系,青年

---

① 玄学指魏晋时期主要的哲学思潮。它以宣传《老子》的"玄而又玄,众妙之门"而得名。玄学主张"以无为本",认为世界的本原是"无",万事万物都是"无"所派生的,宣扬"无为而治"。

② 冬烘先生指思想迂腐、学识浅陋的教师。

们还是整千整万地向着这条死路出发,他们的亲友仍旧是拿着鞭儿在后面使劲地赶。可怜得很,这些青年个个弄得焦头烂额,等到觉悟回来,不能抢饭的便须讨饭。"伪知识"阶级的末路已经是很明显了,还用得着打倒吗?又值得拥护吗?

但是一般狡猾的"伪知识"者找着一个护身符,这护身符便是"读书"两个字。他们向我们反驳说:"书也不应当读了吗?"社会不明白他们葫芦里卖的是什么药,也就随声附和地说:"是啊!书何能不读呢?"于是"读书不忘救国,救国不忘读书",便成了保障"伪知识"阶级的盾牌。所以不把"读书"这两个字说破,"伪知识"阶级的微生物便能在里面苟延残喘。我们应当明白,书只是一种工具,和锯子、锄头是一样的性质,都是给人用的。我们与其说"读书",不如说"用书"。书里面有真知识和伪知识,读它一辈子,不能辨别它的真伪;可是用它一下,书的本来面目便显了出来,真的便用得出去,伪的便用不出去。也如同真的锯子才能锯木头,真的锄头才能锄泥土,假的锯子、锄头一用到木头、泥土上去就知道它不行了。所以提到书便应说"用书",不应说"读书",那"伪知识"阶级便没得地方躲了。与"读书"连成一气的有"读书人"一个名词。这个名词,更要不得。假使书是应当读的,便应使人人有书读。绝不能单使一部分的人有书读,叫做读书人;又一部分的人无书读,叫做不读书人。比如说饭是应当吃的,应使人人有饭吃。绝不能使一部分的人有饭吃,叫做吃饭的人;又一部分的人无饭吃,叫做不吃饭的人。从另一方面看,只知道吃饭,不成饭桶了吗?只知道读书,不成为有脚可以走路的活书架子了吗?我们为避免堕入"伪知识"阶级的诡计起见,主张用书不主张读书。农人要用书,工人要用书,商人要用书,士兵要用书,医生要用书,律师要用书,画家要用书,教师要用书,音乐家要用书,戏剧家要用书,三百六十行,行行都要用书。行行都成了用书的人,真知识才愈益普及、愈能发现了。书是三百六十行的公物,不是读书人所能据为私有的。等到三百六十行都是用书人,读书的专利营业便完全被打破,读书人除非改行,便不能混饭吃了。这个日子已经来到,大家还不觉悟,只有死路一条。凡受过中国新旧教育的人,都免不了有些"伪知识"的成分和倾向。为今之计,我们应当痛下四个决心:

一、从今以后,我们应当放弃一切固有的伪知识;

二、从今以后,我们应当拒绝承受一切新来的伪知识;

三、从今以后，我们应当制止自己不要再把伪知识传与后辈；

四、从今以后，我们应当陪着后起的青年共同努力去探真知识的泉源。

最后，我要郑重地说：二十世纪以后的世界，属于努力探获真知识的民族。凡是崇拜伪知识的民族，都要渐就衰弱以至于灭亡。三百六十行中绝没有教书匠、读书人的地位，东西两半球上面也没有中华书呆国的立足点。我们个人与民族的生存都要以真知识为基础。伪知识是流沙，千万不可在它上面流连忘返。早一点觉悟，便是早一点离开死路，也就是早一点走向生路。这种生死关头，十分显明，绝无徘徊迟疑之余地。起个取真去伪的念头，是走向生路的第一步。明白伪知识的买主已经死了永不复生并且绝了种，是走向生路的第二步。以做"读书"人或"读书"先生为最可耻，是走向生路的第三步。凡事手到心到——在劳力上劳心，便是骑着千里驹在生路上飞跑了。（第1卷，第118~127页）

本篇写于1927年，文中最后两段曾以《读书人》为题发表在1928年1月31日《乡教丛讯》第2卷第2期。本篇是陶行知关于做学问的长篇论述，涉及许多基本观念，他都给出了明确的说明。

什么是伪知识？"不是从经验里发生出来的知识便是伪知识。"（第1卷，第119页）样样知识都要从自己的经验里得来，岂不麻烦？况且人生经验有限，若以经验获取知识，那么知识岂不很有限了吗？陶行知回答说："我只说真知识的根是要安在经验里，没有说样样知识都要从自己的经验上得来。"（第1卷，第120页）事实上，我们都要运用别人从经验里得来的知识，问题就在于如何运用别人从经验里得来的知识以使其成为我们的真知识而不是伪知识。陶行知把知识的迁移比作"接枝"，他说："我们要有自己的经验做根，以这经验所发生的知识做枝，然后别人的知识方才可以接得上去，别人的知识方才成为我们知识的一个有机体部分。这样一来，别人的知识在我们的经验里活着，我们的经验也就生长到别人知识里去开花结果。至此，别人的知识便成了我们的真知识。"（第1卷，第120页）

有些知识是藏在文字里的，那么什么文字是真知识？什么文字是伪知识？陶行知打比方说："经验比如准备金，文字比如钞票。钞票是准备金的代表，好比文字是经验的代表。银行要想正经生意,必须根据准备金去发行钞票,钞票是不可滥发的。学者不应自欺欺人,必须根据经验去发表文字,文字是不可滥写的。滥发钞票,钞票便不值钱;滥写文字,文字也不值钱。……滥发钞票,则虽名为钞票,几是假钞票。……在经验以外滥发的文字,是不值钱的伪知识。"(第1卷,第121页)

陶行知认为,"我国先秦诸子如老子、孔子、孟子、庄子、墨子、杨子、荀子等都能凭着自己的经验发表文字,故有独到的议论。他们好比是根据自己的准备金发可靠的钞票"。"汉朝以后,学者多数靠着孔子的信用,继续不断地滥发钞票,甚至于又以所滥发的钞票做准备库,滥上加滥地发个不已,以至于汗牛充栋。"(第1卷,第121页)"等到八股发达到极点,朱注的'四书'被拥护上天的时候,全国的人乃是以朱子所发的钞票当为准备金而大滥特滥地去发钞票了。至此,中国的知识真正濒于破产了。"(第1卷,第122页)

《"伪知识"阶级》一文,逻辑性很强,结构严密。从讨论知识的真伪,到伪知识的产生,转而形成一个"伪知识"阶级;进而又讨论是何种特殊势力保护"伪知识"和"伪知识"阶级。"等到八股发明以后,全国士人三更灯火五更鸡去钻取的知识,乃是彻底不值钱的伪知识了。"(第1卷,第123页)陶行知指出:"帝王是醉翁之意不在酒,他哪里是收买伪知识,他只是用名利、权位的手段引诱全国天才进入'伪知识'的圈套,成为废人,不能与他的儿孙争雄罢了。"(第1卷,第124页)

谈及"伪知识"阶级,即那些进入"伪知识"圈套的废人,陶行知说:"他们成则为达官贵人,败则为土豪、劣绅、讼棍、刀笔吏、教书先生。最可痛心的,就是这些废人应考不中,只有做土豪、劣绅、讼棍、刀笔吏、教书先生的几条出路。他们没有真本领赚饭吃,只得拿假知识去抢饭吃、骗饭吃。……大书呆子教小书呆子,几乎把全国中才以上的人都变成书呆子了,都勾引进"伪知识"阶级了。"伪知识"阶级的势力于是乎雄厚,于是乎牢不可破,于是乎继长增高,层出无穷。""政权都操在'伪知识'阶级手中,他们哪会培养真知识?"(第1卷,第124页)陶行知一针见血地指出了"伪知识"阶级的危害。

1856年第二次鸦片战争后,洋务运动、维新变法等历次改革的成效都不显著。废八股、兴学堂,然而终究是"穿洋装的老八股"。"它和老八股是同样无用的东西,请看三十年来的科学,发明在哪里? 制造在哪里? 科学客倒遇见不少,真正的科学家在哪里?"(第1卷,第125页)。在本篇末尾,陶行知说:"二十世纪以后的世界,属于努力探获真知识的民族。凡是崇拜伪知识的民族,都要渐就衰弱以至于灭亡。……我们个人与民族的生存都要以真知识为基础。伪知识是流沙,千万不可在它上面流连忘返。早一点觉悟,便是早一点离开死路,也就是早一点走向生路。这种生死关头,十分显明,绝无徘徊迟疑之余地。"(第1卷,第127页)这一段话是陶行知对中国教育的深刻反思。他不仅看到问题的严重性,而且指出了改革的方向:取真去伪,一切向真。"千教万教,教人求真;千学万学,学做真人。"(第4卷,第528页)

评述10

智育大纲

本校以诚为训育之本,亦以诚为智育之本。盖诚合己成物而言,故格物所以致知,即所以致诚。《中庸》曰:"自明诚谓之教。"又曰:"诚之者,择善而固执之者也。"曰明,曰择,皆智育所有事,而皆所以致其诚也。故本校智育,亦以诚为本。依据诚训以养成学生思想及应用能力,则本校智育之标准也。深望诸生能思想以探知识之本源,能应用以求知识之归宿。盖明知识之本源,然后乃能取之无尽;明知识之归宿,然后乃能用之无穷。若徒以灌输知识为务,而不求所以得其源流,则枯寂之弊所不能免,又安能尽物之性哉? 故本校智育以养成思想及应用能力为标准。标准既立,方法乃生。

本校智育方法,有一贯之精神,曰:试验。盖徒事思想而无试验,则蹈于空虚;徒知应用而无试验,则封于故步,皆不足以尽智育之能事也……

吾国数千年来相传不绝之方法,唯有"致知不格物"一语……

柏林大学包尔生曰:"德国中世纪以前,狉狉榛榛,等于化外之民。及拉丁文输自罗马,民情一变。既而文艺北渐,酝成宗教改革,而民德又一进,是德人再得力拉丁民族也。"当十七世纪,法国礼乐艺术最盛,德人见异而迁,其贵族咸以能说法语为荣。及十八世纪,大风烈铁骑帝又定法文为学校必修科,并聘法人为高级教师,其学于法人也,可谓勤矣。而于希腊及英吉利之文化,亦皆无所不吸收,此德人师天下之期也。迨至十八世纪之初,哈里大学与郭听斯堡大学相继而兴，皆以宣扬试验精神为务。其后，学者先后辈出，凡所建树，皆本于试验。至十八世纪末叶，复与国家主义会后，以国家主义定目的，试验主义定方法，相演相成，用著大效。此后言科学者多宗德人。故十九世纪以前，德人师天下；十九世纪以后，天下师德人。试验主义实与有力焉。

吾国维新二十载，形式上虽不无可观，而智识进化之根本方法，则无人过问。故拘于古法而徒仍旧贯者有之；慕于新奇而专事仪型者有之。否则思而不学，悬空构想，一知半解，武断从事。即不然，则朝行夕罢，偶而尝试而已。孔子曰："温故而知新，可以为师矣。"仍旧贯，只是温故。仪型他国，则吾人以为新，他人以为旧矣。空想无新可见，武断绝自新之路，尝试则新未出而已中途废矣，何怪乎智识之不进也！故欲智识之刷新，非实行试验不为功。盖能试验，则能自树立，能自树立，则能发古人所未发，明今人所未明，人将师我，岂惟进步已哉？然能试验，岂易言哉？知其要而无其才，不足以言试验；有其才而无百折不回之气概，犹不足以言试验也。故试验者，当内有其才，外度其势，视阻力为当然，失败为难免，复贯以再接再励之精神，然后功可成也。诸生宜急起直追，以试验自矢，则所思者皆有所用，所用者皆本所思，当不难自明以至于诚也。勉之！勉之！（第1卷，第233～235页）

1918年3月，年仅27岁的陶行知任南京高等师范学校代理教务主任。为使学生对办学方针有所理解，陶行知请学监刘伯明讲《教育大纲》，体育主任麦克乐教授讲《体育大纲》，自己讲《智育大纲》。1918年9月17日，陶行知发表演讲，演讲词刊载于1918年9月20日《南京高等师范日刊》。《智育大纲》意在阐述智识进化之根本方法，一方面要培养学生"能思想以探知识之本源，能应用以求知识之归宿"，反对"徒以灌输知识为务"；（第1卷，第233页）另一方面，提倡试验精神，反对封于故步。应该指出：这里提到的"试验精神"泛指创造性的探索实践，不仅限于自然科学的实验。《智育大纲》发表至今已有百余年，但对今日之教育仍有重要的借鉴作用。

《智育大纲》是一篇关于知识进化之根本方法的论述。"吾国维新二十载，形式上虽不无可观，而智识进化之根本方法，则无人过问。"（第1卷，第235页）陶行知以德国的教育发展为例，指出宣扬试验精神的教育对德国科学发展的促进作用。德国人认识到要振兴国家,首先要振兴教育。18世纪以后,多所大学已在德国兴起,如慕尼黑大学(1472)、哈勒大学(1694)、哥廷根大学(1734)、波恩大学(1786)、柏林大学(1810)等,大学逐渐成为科学家的聚集地和学术的中心。德国教育家辈出,如赫尔巴特(1776~1841)、福禄贝尔(1782~1852)、第斯多惠(1790~1866)等。同时也出现了许多科学家,物理学方面有欧姆(1787~1854)、楞茨(1804~1865)、赫尔姆霍茨(1821~1894)、基尔霍夫(1824~1887)、伦琴(1845~1923)、狄塞尔(1858~1913)等,数学方面有莱布尼兹(1646~1716)、哥德巴赫(1790~1764)、高斯(1777~1855)、贝赛尔(1784~1846)、雅可比(1804~1851)、格拉斯曼(1809~1877)、魏尔斯特拉斯(1815~1897)、黎曼(1826~1866)、戴德金(1831~1916)、希尔伯特(1862~1943)等。近代的德国能够涌现出如此众多的科学家和数学家,无疑与当时教育的先进性和自由性密不可分。

评述11

生活即教育

"教学做合一"和"教育即生活"的理论有什么关系?这是晓庄同志时常遇到的一个问题。我可以说,"教育即生活"是杜威先生的教育理论,也就是现代教育思潮的中流。我从民国六年起便陪着这个思潮到中国来,八年的经验告诉我说"此路不通"。在山穷水尽的时候才悟到"教学做合一"的道理。所以,"教学做合一"是实行"教育即生活"碰到墙壁把头碰痛时所找出来的新路。"教育即生活"的理论,至此乃翻了半个筋斗。实行"教学做合一"的地方,再也不说"教育即生活"。它不再耐烦把学校变成社会的缩影。它要伸张到大自然大社会里去活动。它要我们在生活里各尽所能,各取所需。没有"教育即生活"的理论在前,绝产生不出"教学做合一"的理论。但到了"教学做合一"的理论形成的时候,整个的教育便根本地变了一个方向,这新方向是"生活即教育"。分析开来:康健的生活便是康健的教育;劳动的生活便是劳动的教育;科学的生活便是科学的教育;艺术的生活便是艺术的教育;社会革命的生活便是社会革命的教育。从这个理论里面我们可以推出下面的结论:

一、是生活便是教育;

二、是好生活便是好教育，是坏生活便是坏教育；

三、不是生活便不是教育；

四、所谓之"教育"，未必是生活，即未必是教育。（第2卷，第7～8页）

什么是生活教育

生活教育是以生活为中心之教育。它不是要求教育与生活联络。一提到联络，便含有彼此相处的意思。倘使我们主张教育与生活联络，便不啻承认教育与生活是两个个体，好像一个是张三，一个是李四，平时不相识，现在要互递名片结为朋友。联络的本意原想使教育与生活发生更密切的关系，不知道一把它们看作两个个体，便使它们格外疏远了。生活与教育是一个东西，不是两个东西。在生活教育的观点看来，它们是一个现象的两个名称，好比一个人的小名与学名。先生用学名喊他，妈妈用小名喊他，毕竟他是他，不是她。生活即教育，是生活便是教育；不是生活便不是教育。分开来说，过什么生活便是受什么教育；……反过来说，平日过的是少爷小姐的生活，便念尽了汗牛充栋的劳动书，也不算是劳动教育；平日过的是奴隶牛马的生活，便把《民权初步》念得透熟，熟得倒过来背，也算不了民权教育。没有生活做中心的教育是死教育，没有生活做中心的学校是死学校，没有生活做中心的书本是死书本。在死教育、死学校、死书本里鬼混的人是死人——先生是先死，学生是学死！先死与学死所造成的国是死国，所造成的世界是死世界。（第2卷，第527～528页）

《生活即教育》一文系陶行知1929年5月19日在晓庄学校寅会上的演讲词，后载于1929年《乡教丛讯》第3卷第4期。1929年，上海商务印书馆出版了陶行知自编的文集《教学做合一讨论集》，本文被收入其中。

1917年8月，陶行知留美归国，任教于南京高等师范学校。他说："我自回国之后，看见国内学校里先生只管讲，学生只管受教的情形，就认定有改革之必要，这种情形以大学为最坏。"（第1卷，第106页）他指出："吾国办学十余年，形式上虽不无可观，而教育进化之根本方法，则无人过问。"（第1卷，第209页）留美期间，陶行知师从教育家杜威。回国后，陶行知在中国实践杜威"教育即生活""学校即社会"的教育思想，但是屡屡碰壁。后来他陆续发表《生活工具主义之教育》《教学做合一》《在劳力上劳心》等文章，详细阐释为什么要把"教育即生活""学校即社会"转变为"生活即教育""社会即学校"。

关于生活教育,有一种误解,以为生活教育就是把教育与生活联络起来。陶行知指出:"平日过的是少爷小姐的生活,便念尽了汗牛充栋的劳动书,也不算是劳动教育。"(第2卷,第528页)同理,艺术教育、科学教育、医学教育,如果没有艺术实践、科学实践、临床实践,而只是读死书,也行不通。陶行知批评说:"中国的教员、学生,实在太迷信书本了。他们以为书本可以耕田、织布、治国、平天下。他们以为要想耕田、织布、治国、平天下,只要读读书就会了。"(第2卷,第19页)"舍书本外无教育,所以造成许许多多'书呆子'。"(第11卷,第483页)陶行知主张:"生活教育是运用生活的力量来改造生活,它要运用有目的有计划的生活来改造无目的无计划的生活。"(第2卷,第452页)这就是说,教育与生活是一个东西,不存在"联络"的问题。

陶行知说:"我们也可以说:'教学做合一'便是生活。""倘若我们赞成'生活即教育'的主张,那末,生活教育必是教学做合一的;生活教育内之教与学,必是以做为中心。"(第2卷,第25页)"要想获得人类全体的经验,必须教学做合一方为最有效力";"生活教育就是教学做合一"。(第2卷,第27页)

操震球①曾向陶行知提问:"为什么要主张'生活即教育',反对'教育即生活'?"陶行知回答说:"教育可说是书本的、与生活隔绝的,其力量极小。拿全部生活去做教育的对象,然后教育的力量才能伟大,方不至于偏狭。我们要用好的生活去改造不好的生活,拿整个的生活去解放偏狭的生活。"(第2卷,第410页)

"'教育即生活'是拿教育做生活,好教育固然是好生活,八股的教育也就造成八股的生活。'生活即教育'根本上可以免除这种毛病,虽然它的流弊也有拿坏生活做教育的,但就教育立场说,其效力仍是极大的。"(第2卷,第410页)

"'生活即教育',教育极其广阔自由,如同一个鸟放在林子里面的;'教育即生活',将教育和生活关在学校大门里,如同一个鸟关在笼子里的。"(第2卷,第410页)

"'生活即教育',是承认一切非正式的东西都在教育范围以内,这是极有力

---

① 编者注:操震球(1902—1995),中国教育家。

量的。譬如与农民做朋友,是极好的教育,平常都被摈弃在课程以外。其他有效力的东西,也是如此。当然,生活中一部分是有目的的,就是有目的的教育,一部分是合理的,就是合理的教育。"(第2卷,第410页)

"'生活即教育',是叫教育从书本的到人生的,从狭隘的到广阔的,从字面的到手脑相长的,从耳目的到身心全顾的。"(第2卷,第410页)

四

教育进化篇

阅读提示

1917年8月,陶行知留美回国,便积极投入中国教育改造的实践。当时陶行知任南京高等师范学校教授,主讲教育学、教育行政、教育史、教育心理等。

1918年4月,陶行知在《金陵光》上发表《试验主义之教育方法》。这是他回国后发表的第一篇文章。文中提出"试验之消长,教育之盛衰系之"。"故试验者,当内省其才,外度其势。"

1921年7月,陶行知与范源濂、蔡元培、张伯苓等在北京组织实际教育调查社,并决定聘请美国教育家孟禄①来华调查科学教育实际情况并讲学。

1921年11月19日至26日,实际教育调查社在调查九省教育后,邀集各地教育代表到京开会,讨论改进教育之方案。1921年12月23日,新教育共进社、《新教育》杂志社、实际教育调查社合并为中华教育改进社,陶行知在孟禄与中国教育界同仁饯别会上,宣布"中华教育改进社"成立并讲话,改进社以"调查教育实况,研究教育学术,力谋教育改进"为宗旨。中华教育改进社的工作一直在促进中国教育的进步,连续几年召开年会——济南年会(1922年)、北京年会(1923年)、南京年会(1924年)、太原年会(1925年),都把工作重点放在普及教育与科学教育方面。这些工作,加快了中国从传统教育向现代教育的过渡,力求与世界先进国家的教育水平接轨。

1923年5月,陶行知与朱其慧、黄炎培、晏阳初等发起成立中华平民教育促进会筹备委员会,任干事。1923年6月,陶行知与朱经农合编《平民千字课本》。《中华平民教育促进会总会之进行方针与计划》②指出"本会应在各省区、蒙、藏、青海及华侨所在地设立平民教育试验学校各一所,但创办时因人才不敷分配,得先在北京、南京、广州等处试办"(第1卷,第616页)。陶行知与王伯秋等人组织南京平民教育促进会,推动了南京的平民教育。陶行知及时地编辑出《南京平民教育概况》《平民教育周刊》等。

---

① 编者注:孟禄即 Paul Monroe,1869—1947,美国教育家。
② 原载于1923年12月《新青年》第7卷第5期。

"故欲求教育刷新进步,必先有试验,以养成其自得之能力。能自得,始能发明;能发明,则陈法自去,教育自新矣。"(第1卷,第6页)陶行知的一生,一直在不断探索适合中国国情的教育、适合中国国民的教学方法。平民教育运动、乡村教育运动、普及教育运动、国难教育运动、战时教育运动及民主教育运动,是陶行知因时因地因事因人不同而实践的诸多教育运动。

名篇评述

评述12

试验主义与新教育

《说文》:"新,取木也。"木有取去复萌之力,故新有层出不已之义。新教育与旧教育之分,其在兹乎?夫教育之真理无穷,能发明之则常新,不能发明之则常旧。有发明之力者虽旧必新,无发明之力者虽新必旧。故新教育之所以新,旧教育之所以旧,亦视其发明能力之如何耳。发明之道奈何?曰,凡天下之物,莫不有赖于其所处之境况。境况不同,则征象有异。故欲致知穷理,必先约束其境况,而号召其象征,然后效用乃见。此试验之精神,近世一切发明所由来也。彼善试验者立假设,择方法,举凡欲格之物,尽纳之于轨范之中;远者近之,微者大之,繁者简之,杂者纯之,合者析之,分者通之,多方以试之,屡试以验之,更较其异同,审其消长,观其动静,察其变化,然后因果可明而理可穷也。例如试验甲乙教授法之优劣,则必将试验时之一切情形,归为一致。盖必先一其教师、一其教材、一其设备、一其时间、一其地方,而所教之学生又须年龄等、男女等、家境等、程度等,然后施以各异之教法,乃可知结果之攸归,屡试而验,然后二法之优劣,乃可得而发明焉。故欲求常新之道,必先有去旧之方。试验者,去旧之方也。盖尝论之,教育之所以旧者五,革而新之,其惟试验。所谓五旧者何?

一曰依赖天工　彼依赖天工者,待天垂象,俟物示征,成败利钝,皆委于气数。究其流弊,则以有限之时间,逐不可必得之因果,是役于物而制于天也,安得不为所困哉?困即无自新之力矣。苟其有之,或出于偶然。即有常矣,或所示者吝,吾又安能穷其极而启其新耶?荀子曰:"大天而思之,孰与物畜而制之?

从天而颂之,孰与制天命而用之?因物而多之,孰与骋能而化之?思物而物之,孰与理物而勿失之也?"此数语可谓中试验精神之窾要矣。盖善试验者役物而不为物所役,制天而不为天所制。惟其人力胜天工,故能探其奥蕴,常保其新焉。

二曰沿袭陈法 彼泥古之人,以仍旧贯为能事。行一事,措一词,必求先例。有例可援,虽害不问;无例可援,虽善不行。然今昔时势不同,问题亦异。问题既异,方法当殊。故适于昔者未必适于今。徒执古人之成规,以解决今之问题,则圆枘方凿,不能相容,何能求其进步也?故欲求教育刷新进步,必先有试验,以养成其自得之能力。能自得,始能发明;能发明,则陈法自去,教育自新矣。

三曰率任己意 教育为一种专门事业,必学焉而后成。然从事教育之人,偏欲凭一己一时之意,以定进行之趋向。故思而不学,凭空构想者有之;一知半解,武断从事者有之;甚至昧于解决,以不了了之者亦有之。空想则无新可见;武断则绝自新之路;不了了之,则直无新之希望矣。欲救斯弊,必所思者皆有所凭;所断者皆有所据;困难之来,必设法求所以解决之、约束之、利用之,凡此皆试验之道也。

四曰仪型他国 今之号称新人物者,辄以仪型外国制度为能事,而一般人士,见有能仪型外人者,亦辄谓为新人物。虽然,彼岂真能新哉?夫一物之发明,先多守秘密。自秘密以迄于公布,需历几何时?自公布以迄于外传,又需历几何时?况吾所仪型者,或出于误会。以误传误,为害非浅。即得其真相,而转辗传述,多需时日。恐吾人之所谓新者,他人已以为旧矣。不特此也,中外情形有同者,有不同者,同者借镜,他山之石,固可攻玉。不同者而效焉,则适于外者未必适于中。试一观今日国中之教育,应有而无,应无而有者,在在皆是。此非仪型外国之过欤?若能实心试验,则特别发明,足以自用。公共原理,足以教人。教育之进步,可操左券矣。

五曰偶尔尝试 当一主义发生之时,必有人焉慕其美名而失其真意。其弊也,弥近似而大乱真。乃时人不察,误认试验为尝试。计划不确,方法无定,朝令暮改,偶尔尝试。惟其尝试,故新猷未出,已中途而废矣。彼真试验者则不然。必也有计划,有方法,视阻力为当然,失败为难免,具百折不回之气概,再接再励之精神。成败虽未可必,然世界实由此而进步,教育亦由此而进步。此岂持尝试之见者所可能哉?

既能塞陈旧之道,复能开常新之源,试验之用,岂不大哉? 推类至尽,发古人所未发,明今人所未明,皆试验之力量也。吾国数千年相传不绝之方法,惟有致知在格物一语。然格物之法何在? 晦庵①与阳明②各持一说。晦翁以"即物穷理"释之,近矣。然而即物穷理,又当用何法乎? 无法以即物穷理,则物仍不可格,知仍不可致。阳明固尝使用即物穷理者也,其言曰:"初年与钱友同论做圣贤,要格天下之物。……因指亭前竹子令去格看。钱子③早夜去穷格竹子的道理,竭其心思,至于三日,便致劳神成疾。当初说他这是精力不足,某因自去穷格,早夜不得其理,到七日亦以劳思致疾。……及在夷中三年,颇见得此意思,乃知天下之物本无可格者,其格物之功,只在身心上做。"类此者,皆坐格物不得其法之弊也。假使阳明更进一步,不责物之无可格,只责格之不得法,竞竞然以改良方法自任,则近世发明史中,吾国人何至迄今无所贡献? 然亡羊补牢,未为晚也。全国学者,苟能尽刷其依赖天工、沿袭旧法、仪型外国、率任己意、偶尔尝试之旧习,一致以试验为主,则施之教育而教育新,施之万事而万事新,未始非新国新民之大计也。不然,若以应时为尽新之能事,则彼所谓旧教育者,当时亦尝为新教育者也;而今之新教育,又安知他日之不或旧耶?

附:在出版《中国教育改造》一书时,收入了本篇,但把其中的第二大段删去,只保留最后几句,放在第一大段的末尾。现将删去的第二大段附于篇后。

故试验者,发明之利器也。试验虽未必皆有发明,然发明必资乎试验。试验之法,造端于物理、生物、生理诸科学,浸假而侵入人群诸学,今则哲理亦且受其影响矣。盖自培根(Bacon)用以格客观之物,笛卡儿(Descartes)用以致主观之知,试验精神遂举形而上、形而下学而贯彻之。究其结果,则思想日精,发明日盛,欧美之世界几变其形。征之欧美之进步,试验方法既如此,其不可废也,则其应用之于教育学者明矣。教育为群学之一种,居形上、形下之间。故其采用试验方法也,亦较迟于物理、生物诸学。然近二百年来教育界之进步,皆由试

① 晦庵即朱熹。
② 阳明即王守仁。
③ 钱子即钱友同。

验而来。是以配斯泰来齐（Pestalozzi）①试验幼子，而官觉之要以明；赫尔巴特（Herbart）设研究科，而统觉之理以阐；福禄培尔（Froebel）创幼稚园，而游戏之效以著；杜威（J. Dewey）之集成教育哲学也，以试验；桑戴克（T. Homdike）之集成教育心理也，亦以试验。他若全部发育也，先质后文也，自动也，兴味也，感应结也，习惯法也，无一不根源于试验。举凡今日教育界所视为金科玉律者，皆昔贤试验累积之成功。是故试验之消长，教育之盛衰系之。柏林大学保尔生（Paulsen）曰：德国中世纪以前，狂狂榛榛，等之化外之民，及拉丁文输自罗马，民情一变，既而文艺北渐，蕴成宗教变革，而民德又一进。当十七世纪法国礼乐艺术最盛，德人慕之，其贵族咸以能说法语为荣。及十八世纪，大风烈铁骑帝（Fredrick the Greet）又定法文为学校必修科，并聘法人为高级教师。其学于法人也，可谓勤矣！此外于英吉利及希腊之文化，皆无所不吸收，此德人师他人之时期也。迨至十八世纪之初，哈里大学（Halle University）与郭丁斯堡大学（GÖttinsburg University）相继而兴，皆以宣扬试验精神为务。其后，赫尔巴特与福禄贝尔诸贤先后辈出，凡所建树，皆根本于试验。虽执政者屡加干预，而其教之流行，速于置邮传命，不数十年而弟子几遍国中，此后言教育者多宗之。试验主义之功不亦大哉？美国三十年前之教育，亦几无事不模仿旧大陆，自詹姆斯（James）创设心理试验科，而学者趋向一变。至于今日，凡著名大学，莫不设教育科。其同时试验教育心理者以百计，其试验机关与从事实地试验之人，几无处无之。盛矣！其试验精神之充塞也，观其效果，虽未必人人皆有贡献，然英德识者，皆承认美国近今小学校法为全球冠，试验之功也。（故欲求常新之道……）（第1卷，第5～9页）

《试验主义与新教育》一文原载于1919年2月《新教育》第1卷第1期。1928年3月15日，晓庄试验乡村师范学校创建一周年之际，陶行知自编文集《中国教育改造》，将本文列为文集首篇。

新旧教育之区别何在？陶行知认为："夫教育之真理无穷，能发明之则常新，不能发明之则常旧。有发明之力者虽旧必新，无发明之力者虽新必旧。故

---

① 配斯泰来齐：通译裴斯泰洛齐。

新教育之所以新,旧教育之所以旧,亦视其发明能力之如何耳。发明之道奈何?"(第1卷,第5页)陶行知认为唯有试验乃发明之道。"此试验之精神,近世一切发明所由来也。""试验者,去旧之方也。"(第1卷,第5页)陶行知进一步指出,中国教育之所以旧者五:依赖天工、沿袭陈法、率任己意、仪型他国、偶尔尝试。由于这些缘故,在教育的历史性大变革之中,中国的教育未能创新,而是旧习不改,不过是"老八股"变成"洋八股"。

陶行知指出:"试验者,发明之利器也。试验虽未必皆有发明,然发明必资乎试验。""近二百年来教育之进步,皆由试验而来。"(第1卷,第8页)陶行知以裴斯泰洛齐、赫尔巴特、福禄贝尔等为例,认为他们的学说无一不源于试验。"举凡今日教育界所视为金科玉律者,皆昔贤试验累积之成功。是故试验之消长,教育之盛衰系之。"(第1卷,第8页)

陶行知回顾了美国教育的发展。20世纪初,美国基本实现了初等义务教育,在发展数量的同时,也注重内容与教学法的实验研究。1864年,贺拉斯·曼(1796—1859)发表《第七年度报告》,该报告是对裴斯泰洛齐(1746—1827)教育理论研究的成果,促进了美国的教育改革。1875年,帕克(1839—1902)任麻省昆西教育局长。他曾留学德国,受欧洲新教育的影响很深。他在实践中用了裴斯泰洛齐和赫尔巴特(1776—1841)的理论。帕克的实践与总结,被称为"昆西教学法"。1883至1889年帕克任芝加哥库克县师范学校校长时,进一步研究教学改革,1894年发表《教学谈话》一书,强调儿童在教育过程中的地位,认为应当从儿童自身活动规律去研究他们,教师了解儿童本性比教给儿童知识更重要。这实际上就是美国"进步教育运动"的开始。那时美国各州的义务教育截止到中学以前,一般为八年,学习读写算,要占课程的百分之八十。

随着小学教育的发展,师范教育也随之发展。至,19世纪末,美国的一些大学和学院设了教育课程,1889年首创独立的师范学院,以培养中学师资。贺拉斯·曼曾在师范学校大力推广裴氏教育理论,尤重实物教学,并重视心理活动在教学中的作用。裴氏教育思想影响美国长达三十年之久,在19世纪六七十年代达到高潮。1890年以后,赫尔巴特的教育思想及其著作在美国成为热门。赫尔巴特的著作在美国陆续出版,他提出的"教育学应成为一门科学""作为科学的心理学"等观点对美国的教育,尤其是师范教育影响很大。根据赫尔巴特的教育思想,教育心理学被列为美国师范学校的课程。1892年,美国成立了全国性的"赫尔巴特学会",这也是后来美国教育学会的前身。与此同时,福禄贝尔的教育著作也被列为美国师范学校的主要课程内容,给美国重视师范教育提供了理论依据。

随着人文主义的兴起和近代自然科学的发展,西方的教育学者努力探索符合人文主义思想和人性解放的新教育。这一时期,西方涌现出一批杰出的教育家,如培根(1561~1626)、卢梭(1712~1778)、裴斯泰洛齐、赫尔巴特、福禄贝尔、第斯多惠(1790~1866)、桑戴克(1874~1949)、杜威(1859~1952)等。在科学大发展的历史背景下,在产业革命之后的工业化时代,对人才的培养,需要探索符合人性解放和知识进化客观规律的更加合理的教育理念。这是时代的客观需要,也是《试验主义与新教育》一文的根本内涵。

评述 13

生活教育之特质

您如果看过《狸猫换太子》那出戏,一定还记得那里面有一件最有趣的事情,就是出现了两个包龙图:一个是真的,还有一个是假的。我们仔细想想,是越想越觉得有趣味了。世界上无论什么事,都好像是有两个包龙图。就拿教育来说吧,您立刻可以看出两种不同教育:一种叫做传统教育,另一种叫做生活教育。又拿生活教育来说吧,您又可以发现两种不同的说法:一种主张"教育即生活",另一种主张"生活即教育"。我现在想把生活教育的特质指出来,目的在于不但要使大家知道生活教育与传统教育之不同,并且要使大家把假的生活教育和真的生活教育分别出来。

(一)生活的 生活教育的第一个特点是生活的。传统的学校要收学费,要有闲空工夫去学,要有名人阔老介绍才能进去。有钱、有闲、有面子,才有书念,那么无钱、无闲、无面子的人又怎么办呢?听天由命吗?等待黄金时代从空中落下来吗?不!我们要从生活的斗争里钻出真理来。我们钻进去越深,越觉得生活的变化便是教育的变化。生活与生活一摩擦便立刻起教育的作用。摩擦者与被摩擦者都起了变化,便都受了教育。有人说:这是"生活"与"教育"的对立,便是"生活"与"教育"的摩擦。我以为教育只是生活反映出来的影子,不能有摩擦的作用。比如一块石头从山上滚下来,碰着一块石头,就立刻发出火花,倘若它只碰着一个石头的影子,那是不会发出火花的。说得正确些,是受过某种教育的生活与没有受过某种教育的生活,摩擦起来便发出生活的火花,即教育的火花,发出生活的变化,即教育的变化。

(二)行动的　生活与生活摩擦,便包含了行动的主导地位。如果行动不在生活中取得主导地位,那末,传统教育者就可以拿"读书的生活便是读书的教育"来做他们掩护的盾牌了。行动既是主导的生活,那么,只有"为行动而读书,在行动上读书"才可说得通。我们还得追本推源地问:书是从哪里来的?书里的真知识是从哪里来的?我们是毫不迟疑地回答说:"行是知之始","即行即知",书和书中的知识都是著书人从行动中得来的。我要声明著书人和注书人、抄书人是有分别。人类和个人的知识的妈妈都是行动。行动产生理论,发展理论。行动所产生发展的理论,还是为的要指导行动,引着整个生活冲入更高的境界。为了争取生活之满足与存在,这行动必须是有理论、有组织、有计划的战斗的行动。

(三)大众的　少爷小姐有的是钱,大可以为读书而读书,这叫做小众教育。大众只可以在生活里找教育,为生活而教育。当大众没有解放之前,生活斗争是大众唯一的教育,并且孤立地去干生活教育是不可能的。大众要联合起来才有生活可过,即要联合起来,才有教育可受。从真正的生活教育看来,大众都是先生,大众都是同学,大众都是学生。教学做合一、即知即传是大众的生活法,即是大众的教育法。总说一句,生活教育是大众的教育,大众自己办的教育,大众为生活解放而办的教育。

(四)前进的　有人说,生活既是教育,那末,自古以来便有生活,即有教育,又何必要我们去办教育呢?他这句话,分析是对的,断语是错的。我们承认自古以来便有生活即有教育。但同在一个社会里,有的人是过着前进的生活,有的人是过着落后的生活。我们要用前进的生活来引导落后的生活,要大家一起来过前进的生活,受前进的教育。前进的意识要通过生活才算是教人真正地向前去。

(五)世界的　课堂里既不许生活进去,又收不下广大的大众,又不许动一动,又只许人向后退不许人向前进,那末,我们只好承认社会是我们的唯一的学校了。马路、弄堂、乡村、工厂、店铺、监牢、战场,凡是生活的场所,都是我们教育自己的场所,那末,我们所失掉的是鸟笼,而所得的倒是伟大无比的森林了。为着要过有意义的生活,我们的生活力是必然的冲开校门、冲开村门、冲开城门、冲开国门,冲开无论什么自私自利的人所造的铁门。所以,整个的中华民国和整个的世界,才是我们真正的学校咧。

(六)有历史联系的 这里应该从两方面来说。第一,人类从几千年生活斗争中所得到而留下来的宝贵的历史教训,我们必须用选择的态度来接受。但是我们要留心,千万不可为读历史而读历史。我们必须把历史的教训和个人或集团的生活联系起来。历史教训必须通过现生活,从现生活中滤下来,才有指导生活的作用。这样经生活滤过的历史教训,可以使我们的生活倍上加倍地丰富起来。倘使一个人停留在自我或少数同伴的生活上,而拒绝广大人类的历史教训,那便是懒惰不长进,跌在狭义的经验论的泥沟里,甘心情愿地做一只小泥鳅。第二,中国已经到了生死关头,争取大众解放的生活教育,自有它应负的历史的使命。为着要争取大众解放,它必须争取中华民族的解放;为着要争取中华民族之解放,它必须教育大众联合起来解决国难。因此,推进大众文化以保卫中华民国领土主权之完整,而争取中华民族之自由平等,是成了每一个生活教育同志当前所不可推却的天职了。(第3卷,第604~606页)

本篇原载于1936年3月16日《生活教育》第3卷第2期。

陶行知在1936年3月1日《生活教育》第3卷第1期发表《大众的国难教育方案之特质》,根据国难教育的情况而确定其特质:

(一)它是单一的。"解决国难的教育方案只有一个目的,就是保卫中华民国领土主权之完整以争取中华民族之自由平等。一切教育设施都要以这个神圣的使命做中心。"(第3卷,第376页)

(二)它是大众的。"民族之命非'小众'所能救。""不许大众救国的教育,乃是亡国的教育。"(第3卷,第377页)

(三)它是联系的。"一切科目活动都以解决国难为中心而取得相互联系";"各界各团体都以救亡工作为中心而取得联系";"把现在中国民族解放运动与历史的教训密切联系起来"。"单以学校为组织之中心是不够的。至于有些人想

把国难教育像只小鸟关在课堂的小笼里,那更是自欺欺人了。"(第3卷,第377页)

(四)它是对流的。"解决国难教育必须容许上层下层对流。""我们必须愿意被群众领导才能领导群众。""群众对于教育必须有由下而上的自动的机会,才能把自己和领导者造成救亡的战士,而完成救亡的使命。"(第3卷,第377页)

(五)它是行动的。"高谈阔论不能救国。""为教育而教育,不许行动的教育,乃是加重国难的教育,而不是解决国难的教育。"(第3卷,第378页)

《大众的国难教育方案之特质》一文,可以帮助我们理解《生活教育之特质》。许多人对生活教育有许多误解:有人误以为"生活教育"仅仅注重"日常生活";也有人误以为"生活教育"是仅仅注重眼前生活需求的短视教育。生活教育的根本主张是:"生活即教育"、"教学做合一"及"社会即学校"。自然而然地,真正的生活教育便必须有"生活的""行动的""大众的""前进的""世界的""有历史联系的"六个特质。

(一)生活的。"我们要从生活的斗争里钻出真理来。"(第1卷,第604页)这是陶行知的一句名言。陶行知提出:"大众教育是要教大众以生活为课程,以非常时期的有计划有组织的生活做他们非常时期的有计划有组织的课程;这非常生活,便是当前的民族解放、大众解放的战斗生活。"(第3卷,第373页)国难教育社是1936年由陶行知等发起并成立的教育团体,把陶行知的生活教育理论与民族解放运动结合在一起。比如,《国难教育社大纲》第三条提出,"开办大众学校,读书会,时事研究会";第五条提出,"开办国难教育讲习班";第六条提出,"举办军事、防毒救护、运用交通工具等常识技术讲习班";等等。(第3卷,第680页)这一大纲充分体现了"谋推进大众文化,实施国难教育,以启发中国大众争取中华民族之自由平等,保卫中华民国领土与主权之完整"(第3卷,第677页)的办社宗旨。

(二)行动的。陶行知的生活教育理论特别强调"行动",因为"行动是思想的母亲"(第2卷,第114页)。因此,离开了"行动",就无法谈生活教育。陶行知创立的生活教育理论不是只给人们读的,而是让人们行动,要求人们用行动去变革生活。陶行知说:"行动产生理论,发展理论。行动所产生发展的理论,还是为着要指导行动,引着整个生活冲入更高的境界。为了争取生活之满足与存在,这行动必须是有理论、有组织、有计划的战斗的行动。"(第3卷,第605页)新安旅行团是陶行知倡导的"教学做合一"的一个极好的例子,同时又是国难教育的一个创新的实践。"新安小学儿童自动旅行团于1933年10月22日自江苏淮安出发,经镇江到达上海。陶行知亲自为他们制订参观学习计划十大项:一、帝国主义侵略之路线与证据;二、帝国主义残暴的痕迹;三、中国资本主义的发展;四、社会教育学术机关;五、娱乐场所;六、休闲场所;七、海京博马戏场;八、中国的上海;九、中外宗教场所;十、下层民众生活场所。同时确定了60个参观学习点,并以演讲、卖报等收入解决生活费用。"(第7卷,第132页)旅行团的七人在生活中体会,在实践中学习;在参观交流中当学生,在宣传表演中当先生。"他们在上海活动的50天,轰动了上海。"(第7卷,第132页)

(三)大众的。从前,受教育是少数人的特权,穷人被排斥在外。陶行知批评这种教育说:"教育是成了少爷、小姐、政客、书呆子的专有品。它是少爷的手杖、小姐的钻戒、政客升官的梯子、书呆子轮回麻醉的乌烟。"(第3卷,第102页)"少爷小姐有的是钱,大可以为读书而读书,这叫做小众教育。"(第3卷,第605页)而大众教育的特点是:"大众只可以在生活里找教育,为生活而教育。当大众没有解放之前,生活斗争是大众唯一的教育";"大众要联合起来才有生活可过,即要联合起来,才有教育可受";"大众都是先生,大众都是同学,大众都是学生";"教学做合一、即知即传是大众的生活法,即是大众的教育法"。(第3卷,第605页)比如《上海文化届救国会国难教育方案》明确了国难教育的任务为"教育大众联合起来解决国难;教育知识分子将民族危机之知识向大众传播";"前进的大众、前进的小孩、前进的学生、前进的教师、前进的技术员"(第3卷,第344页)都可以成为国难教育的教师。这充分体现了大众教育与国难教育的结合。

(四)前进的。陶行知说:"我们要用前进的生活来引导落后的生活,要大家一起来过前进的生活,受前进的教育。前进的意识要通过生活才算是教人真正地向前去。"(第3卷,第605页)"我们怎样才可以做成一个前进的青年?我得加重地补充一句:最重要的方法是集体的前进行动,是前进的集体行动。它不但是为'前进'保证,并且它本身便是培养'前进'的主要方法。"(第3卷,第388页)什么是前进?"为大众谋幸福是前进";"和大众站在一条战线上争取解放是前进";"追求真理是前进,固执成见是落伍"。(第3卷,第388页)前进的青年、前进的生活、前进的教育、前进的集体、前进的意识等等,它们是前进的目标,也是前进的途径。

（五）世界的。为了救国,"为着要过有意义的生活,我们的生活力是必然的冲开校门、冲开村门、冲开城门、冲开国门,冲开无论什么自私自利的人所造的铁门。所以,整个的中华民国和整个的世界,才是我们真正的学校咧"（第3卷,第606页）。陶行知本人就是一个向世界学习的很好的例子。1936年8月,世界新教育同志会第七届年会在伦敦召开。陶行知在赴会途中写下《大孩子游记——我要看世界》:"我将有许多的先生同学指教,我是多么高兴啊! 这是我要在世界大学里去上的第一课。以后我要在英国考察一下,再到法国、苏联、德国、土耳其、意大利、美国、印度等各地方去看看。"（第4卷,第102页）看并不是简单地看,而是与外界的互相认识与交流。陶行知表示:"我要看看世界,我要认识世界,要和大家一同来改造世界。……有什么东西带回来? 带来给中国大众? 带来给中国小孩? ……有什么带去给世界? 带去给世界的大众? 带去给世界的小孩?"（第4卷,第102～103页）陶行知一直提倡学习世界的先进的科学、艺术、教育等等,经验也是很重要的一项内容。国难教育同样离不开世界的经验。柳湜[①]根据陶行知拟定的国难教育方案,于1936年在《大众生活》上发表了《国难教育实施的路线》。文中提到,国难教师在教人的方面要"以百分之十演讲民族解放的历史、各国革命的经过、中国民族解放的过去与前途等"（第12卷,第468页）。

（六）有历史联系的。陶行知的生活教育理论重视人类历史的经验与教训。陶行知说,"一个诗人或学问家,首先要高瞻远瞩,认清前人所走过的道路。也就是说,总结前人的经验是艺术创作或学术研究的起点",然后,"要覃思苦虑,孜孜以求……只有这样,才能一朝顿悟,发前人未发之秘,辟前人未辟之境"。（第11卷,第436页）同时,陶行知提醒我们:"千万不可为读历史而读历史。我们必须把历史的教训和个人或集团的生活联系起来。历史教训必须通过现生活,从现生活中滤下来,才有指导生活的作用。这样经生活滤过的历史教训,可以使我们的生活倍上加倍地丰富起来。"（第3卷,第606页）国难教育同样也离不开历史的联系,要"把现在中国民族解放运动与历史的教训密切联系起来"

---

① 柳湜（1903—1968）:原教育部副部长。

（第3卷，第377页）。历史的教训告诉我们，"除了反抗敌人的侵略，没有法子可以获得民族解放；我们除了流血，不会获得民族自由"（第3卷，第673页）。

评述14

社会即学校
——答操震球问

问：为什么要主张"社会即学校"，反对"学校即社会"？

答：我们主张"社会即学校"，是因为在"学校即社会"的主张下，学校里面的东西太少，不如反过来主张"社会即学校"，教育的材料、教育的方法、教育的工具、教育的环境，都可以大大增加，学生、先生也可以更多起来。因为在这样办法下，不论校内校外的人，都可以做师生的。"学校即社会"，一切都减少，校外有经验的农夫，就没有人愿去领教；校内有价值的活动，外人也不得受益。

问：如上所言，坏的社会也可以做学校吗？

答：坏的社会，我们也要认识，也要有所准备，才能生出抵抗力，否则一入社会，便现出手慌足乱的情状来。（第2卷，第411页）

本篇是陶行知对操震球提问的答复。操震球当时是南京晓庄试验乡村学校大学部的学生。本文原载于1930年2月1日《乡村教师》创刊号。

陶行知在二百余字的篇幅中把"社会即学校"的道理说明白了。他说："学问之道无他，改造环境而已。不能把坏的环境变好，好的环境变得更好，即读百万卷书有何益处？"（第2卷，第232页）改变环境不能仅仅依靠学校里的几本教科书，因为所学知识是极其有限的。陶行知于1946年5月21日在上海沪江大学的演讲中提到"六大解放"。只有实现了这"六大解放"，人们才能不读死书、死读书，才能在生活中学习、在社会中实践。

争取"六大解放"

封建时代的统治者有一样新的发明，用一条条包脚布制造出无数三寸金莲。现在的统治者用一块块包头布,把人民包出了一个个三寸金头。我们一定要解放我们的头脑！解放人民群众的思想！解放三寸金头！

中国经济的发展中,劳心者与劳力者被分了开来,劳力者被压了数千年,劳心者悠哉游哉。我们要解放人民的"双手",做到手脑并用;还要解放人民的"眼睛",让人民群众放眼全国、放眼世界;解放"嘴",让老百姓都能讲话,都敢讲话;解放时间,不能使青年们埋头死读书,要让他们有充分的时间,去关心国家大事、关心老百姓的痛痒,投入各项活动;解放"空间",要让青年人接触社会、了解社会以改造社会。(第11卷,第701页)

陶行知还用诗歌来表达"社会即学校"的思想。这同时也是一个诠释"六大解放"的极好的例子。

小孩进行曲
——贺新安旅行团三周岁并赠全国小朋友

(一)看

我们是一群穷光蛋,

要把眼睛打开来看:

在山上看看,

在水上看看,

在沙漠上看看。

看看中国有多少宝藏?

看看几个人没衣穿?

几个人吃不饱饭?

你不信吧,

三万里路跑回来?

有这一本账,

越看越要干。

(二)玩

我们是一群穷光蛋,

要把光阴腾出来玩：

打个球儿玩玩，

做出戏儿玩玩，

要叫没有玩的都来玩。

玩玩免掉老古板，

玩玩消掉闷和烦。

你不信吧，

三万里路跑回来，

个个是好汉，

越玩越要干。

（三）谈

我们是一群穷光蛋，

要把心事拿出来谈：

把国事谈谈，

把世事谈谈，

把小孩的事谈谈。

谈谈怎样可以共患难。

虽然只有一张嘴，

也要吃饭也要谈。

你不信吧，

三万里路跑回来，

老老实实谈，

越谈越想干。

（四）想

我们是一群穷光蛋，

要把脑袋拿出来想：

对中国想想，

对日本想想，

对世界想想。

想想怎样可以打胜杖。

想想谁是真爱国。

谁是混账忘八蛋。

你不信吧，

三万里路跑回来，

剖开脑袋看，

越想越要干。

（五）干

我们是一群穷光蛋，

要把双手拿出来干：

在城里干干，

在乡下干干，

在战场上干干。

我们想在炮火里生长。

和衷共济要真干，

只有汉奸才假干。

你不信吧，

三万里路跑回来，

老少一起干，

打倒小东洋。

（第7卷，第674页）

　　从1935年10月10日开始,由苏北淮安小学的14名穷孩子组成的新安旅行团开始了全国性的巡讲,目的是宣传抗日、组织儿童抗日。新安旅行团是践行陶行知"生活即教育,社会即学校"教育理论的一所活学校,田汉①为它作团歌,汪达之②任团长。在汪达之的带领下,他们走过了苏、浙、鲁、冀、晋、察、甘、陕、

---

① 田汉(1898—1968):文艺活动家,中国现代戏剧奠基人之一。
② 汪达之(1902—1980):教育家,新安旅行团组织者。

宁、豫、湘、粤、桂、绥等十多个省,以及上海、南京、北平、天津、武汉、兰州、西安、武汉、长沙、桂林等城市,历时七年,行程两万五千里。新安旅行团所到之处,普及教育、宣传抗日、慰问伤兵、赴战地演出,同时也发动生产自救。新安团的团员在抗日的熔炉里得到了锤炼,为宣传抗日、鼓舞民众做出了贡献。

1946年春天,日本《改造日报》记者小野三郎采访陶行知。陶行知说:"为了真正的教育,应该考虑到社会即学校,整个乡村是我们的学校,扩展开来,整个中国是我们的学校。再扩大一些,整个世界乃至整个宇宙都是我们的学校。这样看来,仅仅依赖学校进行教育几乎是不可能的。学校在全部教育过程中,只不过像房间里的客厅而已。这样的教育——即教的场所,从观念上加以扩大的话,学校实际上是很宏大的,教师多、学科繁、生源充足广泛,从效果上看也得到了现实的收获。"(第4卷,第689页)

"社会即学校",短短的五个字把教育置于广阔的天地中,置于多样的世界里,置于社会的需求里。

名篇推荐

《答操震球之问》(第1卷,第113~114页)

《试验主义之教育方法》(第1卷,第207~210页)

《教育研究法》(第1卷,第227~230页)

《以科学之方,新教育之事》(第1卷,第236~238页)

《试验教育的实施》(第1卷,第262~264页)

《新教育》(第1卷,第265~273页)

《中华教育改进社第一次年会报告叙言二》(第1卷,第404~406页)

《行是知之始》(第2卷,第4~6页)

《生活即教育》(第2卷,第7~8页)

《生活即教育》(第2卷,第397~404页)

《生活即教育——答操震球问》(第2卷,第410页)

《教学做合一下之教科书》(第2卷,第527~540页)

《仍在不辍研究中的"活的教育"》(第3卷,第419~421页)

《生活教育目前的任务》(第4卷,第228～231页)

《纵谈战时各种教育问题》(第4卷,第232～233页)

《生活教育社立案的呈文》(第4卷,第258～262页)

《告生活教育社同志书——为生活教育运动十二周年纪念而作》(第4卷,第297～305页)

《谈生活教育——答复一位朋友的信》(第4卷,第356～358页)

《生活教育运动十三周年纪念告同志书》(第4卷,第372～375页)

《在生活教育运动十五周年纪念会上的讲话》(第4卷,第426～427页)

《生活教育的创立与成长》(第4卷,第530～532页)

《中国的大众教育运动》(第6卷,第282～295页)

《活的教育》(第7卷,第103页)

《"做学教合一"的总解释》(第11卷,第267～279页)

《反省的行动或行动的反省》(第11卷,第452～453页)

《生活教育提要》(第11卷,第483～484页)

《生活教育的理论与若干实验》(第12卷,第35～41页)

五

幼儿教育篇

陶行知特别重视幼儿教育，因为他认为"幼儿比如幼苗，必须培养得宜，方能发荣滋长；否则幼年受了损伤，即不夭折，也难成材。所以小学教育是建国之本，幼稚教育尤为根本之根本"（第1卷，第115页）。

陶行知虽不以幼儿教育闻名，但他对幼儿教育有独到的见解。"旧父母和旧教师，凭主观以责儿童之服从；新父母和新教师，客观地根据儿童的需要能力，以宣导他们的欲望而启发他们的自觉的运动。新父母与新教师，要跟儿童学，叫儿童启示自己如何把儿童教得更合理。"（第4卷，第466页）他把生活教育理论贯彻于幼儿教育中，因而使幼儿教育有一种生气勃勃的活力。比如，他提出：

一、凡幼儿教育是均以幼儿生活为基础的教育，绝不允许以成人的生活去代替幼儿的生活。

二、特别注重幼儿天赋的开发，如音乐、科学兴趣、运动等天赋均源自幼儿时的开发。

三、尊重幼儿的人格，幼儿虽小，但是极度敏感。成年人往往忽视这一点而使孩子受到伤害。

陶行知指出，当时中国的幼稚园有三大弊病，即外国病、花钱病、富贵病，呼吁建设一个中国的、省钱的、平民的幼稚园。1927年11月11日，中国第一个乡村幼稚园——南京燕子矶试验乡村幼稚园在陶行知的倡议和领导下成立。乡村幼儿园的目标很明确，就是"为农工阶级的小孩子而办的"，要实现"平民化""经济化""适合于乡村儿童生活的"。（第2卷，第384页）燕子矶幼稚园以幼儿的乡村生活为课程中心，实现"教学做合一"。这是一次乡村教育的创举，也是陶行知幼儿教育与生活教育相结合的实践。陶行知还特别指出，"我们一方面在这里干，我们一方面还要吸收别人的经验，我们要把英国的、法国的、日本的、意大利的、美利坚的……一切关于幼稚教育的经验都吸收进来，我们来截长补冶成一炉，来造成一个'今日之幼稚园'"（第2卷，第385页）。

✦ **名篇评述**

评述 15

第一届儿童节献词

今天是中华民国第一届儿童节,是中国成千成万活泼天真的儿童们最值得纪念的一天;亦即中国的政府、教育当局、成千成万的父兄和幼稚教育家,最应注意的一天。

有人说十九世纪是妇女的世纪,二十世纪是儿童的世纪。这即是说十九世纪是妇女解放的时代,二十世纪是儿童解放的时代。自从一九二五年八月国际儿童幸福促进会曾在比京①布鲁塞尔举行第一次国际大会,定下了关于保护儿童权利的五条原则以后,世界各国都已开始注意到儿童问题了。这是儿童前途的曙光,亦即人类前途的曙光。

从摆在我们眼前的事实上看,儿童所受的压迫,是最为深重,而又最为我们所忽视,甚且公认为合理。父兄们都把儿童当作自己私有的财产,同时更认为儿童们是不识不知,俨然把自己看作伟大的智慧者。于是束缚儿童们的纯洁意志,摧残他们的蓬勃生机,桎梏他们的伟大生命。强制儿童的意志,使适合于自己的意志。蔑视儿童的力量,一切代之以自己的力量。使儿童们没有自由,没有活力,如像牛马一样在主人的鞭策之下,机械地顺从使唤,安受豢养。在这样的父兄与幼稚教育家的手里,真不知断送了多少伟大的生命,真不知断送了多少生机逢勃的儿童。这是一种罪恶,是一笔大至无可估计的损失。所以我们应该为成千成万被压迫的儿童爆发一次伟大的革命。

至于我国的儿童所受的压迫与苦痛,更较任何一国,尤为深重。由于政治的黑暗与大多数人民生计的穷蹙,成千成万的儿童,都随着他们的父兄在饥饿之下,挣扎生命。陕甘前年旱荒,灾民们易子而食,几成为寻常事。婴儿的死亡率为千分之五百四十,仅次于印度。至于儿童教育,更是谈不到,全国四千三百

---

① 编者注:比京即比利时。

万学龄儿童,得享受读书权利的,仅六百五十万,被剥夺读书权利的,竟达百分之八十以上。父母不仅把小孩看作私有的财产,且认为养育小孩,完全是为了养老与传宗,"养儿防老"与"积谷防饥",是大多数人所坚持的传统哲学。所以中国的儿童,在今日尤其应该立即爆发一次伟大的革命。

我们认为儿童自有其伟大的生命。儿童们活泼的自然的纯洁的生命,绝非成人所能体解,更绝不容成人加以桎梏,而且儿童是未来社会的主人,儿童的前途,即是社会的前途,人类的前途。我们应该发扬儿童们的生命力,使其成为新时代的创造者;绝不容加以桎梏,使其成为旧时代的承继者。父兄与幼稚教育家的手里,实掌握着社会与人类的前途,所以重新估量、重新体认把握在自己手里的幼苗的价值与生命,是当前最切要的工作。

我们认为生存应该机会均等,教育也应该机会均等。政府坐视千千万万的儿童失学,这是政府的无能。坐视千千万万的儿童在饥饿之下,挣扎其小生命,更不啻杀灭儿童。所以我们在今日,切盼政府不止于颁布儿童节,而更进一步地为儿童谋健康与教育上种种幸福之增进,发扬儿童的生命力,养成未来时代健全的主人。

在今天,我们当为成千成万的儿童祝福!当为未来的中华民族祝福!(第11卷,第376~377页)

本篇原载于1932年4月4日《申报》"时评"栏目。陶行知毕生从事生活教育运动,同时非常关注幼儿的教育问题。陶行知说:"在我的世界里,小孩和青年是最大,比什么伟人还大。"(第8卷,284页)在陶行知看来,"教当其时,则事半功倍;失其时,则事倍功半,或全失其效。故办学贵在不违人时"(第2卷,第473页)。所以"我们必须唤醒国人明白幼年的生活是最重要的生活,幼年的教育是最重要的教育"(第1卷,第115页)。"儿童有许多痛苦是由于父兄师长之不了解。不了解则有力无处用,有苦无处说。"(第4卷,第465页)陶行知指出:"小孩子最大的敌人有时便是他们的亲生爹娘,谁能料得呢?世上一切既为大人所有,小孩如果要想分一点肥,只有一个法子,非大人的话不敢说,非大人之行不敢动。他必须学做一个小大人,才能得大人之宠而共大人之产,于是:规矩和奶一起吃,六岁已变小老翁。"(第3卷,第544页)

陶行知认为,父兄师长的职责就是为小孩子的健康成长保驾护航,保护和发扬儿童的生命力。怎样保驾护航呢?

第一,要改变态度。"父兄们都把儿童当作自己私有的财产,同时更认为儿童们是不识不知,俨然把自己看作伟大的智慧者。"这是极大的错误。在这个态度下便产生了一系列儿童教育上的错误行为:"于是束缚儿童们的纯洁意志,摧残他们的蓬勃生机,桎梏他们的伟大生命。强制儿童的意志,使适合于自己的意志。蔑视儿童的力量,一切代之以自己的力量。"在这样的教育下,"儿童们没有自由,没有活力,如像牛马一样在主人的鞭策之下,机械地顺从使唤,安受豢养"(第11卷,第376页)。这种态度是应该怎样改变呢?陶行知说,我们"应该拜小朋友做师傅,……小朋友是我们的总指导,不愿受小朋友指导的人不配指导小朋友"(第2卷,第482页)。

第二,要正确认识小孩子,莫要轻视小孩子的力量。陶行知说:"小孩子是再大无比的发明家。生下地一团漆黑,过不了几年,如果没有受过母亲、先生和老妈子的愚惑,便把一个世界看得水晶样的透明。他能把您问倒。"(第2卷,第484页)又说:"从前的儿童,是大人的附属品、玩物、私有财产,一切没有儿童的地位。现在要信仰儿童有能力,是一个小思想家、小创造家、小建设家,只要能因势利导,他们——儿童个个都是思想自由的天使、创造的天使、建设的天使!"(第11卷,第484页)牛顿(1643~1727)从小学到大学,学习成绩平平,但后来成为经典力学的集大成者。瓦特(1736~1819)在学校里被老师视为平庸的孩子,后来当了学徒工,改进蒸汽机,推动了英国的产业革命。法拉第(1791~1867)没有上过学,13岁当了学徒工,自学成才,发明了发电机,是近代电学理论的奠基人。爱迪生(1847~1931)只上了三个月小学,自学而成为大发明家。陶行知从这些发明家的实例中得到启发,认为我们应该从轻视儿童到信仰儿童,"你的教鞭下有瓦特,你的冷眼里有牛顿,你的讥笑中有爱迪生。你别忙着把他们赶跑"(第2卷,第484页)。

陶行知在《献词》中指出:"父兄与幼稚教育家手里,实掌握着社会与人类的前途,所以重新估量重新体认把握在自己手里的幼苗的价值与生命,是当前最切要的工作。"(第11卷,第377页)陶行知的提醒值得我们深思。我们要根除儿童教育的各种误区,使儿童快乐地健康成长,成为新时代的创造者。今天的儿童教育中仍然存在着"最为我们所忽视,甚且公认为合理"的现象。重读这篇《献词》,将启迪我们思考怎样使儿童健康成长。

评述16

创设乡村幼稚园宣言书

从福禄伯①发明幼稚园以来,世人渐渐地觉得幼儿教育之重要;从蒙梯梭利②毕业研究幼儿教育以来,世人渐渐地觉得幼稚园之效力;从小学校注意比较家庭送来与幼稚园升来的学生性质以来,世人乃渐渐的觉得幼儿教育实为人生之基础,不可不乘早给它建立得稳。儿童学者告诉我们,凡人生所需之重要习惯、倾向、态度,多半可以在六岁以前培养成功。换句话说,六岁以前是人格陶冶最重要的时期。这个时期培养得好,以后只需顺着他继长增高地培养上去,自然成为社会优良的分子;倘使培养得不好,那末,习惯成了不易改,倾向定了不易移,态度决了不易变。这些儿童升到学校里来,教师需费尽九牛二虎之力去纠正他们已成的坏习惯、坏倾向、坏态度,真可算为事倍功半。至于不负责的教师,哪里顾得到这些? 他们只一味地放任,偶然亲自看见学生做坏事,也不过给儿童一个消极的处分。于是坏习惯、坏倾向、坏态度蓬蓬勃勃地长,不到自害害人不止。这是必然的趋势。

有志儿童幸福的人和有志改良社会的人看此情形,就大呼特呼地提倡广设幼稚园。但提倡的力竭声嘶,而响应的寥若晨星。都市之中尚有几个点缀门面,乡村当中简直找不到他们的踪迹。这也难怪,照现在的情形看来,幼稚园倘不经根本的改革,不但是乡村里推不进去,就是都市里面也容不了多少。

依我看来,现在国内的幼稚园害了三种大病。一是外国病。试一参观今日所谓之幼稚园,耳目所接,哪样不是外国货? 他们弹的是外国钢琴,唱的是外国歌,讲的是外国故事,玩的是外国玩具,甚至于吃的是外国点心。中国的幼稚园几乎成了外国货的贩卖场,先生做了外国货的贩子,可怜的儿童居然做了外国货的主顾。二是花钱病。国内幼稚园花钱太多,有时超过小学好几倍。这固然

---

① 福禄伯:通译福禄贝尔。
② 蒙梯梭利:通译蒙台梭利。

难怪,外国货哪有便宜的?既然样样仰给于外国,自然费钱很多;费钱既多,自然不易推广。三是富贵病。幼稚园既是多花钱,就得多弄钱,学费于是不得不高。学费高,只有富贵子弟可以享受他的幸福。所以幼稚园只是富贵人家的专用品,平民是没有份的。

我们现在所要创办的乡村幼稚园,就要改革这三种弊病。我们下了决心,要把外国的幼稚园化成中国的幼稚园;把费钱的幼稚园化成省钱的幼稚园;把富贵的幼稚园化成平民的幼稚园。

一、建设中国的幼稚园

我们在这里要力谋幼儿教育之适合国情,不采取狭义的国家主义。我们要充分运用眼面前的音乐、诗歌、故事、玩具及自然界陶冶儿童,外国材料之具有普遍性、永久性的亦当选粹使用,但必以家园所出的为中心。

二、建设省钱的幼稚园

打破外国偶像是省钱的第一个办法。我们第二个办法就是训练本乡师资教导本乡儿童。一村之中必有一二天资聪敏、同情富厚之妇女。我们就希望她们经过相当训练之后,出来担任乡村幼稚园的教师。她们既可得一新职业之出路,又可使幼稚园之薪金不致超过寻常小学额数,岂不是一举两得?这些妇女中最可有贡献而应最先训练的,无过于乡村校长教员之夫人、姊妹及年长的女学生。她们受过训练之后,只要有人加以提倡,幼稚园就可一举而成。第三个办法就是运用本村小学手工科及本村工匠仿制玩具,如此办来,一个钱可以抵数钱之用。三个办法同时并进,可以实现省钱的幼稚园。

三、建设平民的幼稚园

幼稚园花钱既省,取费自廉,平民的儿童当能享受机会均等。教师取之乡间,与村儿生活气味相投,自易亲近。这两件事都可以叫幼稚园向平民方面行走。但一个制度是否真能平民化,要看它是否应济平民的需要。就我们所观察,乡村幼稚园确是农民普遍的永久的需求。试一看乡村生活,当农忙之时,主妇更是要忙得天昏地黑。她要多烧茶水,多弄饭菜,多洗衣服,有时还要她在田园里工作,哪里还有空去管小孩子?那做哥哥做姊妹的也是送饭、挑水、看牛、打草鞋,忙个不了,谁也没有工夫陪小弟弟、小妹妹玩。所以农忙之时,村中幼儿不是跟前跟后,就是没人照应,真好像是个大累。倘使乡村幼稚园办得得当,他们就可以送来照料,一方面父母又可以免去拖累,一方面儿童又能快快乐乐地玩耍,岂不是"得其所哉"?小学儿童年龄较大,可以做事,农忙时颇能助父母一臂之力,要他上学,不啻减少农民谋生能力,所以有如登天之难。幼稚园则不然。它所招收的儿童,正是农民要解脱的担负,要他们进来,正是给农民一种便利。倘使办理得当,乡村幼稚园可以先小学而普及。幼稚园既是应济平民的需要,自有彻底平民化之可能。我们只须扫除挡路的障碍,使它早日实现就是了。

建设一个中国的、省钱的、平民的乡村幼稚园,不是一说就可以成功的。我们必须用科学方法去试验,必须用科学方法去建设。我们对于幼稚园之种种理论设施都要问他一个究竟,问他一个彻底。我们要幼稚园里样样活动都要站得住。我们要运用科学的方法来建设一个省钱的、平民的、适合国情的乡村幼稚园。将来全国同志起而提倡,使个个乡村都有这样一个幼稚园,使个个幼儿都能享受幼稚园的幸福,那更是我们所朝夕祷祝的了。(第1卷,第70~73页)

本篇原载于1926年10月29日《新教育评论》第2卷第2期。陶行知创办乡村幼稚园的想法源于三次感触,"第一次我觉得乡村里有设立幼稚园之必要,是宋调公君告诉我:农忙时往往有农妇一只手抱着小孩子,一只手拿着凳子,到学校里来托先生给她看管。她只求先生守着小孩子不给她走开,她就感激不尽了。又一次看见一位母亲在田中做事,对面地下放一个筐子,里面坐着一个小孩子,这孩子便是她的儿子。又一次我遇了一个小学生,我问他为什么不进学校,他说现在田里很忙,他要帮助妈妈带小妹妹。受了这三次感触,我便想创办乡村幼稚园"(第2卷,第305页)。陶行知指出:"在中国乡村里,幼稚园格外来得需要……乡村幼稚园除了为幼稚儿童造幸福以外,还可以节省农忙时农妇的精力,又可以间接帮助小学生减少缺课。"(第2卷,第296页)

1927年11月11日,中国第一个乡村幼稚园,即南京燕子矶幼稚园开学。这是陶行知倡导的"幼稚园下乡"的第一所试验学校。一年之内,入园儿童已有三十人。1929年,克伯屈(1871—1965)访华,陶行知带他到幼稚园的农场上去看小朋友种的东西,又带他到燕子矶幼稚园。克伯屈感叹道:"啊!这些我在外国倒还没有看见过,这是很好的一种办法。"(第2卷,第384页)

陶行知提议设立试验幼稚师范院以应对幼稚园教师匮乏的情况,"以乡村幼稚园活动为教学做的中心,招收乡村的女子学习。乡村小学教师的夫人、未婚妻或亲戚,尤为欢迎"(第2卷,第296页)。这样不仅可以解决师资短缺的问题,还可以增加乡村受过教育的女子的职业出路,甚至可以造成夫妻学校,减少乡村教师的寂寞。幼稚园师资的培养同样也以"生活教育"和"教学做合一"为中心,比如他们的课程包括幼稚园活动教学做、儿童文学教学做、园艺教学做、自然科学教学做、美术教学做、音乐教学做、家庭教学做、医药卫生教学做、乡村妇女运动教学做等等。这样的课程设置充分体现了"造就乡村幼稚园及幼稚师范学校教师,俾能与乡村儿童妇女共甘苦,以谋乡村儿童妇女之增进"(第2卷,第324页)的办学宗旨。

名篇推荐

《评陈著之〈家庭教育〉——愿与天下父母共读之》(第1卷,第44~47页)

《幼稚园之新大陆——工厂与农村》(第1卷,第93~94页)

《如何使幼稚教育普及》(第1卷,第115~117页)

《活的教育》(第1卷,第340~350页)

《儿童的世界》(第3卷,第544~549页)

《敲碎儿童的地狱 创造儿童的乐园》(第4卷,第464~468页)

《第一个乡村幼稚园成立——家信》(第8卷,第147~148页)

《乡村幼稚园之需要——给陈省长的信》(第8卷,第170~171页)

《论幼稚园应有之改革及进行方法——致陈陶遗》(第8卷,第214~215页)

《儿童教育的任务——致业勤》(第8卷,第718~719页)

《陈鹤琴是一位儿童教育家》(第11卷,第188~189页)

乡村教育篇

1926年,陶行知在邀集上海的中华教育改进社社员举行的乡村教育讨论会上的演讲中说:"中国乡村教育走错了路!它教人离开乡下向城里跑;它教人吃饭不种稻,穿衣不种棉,做房子不造林;它教人羡慕奢华,看不起务农;它教人分利不生利;它教农夫子弟变成书呆子;它教富的变穷,穷的变得格外穷;它教强的变弱,弱的变得格外弱。前面是万丈悬崖,同志们务须把马勒住,另找生路!"(第1卷,第85页)陶行知发表本文时,有一个庞大的乡村改造计划:估计中国有一百万个乡村,办一百万个乡村小学,作为改造乡村的中心。接着他提倡师范教育下乡运动,创办南京晓庄试验乡村师范学校。1927年3月15日,晓庄学校开学,在三年时间里,蜚声中外。

陶行知提出中国乡村教育改革是基于以下认识:

1. 中国农民占人口百分之八十五,约有三万万四千万人。

2. 中国的乡村教育,教师多是书呆子,乡村学校成了书呆子制造厂,把好好的农民子女,变成不能生产的废人。这样,教育如不改造,我国将日益贫弱,以至于灭亡。

3. 创办晓庄学校,旨在造就符合农村改造的小学教师。他们应当具备:农夫的身子、科学的头脑、艺术的兴趣、改革社会的精神。并且要他们做政治家,不要做政客,为乡村教育服务。

1930年,晓庄学校被国民党当局查封,陶行知被通缉。陶行知的愿望是"征集一百万个同志,创设一百万个学校,改造一百万个乡村"(第2卷,第279页)。这不是没有可能。但为何国民政府要把晓庄师范封杀掉呢? 1930年4月12日的通缉令中说:"为晓庄师范学校校长陶行知,勾结叛逆,阴谋不轨,查有密布党羽,冀图暴动情事,仰京内外各军警、各机关,一律严缉,务获究办。此令。"(第2卷,第464页)全国各家新闻媒体均被禁止报道此事。1930年5月17日,《京报》登载对晓庄代表的采访,披露了晓庄被封的真相。

晓庄代表答记者问

南京晓庄学校,为蒋中正封闭后,京沪报纸,禁止登载,平津各报,亦不得其详。该校代表刘世厚前日来平,记者昨日(十六)往访,详谈该校被难经过。谈毕,刘代表赠送护校宣言,兹将代表谈话及护校宣言,分志如下:

(问)先生来平有何任务?

(答)此来系代表学校,向中华教育文化基金委员会接洽拨款事。

(问)先生系晓庄职员,抑系学生?

(答)敝校不分职员与学生,一切均系教学做,敝人在校担任晓庄考核部长事。

(问)贵校封闭之原因究竟为何?

(答)说起来到很简单,可分:(一)远因,冯焕章先生去岁在南京时,曾自动为晓庄捐三千元,建了三幢茅草屋。蒋反冯,故疑心晓庄与冯关系密切。(二)近因,援助和记工厂失业工人,并反对日本舰队自由驶入长江事,向英日帝国主义示威游行。因均由晓庄学校发动,故触忌于蒋。

(问)此次封闭之经过如何?

(答)蒋介石系越过教育部,直接以手谕着卫戍司令部用武力干的。

(问)贵校有枪械吗?

(答)有,乃系联村自卫团、晓庄村自置,共有三十九支,以防土匪,而经过正式领照者。四月三日之游行,均系赤手空拳,完全和平办法。蒋后来诬为希图暴动,发言全系造谣。

(问)贵校现在情形如何?

(答)除本部之少数办公室驻有军队,工作暂减少外,其余八个学园、十八个小学,仍然照常进行。(按此类学园及小学系该校之基本)教部及改进社仍接济其经费。

言至此,记者遂口辞而去。

(原载于1930年5月17日《京报》)

(第2卷,第465~466页)

晓庄之所以被封,是因为它要办"真的教育、活的教育、健全的教育、主人的教育"，"不肯拿人民的公器，做少数人的工具；不肯做文刽子手，去摧残青年之革命性"。（第2卷，第461～462页）晓庄虽然被封了，但晓庄的精神像一把火炬一样，照亮了中国教育前行的道路。在晓庄，自主与互动、平等与责任、自由与纪律、大同与大不同得到了完美的诠释。"生活教育"和"教学做合一"在乡村教育中的贯彻与实践，开创了乡村教育的先例，是中国教育改革的一次壮举。

名篇评述

评述17

我们的信条

《我们的信条》虽是我用笔写的，但不是我创的。我参观诸位先生在学校里实际的工作，心里不由人起了好多印象，积起来共有十八项，我就依着次序编成这套信条。所以这是诸位先生自己原来的信条，早已接受实行，今日只是大家共同温习一遍，并下定决心，终生奉行，始终如一。

我们从事乡村教育的同志，要把我们整个的心献给我们三万万四千万的农民。我们要向着农民"烧心香"，我们心里要充满着农民的甘苦。我们要常常念着农民的痛苦，常常念着他们所想得的幸福，我们必须有一个"农民甘苦化的心"，才配为农民服务，才配担负改造乡村生活的新使命。倘使个个乡村教师的心都经过了"农民甘苦化"，我深信他们必定能够叫中国个个乡村变作天堂，变作乐园，变作中华民国的健全的自治单位。这是我们绝大的机会，也是我们绝大的责任。

我们深信教育是国家万年根本大计。

我们深信生活是教育的中心。

我们深信健康是生活的出发点，也是教育的出发点。

我们深信教育应当培植生活力，使学生向上长。

我们深信教育应当把环境的阻力化为助力。

我们深信教法学法做法合一。

我们深信师生共生活、共甘苦，为最好的教育。

我们深信教师应当以身作则。

我们深信教师必须学而不厌，才能诲人不倦。

我们深信教师应当运用困难，以发展思想及奋斗精神。

我们深信教师应当做人民的朋友。

我们深信乡村学校应当做改造乡村生活的中心。

我们深信乡村教师应当做改造乡村生活的灵魂。

我们深信乡村教师必须有农夫的身手、科学的头脑、改造社会的精神。

我们深信乡村教师应当用科学的方法去征服自然，美术的观念去改造社会。

我们深信乡村教师要用最少的经费办理最好的教育。

我们深信最高尚的精神是人生无价之宝，非金钱所能买得来，就不必靠金钱而后振作，尤不可因钱少而推诿。

我们深信如果全国教师对于儿童教育都有"鞠躬尽瘁，死而后已"的决心，必能为我们民族创造一个伟大的新生命。

（民国十五年十一月二十一日中华教育改进社特约乡村学校——江宁县教育局管辖燕子矶小学、尧化门小学、巴斗山小学、江苏省立明陵小学——教职员在明陵小学开第一次联合研究会，由全体会员通过。）（第1卷，第74～75页）

本篇系陶行知1926年11月在中华教育改进社特约乡村教师研究会第二次会议上的讲话，原载于1926年12月10日《新教育评论》第3卷第2期。

之前，陶行知等人曾深入考察，了解乡村教育状况。他们发现了燕子矶小学、明陵小学、尧化门小学、巴斗山小学等先进乡村教育的典型，于是把这些学校作为中华教育改进社特约乡村学校。"十八信条"就是从这些学校的实际工作中总结归纳出来的。

"十八信条"由教师来执行实施，最终目的是"为我们民族创造一个伟大的新生命"（第1卷，第75页）。可以说，"十八信条"是建立在生活教育理论基础上的教师行为准则。

我们要想教育合理，就应当实行合理的生活教育；要想实行合理的生活教育，就应当造就能遵循"十八信条"的教师。这样看来，为了我们的民族成为一个伟大的、有永久生命力的民族,我们必须一手抓经济建设,提高人民的物质文明水平;一手抓好教育,造就一代又一代的优秀教师,把我们的教育办得更加合理、更加先进,去造就一代又一代的优秀人才。

"十八信条"不是纸上谈兵的说教。例如"健康是生活的出发点,也是教育的出发点"这一条,提出应当保证学生在老师的指导下合理地过健康的生活。这是行动的教育,绝不是指读几本书就能获得强壮的身体。陶行知认为:"办学和改造社会是一件事,不是两件事。改造社会而不从办学入手,便不能改造人的内心;不能改造人的内心,便不是彻骨的改造社会。反过来说,办学而不包含社会改造的使命,便是没有目的、没有意义、没有生气。所以教育就是社会改造,教师就是社会改造的领导者。教师的手里操着幼年人的命运,便操着民族和人类的命运。"(第2卷,第352页)社会、学校、教师不是互相孤立的,而是有机联系着的,它们在改造社会的过程中联系成一个行动网:学校成了改造乡村生活的中心,教师成为改造乡村生活的灵魂。教师必须有农夫的身手、科学的头脑、改造社会的精神。中国的乡村是很落后的,在改造社会的过程中,"遇着阻力便不得不奋斗——与土豪劣绅奋斗,与外力压迫奋斗,与传统教育奋斗,与农人封建思想奋斗,与自己带来之伪知识奋斗"(第2卷,第450页)。同时,学校应该成为传播科学的大本营、农业技术的推广站。这样的教育便能把阻力变为助力,造就有生活力的学生,而不是只会死读书的学生。

评述18

中国乡村教育之根本改造
——在上海青年会上的讲话

今天所要讲的,是关于我们中国的根本问题,便是中国乡村教育之根本改造。中国估计有一百万个乡村,如欲教育普及,一个乡村至少有一个学校,一个学校至少要一位教员,而且要好教员。但是,中国向来所办的教育,完全走错了路:它教人离开乡下向城里跑,它教人吃饭不种稻,穿衣不种棉,盖房子不造林。它教人美慕繁华,看不起务农。它教人有荒田不知开垦,有荒山不知造林。他教人分利不生利。它教人忍受土匪、土棍、土老虎的侵害而不能自卫,遇了水旱虫害而不知预防。它教农夫的子弟变成书呆子。它教富的变穷,穷的格外穷;

强的变弱，弱的格外弱。像这种教育，大家还高唱着要教育普及，真是痴人说梦。其实，这种教育绝不能普及，也不应该普及。前面是万丈悬崖，同志们务须把马勒住，另找生路。生路是什么？就是建设适合乡村实际生活的活教育！

不过，活的乡村教育，必须要有活的乡村教师。活的乡村教师必须有三个条件：第一有农夫的身手；第二有科学的头脑；第三有改造社会的精神。他的功效：一年能使学校气象生动，二年能使社会信仰教育，三年能使科学农业著效，四年能使村自治告成，五年能使活的教育普及，十年能使荒山成林、废人生利。这样，教师就是改造乡村生活的灵魂。活的乡村教育要有活的方法，活的方法就是教学做合一：教的法子根据学的法子，学的法子根据做的法子；凡事怎样做就怎样学，怎样学就怎样教。比如种田这件事，要在田里做，就要在田里学，也就要在田里教。活的乡村教育要用活的环境，不用死的书本。它要用环境里的活势力，去发展学生的活本领——征服自然、改造社会的活本领。它其实要叫学生在征服自然、改造社会上去运用环境的活势力，以培养他自己的活本领。活的乡村教育要教人生利，它要叫荒山成林，叫瘠地长五谷。他教人人都能自立、自治、自卫。它要叫乡村变为西天乐国，村民都变为快乐的活神仙。

以后看学校的标准，不是校舍如何、设备如何，乃是学生生活力丰富不丰富。村中荒地都开垦了吗？荒山都造成了林吗？村道已四通八达了吗？村中人人都能自食其力吗？村政已经成了村民自有、自治、自享的活动了吗？这种活的教育，不是教育界或任何团体单独办得成功的，我们要有一个大规模的联合，才能希望成功！那应当联合中之最应当联合的，就是教育与农业携手。中国乡村教育之所以没有实效，是因为教育与农业都是各干各的，不相闻问。教育没有农业，便成为空洞的教育、分利的教育、消耗的教育。农业没有教育，就失了促进的媒介。倘有好的乡村学校，深知选种调肥、预防虫害种种科学农业，做个中心机关，农业推广就有了根据地、大本营，一切进行，必有一日千里之势。所以第一要教育与农业携手！那最应当携手的虽是教育与农业，但要求其充分有效，教育更需与别的伟大势力携手。教育与银行充分联络，就可推翻重利；教育与科学机关充分联络，就可破除迷信；教育与卫生机关充分联络，就可预防疾病；教育与道路工程机关充分联络，就可改良路政。其他不胜枚举。

总之，乡村学校是今日中国改造乡村生活之唯一可能的中心！它对于改造乡村生活的力量大小,要看它对于别方面势力联络的范围多少而定。乡村教育关系到三万万六千万人民之幸福!办得好能叫农夫上天堂,办得不好能叫农夫下地狱。

现在我们南京已经开始进行了,决定创办一所试验乡村师范学校。它的目的,是依据乡村实际生活造就乡村学校教师、校长、辅导员的地方。因为要有好的学校,先要有好的教师。好的教师有生成的,有学成的。生成的天才不可多得,简直是凤毛麟角,恐怕一百万位乡村教师当中,有九十九万九千九百位是要用特殊的训练把他们培养成功的。有了好教师,就算是好的乡村学校;好的乡村学校,就是改造乡村生活的中心。现在中国有极少乡村学校确是朝着这条路走,它们的精神,确是要令人起敬。如南京燕子矶小学、尧化门小学、明孝陵小学和无锡开原一校①等,都是著有成绩的乡村中心小学。中心小学以乡村实际生活为中心,同时又为试验乡村师范的中心。平常师范学校的小学叫做附属小学,我们要打破附属品的观念,所以称它为中心小学。中心小学是师范学校的主脑,不是师范学校的附属品;中心小学是师范学校的母亲,不是师范学校的儿子;中心小学是太阳,师范学校是行星。师范学校的使命是要传布中心小学的精神方法和因地制宜的本领。我们这个学校正在积极筹备,决定三月十五日开学——开学期即为开工期——所要考的有五样东西:(一)农事或土木工操作一日;(二)智慧测验;(三)常识测验;(四)作国文一篇;(五)三分钟演说。该校各科教师称为指导员,不称为教员,他们指导学生教学做,他们与学生共教、共学、共做、共生活。不但如此,高级程度学生对于低级程度学生也要负指导之责。我们准备了田园二百亩供师生耕种,荒山十里供师生造林,以最少数经费供师生自造茅草屋居住。每个茅草屋居住十一个人——十位学生和一位指导员。里面有阅书室、会客室、饭厅、盥洗室、厕所,屋外后面附一个小厨房,厨房之后有一小菜园。但是,茅草屋没有造成之前,大家都住在童子军式帐篷里。谁的茅草屋没有造好,谁都要住在帐篷里。十一个人都要受茅草屋指导员的指导,按照图样建造一个优美的、卫生的、坚固的、合用的、省钱的茅草屋。个个人都

---

① 南京燕子矶小学、尧化门小学、明孝陵小学和无锡开原一校等均为中华教育改进社特约试验乡村学校。

要参加,都要动手。教师不但是教书,学生不但是读书,他们是到这里来共同创造一个学校。从院长起以及到学生,谁不能造成茅草屋,谁就永久住在帐篷里。所有一切建筑都是茅草屋,除宿舍外,还有图书馆、科学馆、教室、娱乐室、操室、浴室、陈列所、医院、动物园以及指导员家属住宅,都要逐渐使它们成立,但总依据茅草屋的形式建筑。简括说起来,试验乡村师范的精神,可以拿本校校旗之意义来代表:旗之中心有一个小圆圈,里面有个"活"字代表所要培养之生活力;圈外有个等边三角,代表教学做三者合一;三角上面有一个"心"放在当中,表示关心人民甘苦之意;左边有一支笔,右边有一把锄头;三角之外有一大圆圈放射光芒,好比是太阳光;四面有一百个金色星布满全旗,代表一百万个学校,改造一百万个乡村,使个个乡村都得到光明,合起来造成中华民国的伟大的光明!

总之,乡村教育的生路是:我们要从乡村实际生活产生活的中心学校,从活的中心学校产生活的乡村师范,从活的乡村师范产生活的教师,从活的教师产生活的学生、活的国民。

临了,我还要把我们上月在南京开会①所议决通过的信条也顺便说一说:(一)我们深信教育是国家万年根本大计;(二)我们深信生活是教育的中心;(三)我们深信健康是生活的出发点,也就是教育的出发点;(四)我们深信教育应当培植生活力,使学生向上长;(五)我们深信教育应当把环境的阻力化为助力;(六)我们深信教法学法做法合一;(七)我们深信师生共生活、共甘苦,为最好的教育;(八)我们深信教师应当以身作则;(九)我们深信教师必须学而不厌,才能诲人不倦;(十)我们深信教师应当运用困难,以发展思想及奋斗精神;(十一)我们深信教师应当做人民的朋友;(十二)我们深信乡村学校应当做改造乡村生活的中心;(十三)我们深信乡村教师应当做改造乡村生活的灵魂;(十四)我们深信乡村教师必须有农夫的身手、科学的头脑、改造社会的精神;(十五)我们深信乡村教师应当用科学的方法去征服自然、美术的观念去改造社会;(十六)我们深信乡村教师要用最少的经费办理最好的教育;(十七)我们深信最高尚的精神是人生无价之宝,非金钱所能买得来,就不必靠金钱而后振作,尤不可

① 指1926年12月25日中华教育改进社在南京尧化门小学召开的特约乡村试验学校第二次研究会。这次会议将同年11月21日第一次研究会通过的《我们的信条》列为誓词,举行了立志乡村教育的宣誓典礼。

因钱少而推诿;(十八)我们深信如果全国教师对于儿童教育都有"鞠躬尽瘁,死而后已"的决心,必能为我们民族创造一个伟大的新生命。这十八则就是"我们的信条"。

我已经随便地讲了不少,如今再具体地做一结束如下:我们教育同志,应当有一个总反省、总忏悔、总自新。我们的新使命是要征集一百万个同志,创设一百万个学校,改造一百万个乡村。我们以极诚恳的意思,欢迎全国同胞一齐出来,加入这个运动,赞助它发展,督促它进行,一心一德地来为中国一百万个乡村创造一个新生命,合起来造成中华民国的伟大的新生命!(第2卷,第275~279页)

本篇系1927年1月3日陶行知在上海基督教青年会的演讲,原载于1927年4月《中华教育界》第16卷第10期。记录者程本海在发表本文时,附后记说:"陶行知先生这篇演词,是于1月3日应徽社所请,在青年会演讲,约一时半之久,态度恳挚,听者无不动容,足见其感人之深。这篇笔记,经陶氏校阅并改正多处,应在这里附志谢忱。笔记者识。"

1926年12月12日,陶行知在上海中华教育改进社社员举行的乡村教育讨论会上做了题为《中国乡村教育之根本改造》的演讲。1927年发表的演讲词是陶行知对1926年所写同名文章的进一步补充和论述。这两篇文章的中心意思是完全一样的。所不同的是,在1927年的这篇文章中,陶行知较详细地讲了正在进行的创办南京晓庄试验乡村师范学校的情况,又在最后向大家介绍了"十八信条"。

中国乡村教育没有成效的根本原因何在?

文章第一段,陶行知就明确指出,"中国向来所办的教育,完全走错了路",旧教育只培养不事生产的读书人,因此必须另找生路。首先要造就活的乡村教师,他们须满足三个条件,即农夫的身手、科学的头脑和改造社会的精神。用活的乡村教师去办乡村教育,不要书呆子下乡去造出小书呆子。谁来造就活的乡村教师?这就引导陶行知创办晓庄试验乡村师范学校。晓庄师范学校以中心小学为师范学校的中心,实行"教学做合一",并把办学与改造社会相结合,切实培养出一大批有农夫身手、科学头脑和有改造社会精神的乡村教师。

1927年初，陶行知筹办晓庄试验乡村师范学校。王琳[1]看到那篇《试验乡村师范学校答客问》[2]，便写信给陶行知说："《农业全书》固然还不及长工的口头闲谈，……洋八股依旧是一个'国粹'老八股，离开整个生活，以'干禄'[3]为目的。"（第8卷，第223页）1927年2月21日，陶行知在回信中说："你对于《农业全书》《养鸡全书》《养羊全书》的批评，真是一针见血。纸上谈教育或农业，原来与纸上谈兵一样，何能发生效力？你说'洋八股'依旧是一个'国粹'老八股，离开整个生活，以干禄为目的，也是千真万真的。我们现在要打倒的就是这八股教育、干禄教育。我们决定再不制造书呆子和官僚绅士们。你愿意舍身从事适合农村生活的教育，我们是十二分的欢迎，我们可以共同为中国教育寻觅曙光，为中国教育探获生路。"（第8卷，第222页）

按照传统的办法，搞乡村教育，就是把城里的八股教育、干禄教育带到乡下去。这里提到的《农业全书》《养鸡全书》《养羊全书》，大多是没有实践经验的书生所写的，这种书本知识没有经验做根，所以大多是"伪知识"。但是，有经验的长工却苦于不能写书。

1933年12月，陶行知发表《一切乡村建设必须为农民谋福利》，后收入《教育参考资料选集》（1933年12月教育编译馆印）。这篇文章帮助我们了解乡村破产的原因在哪里，有助于我们了解从事乡村教育何等艰难。陶行知指出："帝国主义压迫中国新兴工业使它不能依照自然顺序发展，以吸收农村过剩人口，于是农村田地愈分愈细，只见自耕农变为半自耕农，半自耕农变为佃农，佃农变为雇农。这过剩人口既不能被新兴工业所吸收，除了饿死之外，只有当兵做匪，以造成历年内乱之大祸。于是没有自卫准备的乡村首遭蹂躏，现金跟着地主跑了进城避难。城里资本更不敢投到乡下来。这样一来，中国乡村乃由衰落而濒于破产。"（第3卷，第476页）针对中国乡村患有的痼疾，如帝国主义的压迫、个人自由主义、无政府脾气、重利盘剥、疾病、迷信、多生孩子尤其是儿子的思想等

---

[1] 王琳（1904～1991），晓庄师范首届学生。1928年参与创办浙江湘湖师范。1941年，创办浙江乐清县立简易师范并任校长。

[2] 此文原载1926年12月30日《申报》第10版，又载于1927年1月16日《乡教丛讯》第1卷第2期。

[3] 干禄指读书只为做官以求得丰厚的待遇。

等,陶行知对中国乡村建设提出以下几条建议:

1. 认定帝国主义是今日中国农村破产的主要原因,应当集中智慧和力量向帝国主义反抗。

2. 认清中国不是一个固定不变的农业国,乃是一个向工业文明前进的农业国,要在农业上安根、在工业上出头。

3. 认清乡村建设的主人是真农人。一切乡村建设须以真农人之福利为根据。

4. 行动是老子,知识是儿子,创造是孙子。要教农人在行动上取得真知识与真力量。

5. 代替人干是劳而无功。要培养农人自己干,用科学的方法干,大家联合起来干。最重要的,农人自己须有保护生产的力量。

6. 来到乡村工作的人,须放下天使、士大夫、少爷、小姐的架子,脱掉书呆子的蛇壳,站在农人的队伍里,与农人共生活、共甘苦、共休息。

7. 教乡下人少生孩子。要培养农村的小孩子开始做一点小建设。

8. 大处着眼,小处着手。小的村庄要与大的世界沟通。

9. 依据乡村需要培养专门人才(例如医生、工程师、农林学家、军事学专家、艺术家、幼稚园及小学教师)。

10. 培养农人和农人的小孩子,把乡村创造成一个合理的人间,便是天国降临。(第3卷,第478~480页)

在生活教育理论的指导下,办学与改造社会是一回事。陶行知在《地方教育与乡村改造》一文中明确提出:"教育就是生活的改造。我们一提及教育便含了改造的意义。""社会是个人结合所成的。改造了个人便改造了社会,改造了社会便也改造了人。""办学和改造社会是一件事,不是两件事。改造社会而不从办学入手,便不能改造人的内心;不能改造人的内心,便不是彻骨的改造社会。反过来说,办学而不包含社会改造的使命,便是没有目的、没有意义、没有生气。所以教育就是社会改造,教师就是社会改造的领导者。教师手里操着幼年人的命运,便操着民族和人类的命运。"(第2卷,第352页)陶行知阐明了教育的本意,以及个人改造与社会改造、教育与社会之间的关系。这可以帮助我们理解乡村教育和乡村改造的关系,以及乡村教师所担负的责任,理解《中国乡村教育之根本改造》一文的精髓。

评述19

如何教农民出头

上次,我和杨先生①讨论到怎样把国家建设在农业上,如何教农业文明过渡到工业文明,如何使农民得执工商业之牛耳等等问题。现在把我个人近来关于这个问题的心得,约略说一下。

如何教农民出头?这个问题的解决,我们可举种棉花来比。农民辛辛苦苦,把棉花收获下来之后,他对于棉花就不能自主了。棉花要出头到纱厂里去,纱厂里要他的出头费。纱厂以逸待劳,价格随意而定。农民为经济所迫,不得不低价出售。再进而至于由纺纱厂到织布厂,由织布厂到市场,没有一个关口不是有人要收很重的出头费。到布出卖的时候,农民买进来穿是很贵的棉布衣。棉花出售时是何等的便宜,穿布时却是大大地昂贵起来了。我们现在要想个法子,把纺纱厂、织布厂以及市场打成一贯,使农民能执工商业之牛耳,则棉花可以出头,种棉花的人也跟着棉花出头了。依我想来,这是可以做得到的。比方:以江苏省来说,江苏一省有二千五百万的农民,以五个农民为一家来计算,统共有五百万个农家。如果每家出一元,可以得到五百万元之数。以这五百万元,可以兴办农民纺纱厂,农民自己做股东,把农民自己所产的棉花,送到农民自办的工厂里去。再每家出一元来办织布厂以及商店。如此,二千五百万的农民,不但可以省去出头费,也还可以赚得盈利不少。

从农业国进到工业文明的过程中,必然有多数人要受淘汰而失业。因为机器发达,人工省去。这种现象,是确然不可免的。我们现在既然要把农业、工业打成一片,在农业上因机器而遭失业的人,就可以调进纺纱厂、织布厂、商店去做工度日。这个农民失业的危险,如果是农民执工业牛耳,就可以避去一大部分。

孙中山先生的实业大计划,也包括上述的事业。他主张利用国家资本与外资来发展国内实业。如果他的计划实行,要想教农民执工业上之牛耳,就得教农民实行把民权操在手中,运用国家权力来出头。国家资本,倘使分别缓急,必

---

① 编者注:杨先生即杨放春,晓庄乡村试验师范学校指导员。

定要用来先筑十万里的铁路。因为这是农民出头必由之路。如果工厂里的货物运不出去,则生产过剩,价格低落,实业必归失败,所以筑路是发展实业的第一步。假如国家资本只能先顾筑路,创办纱厂一时不能并举,那末我们运用农民自己的资本与劳力,慢慢儿来开办起来,也是必要的政策。因为政府与农民共同努力,出头当然可以快些。

但如何可以从农民的荷包里掏出一元钱来做股东,以及如何可以使农民执有民权?这两件事须靠我们从事乡村教育诸同志的努力。农民对于这种大规模举动的不明了,与不知民权为何物,固然要靠舆论来鼓吹与启迪,但最要紧的还着重在培植小农民的乡村教师。假如每村有农户百家,五百万家就有五万个农村。假使这五万个乡村教师都受有特殊的训练,那末五万个教师联合起来,不啻就是五万个村庄联合起来,也就是农民资本聚集的媒介。这样积少成多,就可以开办纺织厂、织布厂等等。如此棉花可以出头无阻,农民也就可以出头无阻了。至于如何训练农民执民权,如何教他们运用选举权、罢官权、创制权、复决权,也要靠乡村教师为之教导。这是我一月来对于这些问题考虑的一斑。上月我曾种山芋一次,知道山芋必定要底下可以安根,上面可以出头,才可以活。我们要想中国活起来,就得要在农业上安根,在工商业上出头。这个问题很大,希望诸位注意这个问题,细细加以研究。(第1卷,第99~101页)

1927年3月15日,晓庄试验乡村师范学校成立。这所学校把办学与乡村改造当作一件事,在改造社会的实践中培养适应乡村生活的乡村教师,是一大创举,许多人慕名前来参观。8月14日,南京市教育局组织30名校长参观晓庄师范。

《如何教农民出头》是陶行知在晓庄师范所做的一次演讲,原载于1927年8月15日《乡教丛讯》第1卷第16期。这篇演讲的中心内容是根据孙中山的实业计划,提出国家资本在乡村实业的建设中以筑路为第一要务,其他实业应更多依靠农民自己的资本和劳力。这样,"政府与农民共同努力,出头当然可以快些"。陶行知在篇末提道:"上月我曾种山芋一次,知道山芋必定要底下可以安根,上面可以出头,才可以活。我们要想中国活起来,就得要在农业上安根,在工商业上出头。这个问题很大,希望诸位注意这个问题,细细加以研究。"(第1卷,第101页)把政治、经济、教育联系起来,这就是陶行知最初的"政富教合一"

思想。

当时的中国,农民占中国人口的80%,城市人口只占20%。农业是中国经济的根基,乡村教育就尤显得重要,因为只有受过教育的农民活起来,农业才能活起来。

评述20

政治家与政客

昨天有一位同学对我说,他虽是终生要办乡村教育,但是若有机会,他很愿意干一度政客生活,以谋乡村教育之发展,如做县知事一类之职务。我说:"我愿你做政治家,不愿你做政客。"其实他的本意是愿做政治家,不是愿意做政客的,因此我们就把政治家和政客的分别详细地讨论一番。我觉得这个问题是很重要的,所以要拿它来和大家谈谈。政治家的存心只是一个诚字,一伪就变为政客了。政治家的动机是为公众谋幸福的,有所私就变成政客了。政治家的进退以是非为依据,若随利害转移,就变为政客了。政治家的目光注视在久远,若贪近功,就变为政客了。政治家为目的而择手段,政客只管达他的目的而不择手段。政治家是"富贵不能淫,贫贱不能移,威武不能屈";政客就不然,他的主张,随富贵而变,随贫贱而变,随威武而变。孔子说:"政者正也。"政治家以"正"为家;政客是"正"之客,自外于"正"的人。政客只怕天下不乱,政治家一心只求天下之治平。政治家与政客起初之相差只在念头之一转,但是到了表现出来简直有白的黑的一样的分明。我愿大家做一村的政治家,不愿大家做一村的政客。我们勉励吧!(第2卷,第302页)

本篇是陶行知1927年10月26日在晓庄试验乡村师范学校寅会上的演讲,原载于1927年11月1日《乡教丛讯》第1卷第21期。早在1918年,陶行知在南京高师教育研究会的一次演讲中就曾提出:"或假教育之名,而肆其政治之愿者,不乏其人。"(第1卷,第236页)9年之后,陶行知重提这个问题,可见长期以来,陶行知对政客之误国误民深有感触并深恶痛绝。陶行知在文中指出了政治家与政客的区别,归根到底是"公"与"私"的斗争。政客为了个人私欲,可以失去"诚信",处处事事谋求私利而出卖大众幸福,在进退上时时考虑个人利害,利欲熏心,只图近利,甚至不择手段,连卖国的事都肯干。政客与伪君子是一丘之貉,"私"利当先。在抗日战争中,政客屡见不鲜。在和平环境下,识别政客的难度更大,我们应该警惕。但是,有了这些区别,只要我们一对照,黑白就分明了。

评述21

晓庄三岁敬告同志书

今日是何日?

当念三年前。

愿从今日起,

更结万年缘。

三年前的今日,老山下的晓庄出了一桩奇事。他们是来扫墓吗?香烛在哪儿?强盗来分赃吗?如何这样客气?他们是开学哟。开学?学堂在哪儿?连燕子都不肯飞来的地方,忽然这样热闹,奇怪得很!

不错,我们是来开学。说得更切些,我们是来开工。还不如说,我们是在这儿来开始生活。"从野人生活出发,向极乐世界探寻",是我们今天所立的宏愿。学堂是有的,不过和别的学堂不同。它头上顶着青天,脚下踏着大地,东南西北是它的围墙,大千世界是它的课室,万物变化是它的教科书,太阳月亮照耀它工作,一切人,老的、壮的、少的、幼的、男的、女的都是它的先生,也都是它的学生。晓庄生来就是这样的一副气骨。

到了今天,已经是三周年了,说到可看见的成绩,真是微乎其微。它所有的茅草屋,稍微有点财力的人,只要两个月就可以造得成功。一阵野火,半天便可以把它们烧得干干净净。至于每个同志之所有,除了一颗血红的心和一些破布烂棉花的行李之外,还有什么可说?然而晓庄毕竟有那野火烧不尽的东西。这些东西的价值,也许只等于穷人家在天寒地冻时之破布烂棉花,也许就是因为这些破布烂棉花的力量,那血红的心才能继续不断地跳动,那怀抱着这血红的心的生命便能生生不已。我现在所高兴说的就是这些东西。

晓庄是从爱里产生出来的。没有爱便没有晓庄。因为它爱人类,所以它爱人类中最多数而最不幸之中华民族;因为它爱中华民族,所以它爱中华民族中最多数而最不幸之农人。它爱农人只是从农人出发,从最多数最不幸的出发,它的目光，没有一刻不注意到中华民族和人类的全体。在吉祥园①里写了两句话："捧着一颗心来，不带半根草去。"晓庄是从这样的爱心里出来的。晓庄可毁，爱不可灭。晓庄一天有这爱，则晓庄一天不可毁。倘使这爱没有了，则虽称为晓庄，其实不是晓庄。爱之所在即晓庄之所在。一个乡村小学里的教师有了这爱，便是一个晓庄；一百万个乡村小学里的教师有了这爱，便是一百万个晓庄，虽是名字不叫晓庄，实在是真正的晓庄了。

晓庄三年来的历史，就是这颗爱心之历史——这颗爱心要求实现之历史。有了爱便不得不去找路线、寻方法、造工具，使这爱可以流露出去完成它的使命。流露的时候，遇着阻力便不得不奋斗——与土豪劣绅奋斗，与外力压迫奋斗，与传统教育奋斗，与农人封建思想奋斗，与自己带来之伪知识奋斗。这奋斗之历史，也就是这颗爱心之历史。晓庄没有爱便不能奋斗，不能破坏，不能建设，不能创造。个人没有爱，便没有意义，即使在晓庄，也不见得有贡献。所以晓庄和各个同志的总贡献——破坏与创造——如果有的话，都是从爱里流露出来的。晓庄生于爱，亦唯有凭着爱的力量才能生生不已咧。

我们最初拿到晓庄来试验的要算是教学做合一的理论了。当初的方式很简单。它的系统也就是在晓庄一面试验一面建设起来。这个理论包括三方面：一是事怎样做便怎样学，怎样学便怎样教；二是对事来说是做，对己说是学，对人说是教；三是教育不是教人，不是教人学，乃是教人学做事。无论哪方面，"做"成了学的中心即成了教的中心。要想教得好、学得好，就须做得好。要想做得好，就须"在劳力上劳心"，以收手脑相长之效。这样一来，我们便与两种传统思想短兵相接了。一是孟子的"劳心者治人，劳力者治于人"的二元论。这种二元论在中国的力量是很大的。它在教育上的影响是：教劳心者不劳力，不教劳力者劳心，结果把中华民族划成两个阶级，并使科学的种子长不出来。二是先知后行的谬论。阳明虽倡知行合一之说，无意中也流露出"知是行之始"之意见。东原②更进一步地主张"重行必先重知"。这种主张在中国教育上的影响极

① 吉祥学园原名晓庄师范吉祥庵中心小学，创建于1928年春。后因晓庄师范各中心小学扩大，故将中心小学更名为学院。1930年又改"学院"为"学园"，其意为培养人才幼苗之园地。

② 东原即戴震。

深。"知是行之始"一变而为"读书是行之始",再变而为"听讲是行之始"。"重行必先重知"也有同样的流弊。请看今日学校里的现象,哪一处不是这种谬论所形成? 不入虎穴,焉得虎子。知识是要自己像开矿样去取来的。取便是行。中国的学子被先知后行的学说所麻醉,习惯成了自然,平日不肯行、不敢行,终于不能行,也就一无所知。如果有所知也不过是知人之所知,不是我之所谓知。教学做合一既以做为中心,便自然而然地把阳明、东原的见解颠倒过来,成为"行是知之始","重知必先重行"。我很诚恳地敬告全国的同志:"有行的勇气,才有知的收获。"先知后行学说的土壤里,长不出科学的树,开不出科学的花,结不出科学的果。

教学做合一的理论最初是应用在培养师资上面的。我们主张培养小学教师要在小学里做、小学里学、小学里教。这小学是培养小学教师的中心,也就是师范学校的中心,不是它的附属品,故不称它为附属小学而称它为中心小学。培养幼稚园教师的幼稚园和培养中学教师的中学,都是中心学校而不是附属学校。现在实行的学园制即是艺友制,每学院有导师、艺友及中心学校,更进一步求教学做合一主张之贯彻。现今师范教育之传统观念是先理论而后实习,把一件事分作两截,好比早上烧饭晚上请客。除非让客人吃冷饭,便须把饭重新烧过。教学做合一的中心学校就是要把理论与实习合为一炉而冶之。

教学做合一不是别的,是生活法,是实现生活教育之方法。当初,生活教育戴着一顶"教育即生活"的帽子。自从教学做合一的理论试行以后,渐渐地觉得"教育即生活"理论行不通了。一年前我们便提出一个"生活即教育"的理论来替代。从此生活教育的内容方法便脉脉贯通了。

"生活即教育"怎样讲? 是生活即是教育。是好生活即是好教育,是坏生活即是坏教育;有目的的生活即是有目的的教育,无目的的生活即是无目的的教育;有计划的生活即是有计划的教育,无计划的生活即是无计划的教育;合理的生活即是合理的教育,不合理的生活即是不合理的教育;日常的生活即是日常的教育;进步的生活即是进步的教育。依照生活教育的五大目标说来:康健的生活即是康健的教育;劳动的生活即是劳动的教育;科学的生活即是科学的教育;艺术的生活即是艺术的教育;改造社会的生活即是改造社会的教育。反过来说,嘴里念的是劳动教育的书,耳朵听的是劳动教育的演讲,而平日过的是双料少爷的生活,在传统教育的看法不妨算他是受劳动教育,但在生活教育的看法则断断乎不能算他是受劳动教育。生活教育是运用生活的力量来改造生活,它要运用有目的有计划的生活来改造无目的无计划的生活。

生活教育既以生活做中心,立刻就与几种传统思想冲突。第一种与生活教育冲突的传统思想是文化教育。它以文化为中心。德国战前之教育即是以文化为中心。中国主张此说的也不少。依生活教育的见解,一切文化只是生活的工具。文化既是生活的工具,哪能喧宾夺主而做教育的中心?第二种与生活教育冲突的传统思想是教、训分家。在现代中国学校里教、训分家是普遍的现象。教育好像是教人读书,训育好像是训练人做人或做事;教育好像是培养知识,训育好像是训练品行;教育又好像是指所谓之课内活动,训育则好像是指所谓之课外活动。所以普通学校里,有一位教务主任专管教育,又有一位训育主任专管训育。某行政机关拟以智仁勇为训育方针。那末,教育方针又是什么呢?生活教育的要求是:整个的生活要有整个的教育。每个活动都要有目标、有计划、有方法、有工具、有指导、有考核。智识与品行分不开,思想与行为分不开,课内与课外分不开,做人做事与读书分不开,即教育与训育分不开。生活教育之下只有纵的分任,决无横的割裂。某人指导团体自治,某人指导康健是可以的,这是纵的分任。若是团体自治的智识是功课以内归教务主任管,团体自治的行为是功课以外归训育主任管,这就是横的割裂,绝说不过去。第三种与生活教育冲突的传统思想是教育等于读书。生活教育指示我们说:过什么生活用什么工具。书只是生活工具之一种,是要拿来活用的,不是拿来死读的。书既是用的,那末,过什么生活使用什么书。第四种与生活教育冲突的传统思想是学校自学校、社会自社会。从前学校门前挂着闲人莫进的虎头牌①以自绝于社会,不必说了,就是现在高谈学校社会化或是社会学校化的地方,也往往漠不相关。"生活即教育"的理论一来,它立刻要求拆墙,拆去学校与社会中间之围墙,使我们可以达到亲民亲物的境界。不但如此,它要求把整个的社会或整个的乡村当作学校。与"生活即教育"蝉联而来的就是"社会即学校"。第五种与生活教育冲突

---

① 虎头牌:清代的衙门大门上都挂着虎头牌,上面写着"禁止闲人擅入"等字。这时的学校也仿效衙门,挂着闲人莫入的虎头牌。

的传统思想就是漠视切身的政治经济问题。我们既承认"社会即学校",那末,社会的中心问题便成了学校的中心问题。这中心问题就是政治经济问题。我们最初定教育目标时对于政治经济问题即特别重视。赵院长①后来又做有力的宣言说:"生活教育是教人做工求知管政治。"江问渔先生近著《富教合一》和《政教合一》两篇文字,使生活教育之内容更为明显。我也作《富教合一后论》《政教合一后论》《政富合一论》,以尽量发挥三者之关系,终于构成"政富教合一"理论之系统。晓庄所办之自卫团、妇女工学处,现在向省政府建议设置之试验乡以及十九年度计划中之生产事业,都是想把政治、经济、教育打成一片,做个政富教合一的小试验。政富教合一的根本观念是要将政富教三件事合而为一。如何使它们合起来?要叫它们在"随民之欲,达民之情"上合起来。现在这三件事的中间有很大的鸿沟。它的根本原因不外三种:一是富人拿政治与教育作工具以遂富人之欲而达富民之情;二是政客拿富人之力与教育作工具以遂政客之欲而达政客之情;三是不肯拿教育给富人和政客作工具的教师们存了超然的态度,不知教人民运用富力和政治力以遂民之欲而达民之情。我们要知道等到富力成为民的富力,政治力成为民的教育。在教育的立场上说,我们所负的使命:一是教民造富;二是教民均富;三是教民用富;四是教民知富;五是教民拿民权以遂民生而保民族。我们要教人知道,不做工的不配吃饭,更不配坐汽车。我们要教人知道"朱门酒肉臭,路有冻死骨"是最大的罪孽。我们要教人知道富力如同肥料,堆得太多了要把花草的生命烧死。我们要教人民造富的社会,不造富的个人。从农业文明进到工业文明,我们要教农民做机器的主人,不做机器的奴隶。这种主张,不消说,不但和"先富后教"、教育不管政治一类的传统思想冲突,凡是凭着特殊势力以压迫人民,致使民之欲不得遂、民之情不得达的,都是我们的公敌。

最后,晓庄是同志的结合,我不要忘记了叙述。晓庄的茅草屋一把野火可以烧得掉。晓庄的同志饿不散,冻不散,枪炮惊不散。我们是为着一个共同的使命来的。这使命便是教导乡下阿斗做中华民国的主人。要想负得起这个使命,便不能没有特殊的修养。这是我们自己勉励的几条方针:

---

① 赵院长即赵叔愚。

(一)自主与互动

"滴自己的汗,吃自己的饭。自己的事自己干。靠人靠天靠祖上,不算是好汉。"这首《自立歌》,晓庄的人是没有不会唱的了。我们所求的自立,便是这首歌所指示的。但是自立不是孤高,不是自扫门前雪。我们不但是一个人,并且是一个人中人。人与人的关系建筑在互助的友谊上。凡是同志,都是朋友,便当互助。倘不互助,就不是朋友,便不是同志。我们唱一首互助歌罢:"小小的村庄,小小的学堂,小小的学生,个个是好汉。好汉!好汉!帮人家的忙。"

(二)平等与责任

在晓庄,凡是同志一律平等。共同立法的时候,师生工友都只有一权,违法时处分也不因人而异。我们以为,在同一的团体里要人共同守法,必须共同立法。但同志的法律地位虽平等,而责任则因职务而不同。职务按行政系统分配,各有各的职务,即各有各的责任。责任在指挥,当行指挥之权;责任在受指挥,应负受指挥之义务。

(三)自由与纪律

晓庄团体行动有一致遵守的纪律,五十岁以上及对本校学术有特殊贡献的人,得由本校赠与晓庄自由章,不受共同纪律之限制。但这些纪律的目的,无非也是增进团体生活的幸福,防止个人自由之冲突。晓庄毕竟不但是个"平等之乡",而且是个"自由之园"。晓庄以同志的志愿为志愿,以同志的计划为计划,以同志的贡献为贡献。晓庄虽然希望每个同志对于共同的志愿、计划是要有些贡献,但是乡村教育的范围广漠无边,除非是身在乡下心在城里的人,总可以找出一两样符合自己的才能兴味。大部分的生活都是供大家自由地选择。学园的成立是由于园长选同志、同志选园长,格外合乎自由的意义。试验自由是各学园的础石。晓庄所要求于个人的只是每个人都要有计划,要按着自己的计划进行。至于什么计划,如何实现,都是个人的自由。在理想的社会里,凡是人的问题都可以自由地想、自由地谈、自由地试验。晓庄虽然没有达到这种境界,但愿意努力创造这样一个社会。这里含蓄着进步的泉源,这里蕴藏着人生的乐趣。乡下人的面包已经给人家夺去一半了,剩下这点不自由的自由是多么尊贵哟!

（四）大同与大不同

这又是一对似乎矛盾而实相成的名词。我们试到一个花园里面去看一看：万紫千红，各有它的美丽，那构成花园的伟观的成分正是各种花草的大不同处。将这些大不同的花草分别栽种，使它们各得其所，及时发荣滋长，现出一种和谐的气象，令人一进门便感觉到生命的节奏，这便是大同之效。晓庄不是别的，只是一个"人园"，和花园有相类的意义。我们愿意在这里面的人都能各得其所，现出各人本来之美，以构成晓庄之美。如果要找一个人中模范教一切人都学成和他一样，无异于教桃花、榴花拜荷花做模范。我们当教师的实在需要园丁的智慧。晓庄不但不要把个个学生造成一模一样，并且也不愿他们出去照样画葫芦。晓庄同志无论到什么地方去，如果只能办成晓庄一样的学校，便算本领没有学到家，便算失败。没有两个环境是相同的，怎能同样地办？晓庄同志要创造和晓庄大不同的学校才算是和晓庄同，才算是第一流的贡献，才算是有些成功。

同志们！记牢了我们的使命是教导乡下阿斗做中华民国的主人。乡下阿斗没有出头之先，我们休想出头。乡下阿斗没有享福之先，我们休想享福。我们若是赶在农人前面去出头享福，只此一念便是变相的土豪劣绅。与农人同甘苦，共休戚，才能得到光明，探出生路。我们大家唱首《劳山歌》，为中华民国的主人努力吧！

> 老山劳；
>
> 小庄晓：
>
> 俺锄头，
>
> 起来了。
>
> 老山劳；
>
> 小庄晓：
>
> 新时代，
>
> 推动了。

（第2卷，第449～457页）

《晓庄三岁敬告同志书》是陶行知为庆祝晓庄试验乡村师范学校成立三周

年撰写的文章,原载于1930年3月15日《乡村教师》第7期。晓庄学校是陶行知生活教育理论的第一个试验机构。此文对晓庄学校三年来的实践做了全面总结,在生活教育理论发展史上具有特殊的重要性。此文对两方面内容进行着重阐述,一是"教学做合一"理论之建设,二是"生活即教育"的教育理念及其与传统思想的冲突。

"教学做合一"的教育理论是在晓庄学校一面试验一面建立起来的。陶行知说:"教学做合一不是别的,是生活法,是实现生活教育之方法。"(第2卷,第452页)"教学做合一是全人类教育历程之真相,无论男女老幼,丝毫没有例外。"(第1卷,第113页)陶行知在1931年12月发出呼吁:"全民族对于中国现代无能的教育,该有觉悟;对于教学做合一之理论,该使之普遍实现。若再因循苟且,则可以救国之教育,将变成亡国之催命符。到了那时,虽悔也来不及了。"(第2卷,第540页)

陶行知指出了"生活即教育"观念与几种传统思想的冲突。这几种传统思想包括:一是以文化为中心的文化教育;二是教人读书的教育与教人做事做人的训育分家;三是以为教育等于读书;四是教育与社会分割;五是漠视切身的政治经济问题,把教育看作与切身的政治经济无关的行为。"生活教育既以生活做中心,立刻就与几种传统思想冲突。"(第2卷,第452页)"生活即教育"的根本宗旨是"运用生活的力量来改造生活"(第2卷,第452页)。

1926年12月,陶行知在《中国乡村教育之根本改造》一文中,提出"教育与农业携手""农科教结合"的思想。(第1卷,第86页)1927年8月,在《如何教农民出头》一文中,陶行知又提出:"要想中国活起来,就得要在农业上安根、在工商业上出头。"(第1卷,第101页)在《晓庄三岁敬告同志书》中,陶行知提出"政富教合一"理论,即生活教育绝不是只教人求知,还要教人做工生利、管政治、学做国家社会的主人,否则便是造书呆子。

晓庄学校办学三年,办了乡村自卫团、妇女工学处、三所民众学校、两个中心茶园、乡村医院、联村救火会、中心木匠店、石印厂,目的是把政治、经济、教育打成一片,做一个政富教合一的试验。1931年9月,陶行知发表《中华民族之出路与中国教育之出路》,进一步发挥"政富教合一"的思想,深刻阐述政富教三者之内在联系,提出"用智识去造财富,用财富去求知识,使人民愈富愈智,愈智愈富"（第2卷,第510页）。

　　陶行知关于乡村师范教育的主要思想是:中国最初的师范教育是从外国抄过来的,不符合中国的国情;中国师范教育大多设在城里,师范生毕业后不能适应乡村教育的实际需要,所培养的教师只会教农村的小孩子成为小书呆,没有生活力,这种教育无济于中国乡村之改造。陶行知提出办乡村师范,利用环境里的活事例来培养乡村教师。把乡村小学办成科学农业的大本营,作为改造乡村的中心,把办学与改造乡村当作一件事。这样的小学就是师范学校的中心小学。在这里,师范生在指导员的指导下一边教一边学,从而把理论与实践熔于一炉而冶之。按传统的办法,师范生在师范学校先读书,把知识装满了再去实习,这样做的结果很容易造成大书呆教小书呆。在中心小学,师范生的培养实行"教学做合一",这是最有效力的造就有生活力的乡村教师的办法。晓庄试验乡村师范学校就是根据这个思路来办的。

名篇推荐

　　《中华教育改进社改造全国乡村教育宣言书》（第1卷,第83～84页）

　　《中国乡村教育之根本改造》（第1卷,第85～86页）

　　《试验乡村师范学校答客问》（第1卷,第87～92页）

　　《师范教育下乡运动》（第2卷,第242～243页）

　　《试验乡村师范学校的两个特点》（第2卷,第282页）

　　《农夫的身手》（第2卷,第286页）

　　《晓庄试验乡村师范学校创校旨趣》（第2卷,第289～290页）

　　《中国乡村教育运动之一斑

　　　　——中国代表致送坎拿大世界教育会议报告之一》（第2卷,第291～301页）

　　《晓庄试验乡村师范的第一年》（第2卷,第307～313页）

　　《共同为中国乡村教育立一基础》（第2卷,第315页）

　　《试验乡村师范学校幼稚师范院简章》（第2卷,第324～326页）

　　《改革乡村教育案》（第2卷,第333～334页）

《今后中华民族的使命》(第2卷,第341~343页)

《〈破晓〉序》(第2卷,第344~347页)

《同向乡村教育瞄准》(第2卷,第349~350页)

《地方教育与乡村改造》(第2卷,第352~354页)

《定于一》(第2卷,第356~359页)

《〈在晓庄〉序》(第2卷,第368~370页)

《〈谈心集〉序》(第2卷,第386页)

《〈乡村教师〉宣言》(第2卷,第408~409页)

《护校宣言》(第2卷,第461~464页)

《附一:蒋介石以"国民政府"名义对陶行知下的通缉令》(第2卷,第464页)

《附二:南京市警备司部的布告》(第2卷,第464~465页)

《附三:晓庄代表答记者问》(第2卷,第465~466页)

《艺友制的教育》(第2卷,第476~478页)

《中华教育改进社设立试验乡村师范学校招生》(江苏教育厅准予试验)(第2卷,第564~565页)

《中华教育改进社试验乡村师范学校组织大纲》(第2卷,第572~573页)

《试验乡村师范董事会纪事及章程》(第2卷,第574页)

《附:中华教育改进社试验乡村师范学校董事长会章程》(第2卷,第574~575页)

《中华教育改进社全国乡村教育运动计划预算书》(第2卷,第578~580页)

《中华教育改进社特约乡村学校办法》(第2卷,第581~582页)

《整顿师范教育制度案》(第2卷,第586~587页)

《中华教育改进社晓庄学校报告事(杨效春)》(第2卷,第588~592页)

《晓庄科学社宣言》(第2卷,第593~595页)

《晓庄科学社简章》(第2卷,第596~597页)

《晓庄学校1928年招生启事》(第2卷,第598页)

《关于晓庄的组织、活动和人事》(第2卷,第601~602页)

《加入乡村教育运动——致曹聚仁》(第8卷,第220~221页)

《附：曹聚仁致陶行知函》（第 8 卷，第 220～221 页）

《为中国教育寻觅曙光——致王琳》（第 8 卷，第 222 页）

《附：王琳致陶行知函》（第 8 卷，第 223 页）

《为乡村教育前途额手相庆——致季通》（第 8 卷，第 226 页）

七

师范教育篇

阅读提示

　　师范学校造就教师;教师为普及教育、提高全民族素质服务。西方师范教育发展较早。1684年,法国基督教兄弟会神甫在兰斯创立了世界上第一所师资培训机构。德国的师资培养机构始于1695年弗兰克创设的教师养成所。1774年,柏林创设师范学校。之后许多城市相继成立师范学校。至1831年,普鲁士各省都有了师范学校,教育内容增设了心理学、教育学、教育实习等课程。法国巴黎高等师范专科学校创建于1795年。意大利的师范教育始于首相加富尔执政时期,即19世纪60年代。美国的师范教育始于1839年,霍瑞斯·曼(1796—1859)在马萨诸塞州的列克里敦市创办第一所师范学校。

　　中国师范教育起步很晚,比欧洲晚两百年,比美国晚了近六十年。清光绪二十二年(1896年12月),实业家盛宣怀(1844~1916)获准在上海创立南洋公学,次年4月开学。先设师范馆,招生四十名,兼习中西学科,合格者选为公学中院、上院的教习。1897年秋又设外院(附属小学堂)。清光绪二十四年(1898年),清政府创办京师大学堂,由于生源缺乏,只办了仕学馆和师范馆。师范馆招生七十九名,于光绪二十八年(1902年)12月17日正式开学。光绪二十九年,清政府颁布新学制《奏定学堂章程》(亦称癸卯学制)。该章程重视师范教育,把师范馆改为优级师范科,当年先后录取学生两百余人。这是中国官办师范的草创时期。当时大量聘用日本教习。

　　中国最早的师范学堂有:

　　两江师范学堂:校址设于南京,清末两江总督张之洞于1902年开始筹建,1904年10月开学,初名为三江师范学堂,1905年更名为两江师范学堂,聘十余名日本教习。辛亥革命后停办。1914年在原校址改设南京高等师范学校。1917年8月,陶行知留美归国,任教于该校。

　　通州师范学堂:由实业家、教育家张謇创建于1902年,次年4月开学,初名为通州民立师范学校。学校除设师范科外,还附设测绘科、农科、土木工科、蚕科等。教员中有王国维(1877~1927)等著名学者,还有若干日本教习。今为南通师范高等专科学校。

大通师范学堂:1905年由光复会成员徐锡麟(1873—1907)、陶成章(1878—1912)在浙江绍兴创办,女革命家秋瑾主持校务。课程设国语、教育、伦理、图画、音乐等。大通学堂实为一所军事学校,备有枪支子弹,聘革命党人任教官,对学生进行军训。学生大多加入光复会。这是徐锡麟、秋瑾准备武装起义计划的一支重要力量。

陶行知在《中国师范教育建设论》中指出:"有生活力的国民是靠有生活力的教师培养的;有生活力的教师又是靠着有生活力的师范学校训练的。"(第1卷,第82页)陶行知在此文中论述了建设中国师范教育的根本原理和实施概要。

(1)师范学校以中心学校为中心。例如,幼稚师范以幼稚园为中心学校;初级师范以小学为中心学校;高等师范或师范大学以中学或师范大学为中心学校;职业师范以职业机关或职业学校为中心学校。中心学校要什么,师范生就要学什么;师范生要学什么,师范学校就要教什么。

(2)师范生,也就是预备要做中心学校的先生的人,必须有对教师职业的兴趣和当教师的才能。

(3)师范学校要运用环境中鲜活的事物,依据教学做合一原则,实地训练有特殊兴趣才干的人。

师范学校本身的工作,中心学校的工作,中心学校里的学生在所处环境里的生活,是互相联系的有机体。"自然社会里的生活产生活的中心学校,活的中心学校产生活的师范学校,活的师范学校产生活的教师,活的教师产生有生活力的国民。"(第1卷,第79页)

陶行知的师范教育思想以中国国情为基础,充满辩证法,强调各方面的有机联通和相互影响,值得我们好好学习。关于师范教育应该怎样办才符合中国的国情,陶行知在许多文章中都有论述,这些文章主要包括《师范教育之新趋势》(第1卷,第318~321页)、《新学制与师范教育》(第1卷,第376~383页)、《师范教育下乡运动》(第2卷,第242~243页)。

名篇评述

评述22

师范生应有之观念

鄙人承贵两校之嘱，来与诸君畅谈，不胜快乐。鄙人最喜同学生谈话，因十余年来，无日不做学生；即现在当教员，亦未尝不是做学生，盖不学则不能教。既为学生，则与诸君均为同志，同志相谈，自必非常快乐。诸君均为师范生，所研究者为教育，而鄙人所研究者，亦为教育，尤为同志中之同志，所以更为快乐。诸君平日在校，已受良好之教训，固无庸鄙人多谈。惟是同志相聚，亦不可不有所研究，尚希诸同志加以指正为荷。今日所讲之题，为《师范生应有之观念》。

一、教育乃为最有效力之事业

教育能改良个人之天性。人之性情有善有恶，教育能使恶者变善，善者益善。即个人性情中，亦有善分子与恶分子，且善分子中亦含有恶。如爱，乃性情中之善分子也；而爱极生妒，变善为恶矣。恶分子中亦含有善。如怒，乃性情中之恶分子也，然文王一怒而安天下，用恶为善矣。教育乃取恶性中之善分子，去善性中之恶分子。如开矿然，泥内含金，金内亦杂有泥。开矿者取泥内之金，去金内之泥，然后成为贵品。教育亦若是矣。

教育能养成共和之要素。共和国有两大要素：一是有正当领袖，一须有认识正当领袖之国民。盖领袖有正当者，亦有不正当者。正当领袖，能引导国民行正当之事业；不正当领袖，能诱致国民行不正当之事业。故又必须养成能认识正当领袖之国民，领袖正当则从之，领袖不正当则去之。由是，正当领袖之势力日张，而不正当领袖之势力日蹙。所以教育能巩固共和之基础也。

教育能传播非遗传的文化。人之言语非生而知之者，必由渐习而后能。然亦只能说一国之语。如中国人只能说中国语，而不能言德、美、俄、日等国之语。如欲能言德、美、俄、日等国之语，必由专习而后能。推而言之，世界文化无虑千万，皆父母所不能遗传者，而教育能一一灌输之。鄙人谓教育能造文化，则能造人；能造人，则能造国。今人皆云教育救国，但救国一语，似觉国家已经破坏，从而补救，不如改为造国。造一件得一件，造十件得十件，以至千百万件，莫不皆然。贫者可以造福，弱者可以造强。若云救国，则如补西扯东，医疮剜肉，暂虽得策，终非至计。若云教育造国，则精神中自有趣味生焉，盖教育为乐观的而非悲观的也。

教育为最有可为之事。古今名人莫不由研究教育而出。如达尔文、杜威、威尔诺刻等，皆由研究教育而出者也。但需有决心，有坚志，则成事何难？惟此尚是第二事。我等第一要知：人是人，我是我。天既生我，则必与我以一种为人所乐能为之能力。不然，既有他何必有我！天既生孔子，万事皆孔子所能为，则又何必生我而为古人之附属物？由此观之，则我等当自立，当自强，为我之所能为，不随人学步，庶不负天生我之意。教育既然如此，则我师范生当作何种之观念？以鄙人看来，男师范生与女师范生之观念，当有不同。欧战发生后，德法发生一莫大之问题。因其平时男教师比女教师为多，一旦战事发生，国内乏男子担任教育事业，影响于儿童者甚大。中国亦如此，但美国、加拿大则不然，其小学教师皆以女子充当，其男子皆任兵役以卫国家，所以战事发生后，教育依然不受影响。再，女子与儿童有天然亲爱之感情，非若男子之爱护儿童出于勉强也。但高等小学则有不同，因此须养成其进取勇敢之精神，激发其军国民之志气，故须利用男教师。此男女教师不同之点也。然其共同之点，则在以教育为专门职业。地理、历史、哲学、医学、生理学等，虽皆为教育家所利用，而教儿童则非修专门之教育的科学不可。今世界上有四种教育家：一、政客教育家，藉教育以图政治上之活动；二、空想教育家，有空想而未能实行；三、经验教育家，以经验自居不肯研究理论；四、科学教育家，则实用科学以办教育者。中国现在教育家只有政客、空想、经验三种，但教育以科学教育为最重要，故男女师范生当专心致志、抱定主义，以教育为专门职业，则何人不可几，何事不可为耶？

二、教育乃一种快乐之事业

《论语》曰："有朋自远方来，不亦乐乎？"非当日孔子言教育之快乐耶？孔子一生诲人不倦，至于发愤忘食，乐而忘忧，不知老之将至。现任教育者，无不视当教员为苦途，以其无名无利也。殊不知其在经济上固甚苦，而实有无限之乐含在其中。愚蒙者，我得而智慧之；幼小者，我得而长大之；目视后进骎骎日上，皆我所造就者。其乐为何如耶！故办教育者之快乐，当在手续上，而不在其结果之代价。换言之,即视教育为游戏的作业、作业的游戏也。至于劳禄动作,以求结果之代价者,则宜摈弃于教育界外。

三、各种教育之职业皆须视为平等

现在教员一般心理,每以大、中学校之等级高,高小、国民学校之等级低,于是以教大、中学校为荣,而以教高小、国民学校为贱。不知大学要紧,中学要紧,而高等小学、国民小学、幼稚园尤要紧。以鄙人主张,凡大学、中学、小学等教员,国家须有同等之报酬,社会须有同等之待遇。然常人心理,多不明小学之紧要,师范生亦有不明此理者。由是,他人固不以平等看待,即自视亦觉小学教员不如大学、中学教员之价值。甚至去而不为,放弃其应做之职业。故欲救此弊,先须视各种教育之职业皆为平等,此师范生所当注意者也。

四、教育为给儿童需要之事业

教育者,乃为教养学生而设,全以学生为中心,故开办学校、聘请教师,无一非为学生也。若无学生,焉有学校?既无学生,焉有教师?然则教师为学生,焉可无同情耶?同情谓何?即以学生之乐为乐,以学生之忧为忧;学生之休戚即我之休戚,学生之苦恼为苦恼是也。鄙人参观一校,终日仅一见教师之笑,不可谓不威严矣!吾人若设身处地为其学生,必也视之为判官、为阎罗,如芒刺之在背矣。此教师不能与学生同情之故矣。现中国教师之大弊,即在于此。此又我师范生所当注意者也。

五、教育为制造社会需要之事业

教育为改良社会而设,为教育社会而设。故学校非寺院岩穴也,教员非孤僧隐士也。夫既为社会而设,若与社会不相往来,何以知社会之需要?中国前此之弊,即在于此,亦我师范生所宜注意者也。

六、教育为师范生终生之事业

现在为教师者,男则因赋闲无事,遂暂为之;女则因尚未适人,而暂为之。事既得,家既成,则远翔而不顾。视办教育如用雨伞,雨则取以遮盖,晴则置之高阁;视居学校如寓客栈,今日寓此,明日便去,虽有蚊蚤之为害,不过今宿,又何必大事驱除?教育中亦有害虫,教师之责,所宜驱除,岂可以暂为,遂视同秦越而不作整顿之计耶?昔英女皇伊莉莎白终身不嫁,人问之故,以英吉利即吾之夫一语以对。意相加富尔终身不娶,人问之故,辄以意大利即吾之妻一语以对。故鄙人今亦有二语告于诸君,即男师范生应以教育为之妻,女师范生应以教育为之夫,有此定力,则赴汤蹈火,在所不辞,鞠躬尽瘁,死而后已。吾身不成,吾子绍之;吾子不成,吾孙绍之;子子孙孙,世世代代,相续无间,海可枯而吾之志不可枯,石可烂而吾之志不可烂。西藏,极西边极穷苦之地也,有需吾办教育者,吾即往西藏而不辞。蒙古,极北边极穷苦之地也,有需吾办教育者,吾即往蒙古而不辞。不要名,不要利,只要教育好;不怕难,不怕死,只怕教育不好。师范生乃负此志者,故与别种学生不同。读书是当作教书读,求学要当作教学求。蚕食桑叶,消化而吐出能为锦绣之丝;师范生求学,亦当融会贯通而吐出有益于人之事业也。

以上所说,皆属泛论。尚有一问题,与诸君商酌,庶上说皆可解决而变为切实。曾子曰:"吾日三省吾身。"①诸君亦当自省为何不入他校而入师范学校。岂为师范学校豁免学膳费而来乎? 抑为求学之故,无他校可入,不得不入师范学校乎? 或迫于父母之命,不得已而入师范学校乎? 将负大才能、抱大兴味而后入师范学校乎? 假如因免学膳费、因无他校可入,及因父母所迫而入,姑且无论。若因负大才能、抱大兴味,其将何以自待? 吾见今日师范毕业者,有一部分人不办教育,或办教育而不尽心力者,皆由初未能自省也。然则,以上所说均成空谈矣。鄙人此番之话,方为负大才能、抱大兴味而入师范学校者言之,望诸君皆注意焉。如有误谬之处,不妨指出纠正,实甚欣幸。(第1卷,第218~223页)

本篇系1918年5月陶行知向安徽省立第一师范学校和第一女子师范学校师生所做的演讲。记录稿经陶行知审阅后铅印成册,未在正式报刊上公开发表。

从《师范生应有之观念》一文可以看出,陶行知对师范教育的重要性已经有了科学的全面了解。他的这篇演讲,今天看来仍有价值。关于师范生应有之观念,陶行知认为主要集中在以下几个方面:教师应该着力于教育创新,改良个人之天性;要做一个民主的教师,培养学生成为自己的主人、国家民族的主人;不做旧时代的承继者,要做新时代的创造者;教师要以学生为中心;教师要终生为

① "吾日三省吾身"见《论语·学而》。省,反省。

中国的教育不断进步献身。陶行知不仅对教师提出要求,同时也高度肯定了教师工作的社会价值。

陶行知在《师范生的第一变》(第2卷,第479~482页)和《师范生的第二变》(第2卷,第483~486页)中,生动地描述了师范生应有的样子。师范生是"一个学变先生的学生"。师范生要变个孙悟空,小朋友便是师范生的唐三藏。师范生要为小朋友的成长保驾护航,也要以小朋友为总指导。师范生更要变成小孩子,有小孩的童趣和好奇,有探寻世界的活力。

名篇推荐

《中国师范教育建设论》(第1卷,第76~82页)

《师范教育之新趋势》(第1卷,第318~321页)

《新学制与师范教育》(第1卷,第376~383页)

《师范教育下乡运动》(第2卷,第242~243页)

《师范生的第一变》(第2卷,第479~482页)

《师范生的第二变》(第2卷,第483~486页)

《师范教育之彻底改革》(第8卷,第115~116页)

八

教师篇

阅读提示

陶行知认为常见的教育家有三种："政客的教育家、书生的教育家、经验的教育家。"（第1卷，第21页）但是，只有敢探未发明的新理者，或者敢入未开化的边疆者，才是第一流的教育家。陶行知的"生活教育"和"教学做合一"无疑是教育上的创新和探索性的实践，他本人也是开拓边疆教育的先行者。

陶行知特别重视民族教育，他在《五族共和^①与教育者之责任》中提出，"我们要想建设一个真正的五族共和，最要紧的方法有两种：一是建筑四通八达的道路，二是实行四通八达的教育。道路可以沟通物质上的需求和供给；教育可以沟通精神上的贡献和缺乏。这两件事互相为因，互相为果"（第1卷，第509页）。1924年1月7日，陶行知等人赴察哈尔开展平民教育。10日，陶行知一行人与蒙古族学生开会，察哈尔平民教育促进会也在这一天成立。13日，蒙古平民教育第一先锋队出发，回去在自己的蒙古包办起读书处，并逐渐推广到亲戚朋友那里。1924年10月，中华教育改进社第三届年会有汉、满、蒙三族代表。年会还特设蒙古教育组，与到会的蒙古族代表商讨蒙古教育计划和教育方针。1925年，第四届年会已经有汉、满、蒙、回、藏五族代表。1945年5月，陶行知在《实施民主教育的纲要》中强调，民族教育与民主教育要相结合，"民主教育是让他们学习自己的文字，没有文字的，就帮助他们制造文字，让他们自己办学校，训练各民族的人才来教育他们自己的人民"（第4卷，第478页）。陶行知坚持不懈地思考探索中国的民族教育。

陶行知有许多关于教师精辟的论述，启发我们不断认识教师工作的本质。《怎样做大众的教师》（第3卷，第382～384页）提出，作为大众的教师，追求真理、宣传真理、驳斥假话、向学生学习、教学生做先生，以及和学生大众融为一体是成为现代教师的必需的品质和行动。《教师自动进修》（第4卷，第545～546页）提议教师应该在社会科学和教育的理论和技术方面加强修养，并且通过系

---

① 五族共和：我国是一个多民族的国家，五族共和是指主权归汉、蒙、满、回、藏五族及其他少数民族所共有，实行民族合作与民主平等的政治制度。

统讲习、专题研究、旅行修学、浏览图书馆等途径来提升修养。最重要的是,我们更要从一个教育家的高度去看待教师的职责和使命,那就是为民族解放、大众解放、人类解放去追求真理、传播真理,以及教人们追求真理和为真理而行动。

名篇评述

评述23

第一流的教育家

我们常见的教育家有三种:一种是政客的教育家,他只会运动、把持、说官话;一种是书生的教育家,他只会读书、教书、写文章;一种是经验的教育家,他只会盲行、盲动、闷起头来办……办……办。第一种不必说了,第二第三两种也都不是最高尚的。依我看来,今日的教育家,必定要在下列两种要素当中得了一种,方才可以算为第一流的人物。

(一)敢探未发明的新理

我们在教育界做事的人,胆量太小,对于一切新理,小惊大怪。如同小孩子见生人,怕和他接近。又如同小孩子遇了黑房,怕走进去。究其结果,他的一举一动,不是乞灵古人,就是仿效外国。也如同一个小孩子吃饭、穿衣,都要母亲帮助,走几步路,也要人扶着,真是可怜。我们在教育界任事的人,如果想自立、想进步,就须胆量放大,将试验精神,向那未发明的新理贯射过去;不怕辛苦,不怕疲倦,不怕障碍,不怕失败,一心要把那教育的奥妙新理,一个个地发现出来。这是何等的魄力!教育界有这种魄力的人,不愧受我们崇拜!

(二)敢入未开化的边疆

从前的秀才以为"不出门能知天下事",久而久之,"不出门"就变作"不敢出门"了。我们现在的学子,还没有解脱这种风气。试将各个学校的同学录拿来一看,毕业生多半是在本地服务,那在外省服务的,已经不可多得,边疆更不必说了。一般有志办学的人,也专门在有学校的地方凑热闹,把那边疆和内地的教育,都置之度外。推其原故,只有一个病根,这病根就是怕。怕难、怕苦、怕孤、怕死,就好好地埋没了一生。我们还要进一步看,这些地方的教育究竟是谁的责任？我们要晓得国家有一块不开化的土地，有一个不受教育的人民，都是由于我们没尽到责任。责任明白了，就放大胆量，单身匹马，大刀阔斧，做个边疆教育的先锋，把那边疆的门户，一扇一扇地都给它打开。这又是何等的魄力！有这种魄力的人，也不愧受我们崇拜。

敢探未发明的新理，即是创造精神；敢入未开化的边疆，即是开辟精神。创造时，目光要深；开辟时，目光要远。总起来说，创造、开辟都要有胆量。在教育界，有胆量创造的人，即是创造的教育家；有胆量开辟的人，即是开辟的教育家，都是第一流的人物。大丈夫不能舍身试验室，亦当埋骨边疆尘，岂宜随便过去？但是这种人才，究竟要到什么时候才能出现？究竟要由什么学校造就？究竟要用什么方法养成？可算是我们现在最关心的问题。(第1卷，第21～22页)

本文发表于1919年4月21日《时报·教育周刊·世界教育新潮》第9号。专栏主笔蒋梦麟先生在文前加按语："陶先生，你讲的一席话，我读了便觉精神提起来。这种话我久不听见了，可算是教育界的福音。"(第1卷，第21页)

教育没有创新精神，怎能进步？"教育界的人把教育问题，看得太普通、太浮泛了。大家都以为教育是一个囫囵的问题，是一种囫囵的事业。平日所办的是这种教育，所谈的是这种教育。彼此的见解，不相上下，都犯了一个博而不精的毛病。"(第1卷，第405页)"教育进化之根本方法，则无人过问。"(第1卷，第209页)所以我们的教育不能与时俱进。中华民族多么需要创造的教育家和开辟的教育家！陶行知呼吁："这种人才，究竟要到什么时候才能出现？究竟要由什么学校造就？究竟要由什么方法养成？可算是我们现在最关心的问题。"从生活教育的观点看来，怕没有一所读死书的大学能造就得出一流的教育家。这要靠一个人的悟性，活用书，把读书与实践相结合，在生活教育中千锤百炼，方有可能。

今天，我们一直在讲培养创造型的人才。创造型的人才就要由创造型的教师来培养。这样的老师，需要有创造性的精神，去伪存真，不断学习；需要有创造性的行动，研究教育对象，试验教育方法。

评述24

怎样做大众的教师

现在中华民国已经到了生死关头,我们做大众教师的人应当怎样做才能帮助解决国难而不至加重国难?我常以这个问题问人,现在人也常以这个问题问我了。这里是我的答复:

第一,追求真理

大众是长进得很快,教师必须不断地长进,才能教大众。一个不长进的人是不配教人,不能教人,也不高兴教人。大众快赶上你了!你快要落伍了!"后生可畏"不是一句客气话,而是一位教师受了大众蓬蓬勃勃的长进的压迫之后,对于自己及一切教师所提出来的警告。只有不断地追求真理才能免掉这样的恐怖。也只有免掉这种恐怖才能教大众,否则便要因为怕大众而摧残大众了。我得申明,真理离开行动好比是交际花手上的金刚钻戒指。我们所要追求的是行动的真理、真理的行动(Truth in action)。这种真理不是坐在沙发上衔着雪茄烟所能喷得出来的。行动的真理必须在真理的行动中才能追求得到。你不能钻进老虎洞,怎能捉得小老虎?

第二,讲真理

让真理赤裸裸地出来和大众见面。不要给它穿上天使的衣服,也不要给它戴上魔鬼的假面具。你不可以为着饭碗、为着美女、为着生命,而把"真理"监禁起来或者把它枪毙掉。教师只能说真话。说假话便是骗子,怎么能做教师呢?

第三,驳假话

说假话的人太多了,教师要有勇气站起来驳假话。真理是太阳,歪曲的理论是黑云。教师要吹一口气把这些黑云吹掉,那真理的太阳就自然而然地给人看见了。

第四,跟学生学

你要教你的学生教你怎样去教他。如果你不肯向你的学生虚心请教,你便不知道他的环境,不知道他的能力,不知道他的需要。那么,你就有天大的本事也不能教导他。他要吃白米饭,你倒老是弄些面条给他吃,事情就会两不讨好。不但为着学生而且也为着你自己,你也得跟你的学生学。你只需承认小孩有教你的能力,你不久就会发现小孩能教你的事情多着咧;只需你甘心情愿跟你的学生做学生,他们便能把你的"思想的青春"留住,他们能为你保险,使你永远不落伍。

第五,教你的学生做先生

你跟学生学,是教学生做你的先生。如果停止在这里,结果怕要弄到师生合做守知奴,与大众毫无关系。你必须进一步教你的学生去教别人,你必须教你的学生把真理公开给大众,你得教你的学生拿着真理的火把指点大众前进。

第六,和学生大众站在一条战线上

教学不和学生站在一条战线上便不成为教师。这是怎样说呢?因为他要到西方去,你却教他往东走;反过来,他要到东方去,你却教他往西走。这种牛头不对马嘴的教育怎能行得通呢?有些教师不惜使用强迫手段要学生朝着教师指定的路线走,结果是造成师生对垒,变成势不两立。在势不两立的局面下还能叫学生接受他的指导吗?不但如此,先生学生虽是打成一片,如果他们联合行动的目标与大众所希望的不符,还只是小众的勾结,将为时代所不容。因此做教师的人必须和学生、大众站在一条战线上为真理作战,才算是前进的教育。现在中国第一件大事,是保障中华民国领土主权之完整与争取中华民族劳苦大众之自由平等。教师和学生、大众站在一条战线上来奋斗,才算是实行着真正解决国难的教育。你若把你的生命放在学生的生命里,把你和你的学生的生命放在大众的生命里,这才算是尽了教师的天职。

我们如果能把上面这六点做到,便不愧为现代的教师了。这样的教师,我相信,对于民族解放、大众解放、人类解放是有贡献了。(第3卷,第382～384页)

本篇原载于1936年4月1日《生活教育》第3卷第3期。原题为《儿童节对全国教师谈话》。在原文中,开头还有一句:"儿童的教师怎样干?我拿这个问题问过自己,问过朋友,问过好多小学教师。"又,文中第一部分"追求真理"和第二部分"讲真理"中,"小孩"二字,在收入《全集》时改为"大众"。(第3卷,第382页)

在本篇中,陶行知提出:"我们所要追求的是行动的真理、真理的行动。……行动的真理必须在真理的行动中才能追求得到。"(第3卷,第382页)陶行知把追求真理作为教师的第一要务。教师要讲真理、驳假话，否则就误国误民。在抗日战争中，为了削弱抗战力量，别有用心的人散布了许多歪曲理论，陶行知呼吁道："我们只需把这些有形无形的麻醉品一扫而空，那伟大的中华民族的战斗力便如千军万马向前冲来，谁能抵挡？"（第3卷，第595页）在国难教育中，"最主要的，就在暴露并廓清'奴化教育'和'买办教育'的理论，就在暴露并廓清一切歪曲事实麻醉大众的理论"（第3卷，第676页）。教师的责任很重，向学生宣传真理是他的天职；如果向学生散布"伪知识"骗饭吃，那就是一种罪恶。所以，教师要旗帜鲜明地讲真理，勇敢地驳斥各种歪曲理论，成为真理的宣传者和捍卫者，把学生引导到探索真理之路上来，使他们成为为真理而奋斗的勇士。

陶行知在《小学教师与民主运动》（第4卷，第524～529页）中提到，教师不仅要教，也要自我再教育。自我再教育就要向大众学、向学生学。向大众学，就要了解人民的语言、情感、美德、生活的疾苦、心中的希望；向学生学，就要了解学生的心理、问题、困难、愿望、脾气、力量、创造力等等。陶行知提倡读活书，对于教师而言，并非只有教的身份，还要注重教学相长，即"跟学生学"。用陶行知的话说，"学生先生合作而创造出值得彼此崇拜之活人"（第4卷，第3页）。

本文虽短，却有许多金句，在今天仍然可以成为教师的座右铭：

一个不长进的人是不配教人，不能教人，也不高兴教人。（第3卷，第382页）

我们所要追求的是行动的真理、真理的行动（Truth in action）。这种真理不是坐在沙发上衔着雪茄烟所能喷得出来的。行动的真理必须在真理的行动中才能追求得到。（第3卷，第382页）

你只需承认小孩有教你的能力，你不久就会发现小孩能教你的事情多着咧；只需你甘心情愿跟你的学生做学生，他们便能把你的"思想的青春"留住，他们能为你保险，使你永远不落伍。（第3卷，第383页）

教学不和学生站在一条战线上便不成为教师。……你若把你的生命放在学生的生命里，把你和你的学生的生命放在大众的生命里，这才算是尽了教师的天职。（第3卷，第384页）

名篇推荐

《五族共和与教育者之责任》（第1卷，第508～511页）

《关于蒙古教育》（第1卷，第629～634页）

《内蒙革命与教育》（第2卷，第233～235页）

《〈蒙古教育之方针及其办法〉一文按语》（第2卷，第244～245页）

《小学教师与民主运动》（第4卷，第524～529页）

《教师自动进修——和小学教师谈话之三》（第4卷，第545～546页）

《谈扫除文盲——和小学教师谈话之四》（第4卷，第547～548页）

《百侯中学复校十周年祝词》（第7卷，第804～805页）

《深入蒙古教育之梦》（第8卷，第55～56页）

《介绍一件大事——给大学生的一封信》（第8卷，第159～161页）

《蒙古教育方针》（第11卷，第182～183页）

《敬告中小学教师》（第11卷，第307～309页）

《敬告教育界》（第11卷，第469～470页）

九

学校篇

阅读提示

　　早在 1928 年,陶行知就指出:"中国学生,愈学愈弱,愈教愈懒。陷在迷信的环境而不能觉悟,遇了丑陋的事情而惯于苟安。在人中做人,又不会团结。"(第 2 卷,第 327 页)陶行知认为:"要想纠正这些堕落的趋向,必须明定小学教育目标,以为小学教育方法之指导,并树立一切教育的基础。""小学教育应培养手脑双全、志愿自立立人的儿童。其目标如下:(1)康健的体力;(2)劳动的身手;(3)科学的头脑;(4)艺术的兴趣;(5)团体自治的精神。"(第 2 卷,第 327 页)陶行知明确指出劳动教育与团体自治精神在儿童德育中的特殊重要性,即儿童优良品质几乎完全有赖于劳动教育与团体自治精神之培养。

　　1921 年,陶行知在《中学教育实验之必要》中探讨了如何审查中学的成绩,那就是要看"中学生毕业之后,若不升学,应有下列之要素:一、应付社会环境所必需之人格;二、制裁天然环境所必需之知识技能;三、生利所必需之知识技能;四、消闲所必需之知识技能"(第 2 卷,第 324 页)。

　　大学是什么?它最重要的价值在哪里?陶行知在《驳特定学区议》中指出:"大学是造就学者和领袖的地方,不是剃度和尚的地方,我们要大学培养与国计民生有关系的学者领袖,不要大学培养避世的隐士、出世的僧尼、不知世事的书呆子。我们要学生认识人民、人民认识学生。我们要到民间去的学生,不要到天上去的学生。倘使因为环境不好即思迁移,那末,城里不好搬到乡下,中国不好搬到外国,外国不好,再搬到什么地方去呢?学问之道无他,改造环境而已。不能把坏的环境改好,好的环境变得更好,即读百万卷书有何益处?"(第 2 卷,第 232 页)

　　陶行知关于大学教育的文章,主要发表在《新教育》《申报》《新教育评论》《生活教育》《南开周刊》。在《改革高等教育之管见》(第 11 卷,第 428～430 页)一文中,陶行知指出高等教育之不良倾向:"一为贵族化,即因费用昂贵,高等教育几乎被贵族子弟独占;二为教育工厂化,即教育之无计划就如工厂无政府状态之生产;三为教育之商业化,即师生之关系纯为知识之贩卖"(第 11 卷,第 429页)。除了这需要彻底改革的三点外,陶行知更提出两点建议:"一为今后高等教育应养成富于创造性、革命性之学生,绝不容继续造出继承旧社会之驯奴。应使学生皆能发扬其生命之力,成为新时代的开辟者,至少亦应使其能适应时代。……其次,则今后之教育界必努力争取学术上之自由。"(第11卷,第429页)

社会大学是陶行知生活教育理论的又一个延伸和实践,也是针对中国当时的国情提出的一项举措。1946年,陶行知在《社会大学运动》一文中指出,"社会大学有两种:一是有形的社会大学;二是无形的社会大学。……无形的社会大学,虽无社会大学之名,实实在在它是一个最伟大的大学、最自由的大学、最合乎穷人需要的大学。……有形的社会大学是夜大学、早晨大学、函授大学、新闻大学、旅行大学、电播大学"(第4卷,第558~559页)。社会大学之道就是要亲近老百姓,为人民造幸福。陶行知对大学的诠释,在今天仍有它的启迪意义。

综上所述,陶行知的学校观是以生活为中心的,也是围绕社会与个人的相互关系进行思索的。"学校是小的社会,社会是大的学校。所以要使学校成为一个小共和国,须把社会上一切的事,拣选他主要的,一件一件地举行起来。不要使学生在校内是一个人,在校外又是一个人。要使他造成共和国民的根基,须在此练习。对于身体方面、道德方面、政治方面,凡国民不可不晓得的,都要使他晓得,那学校便成为具体而微的社会了。"(第1卷,第269页)

名篇评述

评述 25

我之学校观

学校的势力不小。它能教坏的变好,也能教好的变坏。它能叫人做龙,也能叫人做蛇。它能叫人多活几岁,也能叫人早死几年。

学校以生活为中心。一天之内,从早到晚莫非生活,即莫非教育之所在。一人之身,从心到手莫非生活,即莫非教育之所在。一校之内,从厨房到厕所莫非生活,即莫非教育之所在。学校有死的有活的,那以学生全人、全校、全天的生活为中心的,才算是活学校。死学校只专在书本上做工夫。间于二者之间的,可算是不死不活的学校。

学校是师生共同生活的处所。他们必须共甘苦。甘苦共尝才能得到精神的沟通、感表的融洽。国家大事、世界大势，亦必须师生共同关心。学校里师生应当相依为命，不能生隔阂，更不能分阶级。人格要互相感化，习惯要互相锻炼。人只晓得先生感化学生、锻炼学生，而不知学生彼此感化锻炼和感化锻炼先生力量之大。先生与青年相处，不知不觉地，精神要年轻几岁，这是先生受学生的感化。学生质疑问难，先生学业片刻不能懈怠，是先生受学生的锻炼。这是不可避免的，也是好现象。总之，师生共同生活到什么程度，学校生气也发扬到什么地步，这是丝毫不可以假借的。李白诗说："黄河之水天上来，奔流到海不复回。"这好比是学生的精神。办学如治水，我们必须以导河的办法把学生的精神宣导出去，使他们能在有益人生的事上去活动。倘不能因势利导，反而强势压制，那末决堤泛滥之祸不能幸免了。

康健是生活的出发点，亦就是学校教育的出发点。为学问、道德应当有一个活泼稳固的基础，这基础就是康健。俗话说"百病从口入"，同志们务必注意，办学校是要从厨房、饭厅办起的。

生活之发荣滋长须有吸收滋养料的容量。学校教职员必须虚心，学而不厌。我以为不但教师要学而不厌，就是职员也要学而不厌，因为既以生活为学校的中心，那末各种事务都要含有教育的意义。从校长起一直到厨司、校工，各有各的职务，即各有各的学问要增进。增进之法有二：一是各有应读之书必须读；二是各有应联之专家同志必须联。一个学校要想有美满的生活，必须和知识的泉源通根水管，使得新知识可以源源而来。

学校生活只是社会生活一部分。学校不是道士观、和尚庙，必须与社会生活息息相通。要有化社会的能力，先要情愿社会化。

学校生活是社会生活的起点。远处着眼，近处着手，改造社会环境要从改造学校环境做起。全校师生应当以美术的精神共同改造学校环境。凡应当改造的，一丝一毫都不肯轻松放过，才能表现真精神。师生不能共同改造学校环境而侈谈社会改造，未免自欺欺人。

高尚的生活精神不用钱买，不靠钱振作，也不能以没有钱推诿。用钱可以买来的东西，没有钱自然买不来；用钱买不来的东西，没有钱也可以得到的。高尚的精神如同山间明月、江山清风一样，是取之不尽、用之无穷的。没有钱是一事，没有精神又是一事。有钱而无精神和无钱而有精神的学校，我都见识过。精神是不靠钱买的。精神是在我们身上，我们肯放几分精神，就有几分精神。不管有没有钱，只问我肯不肯把精神放出来。

我们要学校生活长得敏捷圆满，就得要把它放在光天化日之下。太阳光底下可以滋长，黑暗里面免不掉微生物。所以我主张学校要给人看。做父母的、管家务的，以及纳教育税的人，都要看学校。要学校改良，做校长的、做教员的，都要欢迎人参观批评，以补自己不足。学校放在太阳光里必能生长，必能继续不断地生长。

我对于学校悬格并不要高，只希望大家把学校办到一个地步——情愿送亲子弟入校求学，就算好了。前清往往有办学的人不令子弟入学，时论以为不恕。现今主持省县教育者，亦颇有以子弟无好学校进为虑，甚至送入外人设立学校肄业，真正令人不解。我要有一句话奉劝办学同志，这句话就是"待学生如亲子弟"。

十五、九、二十

（第2卷，第251～253页）

本篇原载于1926年11月5日《微音》月刊第29、30期合刊。文后有程本海的编者按："陶先生这篇文字，是一个活学校的宣言书。在共和国家里面，无论什么地方，都可适用。尤其是我们徽州的学校，应当特别注意。我希望家乡学校读了这篇文字之后，要自己问问'我这个学校是死的，还是活的？'如果是死的，就要叫它复活，如果是活的，就要叫它更加活，叫它长生不老。我们一致的要求是，徽州从今以后只有活学校，没有死学校。我们还要进一步要求活的学校去共同造一个活的徽州。"（第2卷，第251页）

1932年，国民政府施行会考制度，规定中学毕业考试合格的学生，还须经过省、市统一命题的会考，会考合格后才能获得中学毕业证书。此时施行会考制度，用意何在？1934年6月1日，陶行知在《生活教育》第1卷第8期发表评论《杀人的会考与创造的考成①》。陶行知说："学生是学会考，教员是教人会考，学校

① 编者注：考成即考核。

是变了会考筹备处。会考所要的必须教;会考所不要的,不必教,甚而至于必不教。于是唱歌不教了,图画不教了,体操不教了,家事不教了,农艺不教了,工艺不教了,科学的实验不教了,所谓课内课外的活动都不教了,所要教的只是书,只是考的书,只是《会考指南》! 教育等于读书,读书等于赶考。好玩吧,中国之传统教育! 拼命地赶啊! ……赶了一考又一考。毕业考过了接着就是会考,会考过了接着就是升学考。一连三个考赶下来,是会把肉儿赶跑了,把血色赶跑了,甚至有些是把性命赶跑了。不但如此,在学生们赶考的时候,同时是把家里的老牛赶跑了,把所要收复的东北赶跑了,把有意义的人生赶跑了,把一千万民众的教育赶跑了(注:中学生赶考旅费可供普及一千万民众教育之用)。换句话说,是把中华民族的前途赶跑了。"(第3卷,第129~130页)陶行知感叹道:"这把会考的大刀是不可以糊里糊涂地乱舞了。……我们现在的要求是:停止那毁灭生活力之文字的会考,发动那培养生活力之创造的考成。创造的考成所要考成的是生活的实质,不是纸上的空谈。在下面所举的几个例子当中,我们可以知道创造的考成是一个什么东西。(一)校内师生及周围人民的身体强健了多少? 有何证据?(二)校内师生及周围人民对于手脑并用已经达到什么程度? 有多少是获得了继续不断的求知欲? 有何证据?(三)校内师生及周围人民对于改造物质及社会环境已经达到什么程度? 有何证据? ……"(第3卷,第130页)

学校是一个教师和学生"共学、共事、共修养"的地方。早在1923年安徽公学初创时,陶行知就明确提出办学目标之一,就是"要有科学精神"。陶行知提出:"做学问最忌的是玄想、武断、尽信书、以差不多自足、以一家言自封。我们要极力地锻炼学生,使他们得到观察、知疑、假设、试验、实证、推想、会通、分析、正确,种种能力和态度,去探求真理的泉源。简单些说,我们研究学问,要有科学的精神。"(第1卷,第37页)这种科学的精神绝不是读死书、死读书所能获得的,"我们要在'必有事焉'上下手。我们要以'事'为我们活动的中心。研究学问要以事为中心,改造环境要以事为中心,处世应变也以事为中心。我们要用科学的精神在事上去求学问,用美术的精神在事上去谋改进,用大丈夫的精神在事上去锻炼应变"(第1卷,第37页)。

百侯中学是陶行知生活教育理论的实践基地之一。1946年9月25日,陶行知在百侯中学复校之际亲笔附上祝词及注释,表达了对这所学校的赞许。我们可以从中看出他对生活教育思想指导下的学校的期许。

百侯中学复校十周年祝词

有源头之活水兮,逝如梅河。

从廓岭以凌云兮,无或蹉跎。

南风之熏兮,吾道有邻。

虽灾难之重重兮,如琢如磨。

生辰美且吉兮,十月十。

百年大计兮,树人多。

无所往而施教兮,德泽广被。

与民同寿兮,万世同歌。

手脑双挥兮,敲未知之门。

岁寒然后知松柏之后凋兮,求仁得仁。

竖起几根穷骨头兮,顶天立地。

崇拜自己之集体创造兮,虽败终成。

千教万教兮,教人求真。

千学万学兮,学做真人。

天下为公兮,教育无私。

杨氏不为我兮,记取百侯之精神。

注一:百侯中学在广东大埔。

注二:梅河廓岭系百侯中学所在地之胜景。

注三:百侯为生活教育之友,潘一尘先生掌校时有小先生千余人。

注四:杨朱为我拔一毛而利天下不为。该校杨德昭先生反其道而行,有教无类[①]。

卅二年九月二十五日

（第7卷,第804页）

---

① 有教无类:孔子的教育主张,意谓不分贵贱、贤愚、贫富,人人都可作为教育对象。

评述26

民族解放大学校

你一看见"大学校"三个字,或者要疑心我想谈一谈"中央大学"①一类的学府。其实我心里所想说的,并不是这样的学府,而是比这样学府要大二三十万倍的大学校。

这个大学校,自二十四年十二月九日②起,已经开学,还没有取名字,我姑且送它一块校牌,叫做"民族解放大学校"。

这个大学校是没有围墙,万里长城还嫌太短,勉强地说,现在中华民国的国界就算是我们这个大学校的"四至"。

它也用不着花几百万去建造武汉大学③那皇宫一般的校舍。工厂、农村、店铺、家庭、戏台、茶馆、军营、学校、庙宇、监牢都成了这个大学校的数不清的分校。连坟墓都做了我们的课堂。谁能说庙行的无名英雄墓④和古北口的支那勇士墓⑤(注:古北口位于北京密云县北)不是我们最好的课堂啊?

它并且没有校长。的确,一直到现在,我们还没有找到这样的一个校长。大概这校长怕不是一个人做得起来,照趋势看来恐怕是要由四万万人合做一个集体校长,或是由大家的公意产生一个校长团。

它的导师多着咧!前进的大众、前进的小孩、前进的知识分子,都有资格做这大学校的导师。同学们学得一点真理,立刻就负了教人的义务,也立刻成了

---

① 中央大学:文理综合大学,校址在南京,创办于1902年。其前身为三江师范学堂,后改为两江师范学堂、南京高等师范学校、东南大学。1928年改为中央大学。抗日战争时期迁重庆,抗战胜利后迁回南京。中华人民共和国成立后改名为南京大学。
② 编者注:即1935年12月9日。
③ 武汉大学:文理综合大学,校址在武昌珞珈山。前身为武昌高等师范学校,1923年改为武昌师范大学。1925年改为武昌大学,1928年改为武汉大学。抗日战争时期迁四川乐山,抗战胜利后迁回武昌。
④ 庙行的无名英雄墓:位于上海市北郊的庙行镇,是1932年"一·二八"抗日战争时期中死难将士的墓地。
⑤ 古北口的支那勇士墓:古北口是长城关隘之一,位于北京密云县北。"支那"是外国人对中国的一种称呼。该处勇士墓所埋葬的勇士,是1935年5月为抵抗日本侵略军侵入华北而牺牲的将士。

先生了。广义地说起来,是四万万人都是先生。

它的学生也是一样的多,顶少也有四万万。在这所大学校里,大家共同追求真理,活到老、学到老、教到老、干到老、团到老。

我说四万万人这句话是有毛病,一因全中国的人是没有正确的统计,二因少数汉奸卖国贼必得开除出去,三因我们不能关起国门来办教育。这个大学校的国外学生、同学、导师,谁能数得清呢?

学校虽大,功课只有一门。这门功课叫"民族解放教学做",简单一点,它叫做"救国教学做"。先生教什么?教救国。学生学什么?学救国。教与学都以做为中心。先生要在救国的行动上教救国,学生要在救国的行动上学救国。这样才是真正的救国教学做。这门伟大的功课当然有许多细目可以分出来。例如政治、经济、军事之演讲,作战防卫技术之操练,医药救护之操练,交通工具之操练,戏剧唱歌之演习,国防科学之研究,大众教育之推进,拼音新文字之普及,等等,都是这门功课里所应当包括的项目。这些项目都是以民族解放之实际行动为中心,有计划有组织的各种实际行动的过程,便是这个大学校的课程。

照上面的观点看来,救国不忘读书的口号是站不住的。救国与读书是分不开的。我们只读可以救国的书,救国的行动要求什么书我们才读什么书。最近教育部通告里说:"教育之生命即民族之生命。"这句话也要颠倒过来才是真理:民族之生命即教育之生命。不救民族之生命,哪能救教育之生命?这个大学校只救民族之生命,则教育自然有生命了。

这个大学校的教育法也特别。前进的生活法便是前进的教育法。前进的生活法是什么?一是批判,二是战斗。这个大学是要根据大众的利害来批评一切歪曲的理论,要为民族解放前途向汉奸、卖国贼、封建势力、帝国主义拼命地战斗。

这个学校也要办毕业,它也有会考①。等到一切失地收回,主权恢复,中华民族完全得到了自由平等,我们就算会考及格,定期举行毕业典礼。

这样的会考,当然不是写几篇文章就能及格。我们的民族解放的证书是用血写的,我们的民族解放毕业是打出来的。我们所纳的学费不是金子银子,乃

---

① 会考:国民党统治时期对中学毕业生所实行的统一考试。

是我们的生命。我们所要得到的不是方块帽、漏斗袋,乃是万万年的整个中华民族之自由平等!

够了!你这个人是多么自私自利啊,单为你自己一个民族打算!对,你的话虽然骂得不错,但是你不要心急,民族解放大学只是一个初级大学(Junior College),在它上面还有一个更大的人类的高级大学(Senior College)咧。(第3卷,第598~600页)

本篇原载于1936年2月16日《生活教育》第2卷第24期。

本篇的写作背景:1935年12月9日,北平发生学生抗日爱国救亡运动。12日,陶行知与宋庆龄、何香凝、马相伯、沈钧儒等283余名文化界人士联署发表《上海文化界救国运动宣言》,提出"停止内战、一致抗日、维护领土主权完整"的主张。27日,上海文化界救国会成立,陶行知被推选为执行委员兼教育委员会主任;同日,上海文化界救国会发表第二次宣言,要求"停止内战,释放一切政治犯,共赴国难"。

这期间,陶行知一面参与领导抗日救亡运动,一面积极推动普及教育。山海工学团继续举行星期讲座,聘请艾思奇讲大众哲学,冼星海教进步歌曲。同时,陶行知编辑出版《普及教育续编》一书。1936年1月1日,陶行知在《生活教育》第2卷第21期发表《十二月运动与五四运动》;月初,陶行知提出成立组织国难教育社,并草拟《上海文化界救国会国难教育方案》;28日,在"一·二八"四周年纪念大会上成立了"上海各界救国联合会",陶行知被推为理事;2月1日,陶行知在《生活教育》第2卷第23期发表《战斗》一文;2月23日,国难教育社成立,陶行知任社长,张劲夫任总干事。

《民族解放大学校》是陶行知阐述生活教育理论的杰作,全文自始至终贯彻"生活即教育""社会即学校""教学做合一"的原则与方法。民族解放大学校是一所无形的社会大学,"是只有社会而没有'大学'之名。它是以青天为顶,大地为底,二十八宿为围墙,人类都是同学。依'会的教人,不会的跟人学'之原则说来,人类都是先生,而且都是学生。新世界之创造,是我们的主要的功课。无形的社会大学,虽无社会大学之名,实实在在它是一个最伟大的大学,最自由的大学,最合乎穷人需要的大学。我们穷人一无所有,有则只有这样一个社会大学"（第4卷,第559~560页）。"让我们大家都紧紧地把握着这个大学来进行学习,追求真理,以为老百姓服务。"（第4卷,第560页）

民族解放大学校,是大众的大学,"救国教学做"是大众的必修课。在民族解放大学校里,大众要读书,读救国的书;而且读活书、活读书,不是关起门来读死书、死读书;只要能救国难的书,大众都要读,要认真地读。真正的抗战人才就是从这所大学里培养出来的。

我们从《民族解放大学校》中可以看出,陶行知把生活教育理论用于解决国难。这个学校虽大,功课只有一门,叫"救国教学做",先生在救国上教救国,学生在救国上学救国;在这个大学校里要读书,但只读可以救国的书;这个大学实行前进的教育法,一是批判,二是战斗;这个学校也要办毕业,也有会考,等到一切失地收回,主权恢复,中华民族完全得到自由平等,才算会考及格,才算毕业,这种会考不是写几篇文章就能及格;我们民族解放的毕业证书是用血写的,我们所交的学费不是金和银,乃是生命,我们所要得到的不是方块帽、漏斗袋,乃是中华民族万万年的自由平等。

在那民族存亡一缕、政治昏暗的时代,许多人徘徊犹豫的时刻,陶行知的这篇文字无疑是盏明灯,指引着人们在黑暗中摸索前进,投入到伟大的民族解放斗争。正是这个热火朝天的民族解放运动考验着陶行知的生活教育理论,也正是民族解放运动使陶行知的生活教育理论更加日趋成熟而炉火纯青。

评述27

新大学——大众的大学

新大学是什么？新大学是大众的学府。

《大学》里面说:"大学之道在明明德,在新民,在止于至善。"这是从前的大学之道。新的"大学之道"就不同了。依照新的眼光看来,它是变成了"大学之道在明大德,在新大众,在止于大众之幸福"。

什么是"大德"？"大德"是大众之德。大众之德有三:一是觉悟,二是联合,三是争取解放。"明"即明白,要教大众自己明白大众之德是这样。

"新大众"是教大众自新。大众本来是可以明白"大众之德",但为天命之说和别的迷信所麻醉,把自己弄得糊里糊涂。新大学之任务是要教大众在真理的大海里洗个澡,天天洗,一世洗到老,使得自己的头脑常常是清清楚楚的,认识痛苦之来源和克服痛苦之路线。

"止"是瞄准的意思。新大学的一切课程设施都要对着大众的幸福瞄准。为大众争取幸福所必需的就拿来教人,所不需的就不拿来教人。

从前大学里所造就出来的人才有两种。一种是不肯为大众做事。我曾经为这种人写了一幅小照:

滴大众的汗,

吃大众的饭,

大众的事不肯干,

架子摆成老爷样,

不算是好汉。

第二种人是替大众做事,但野心勃勃,想要一手包办,甚至不许大众自己动手来干。这样的人我们也是反对的:

大众滴了汗,

大众得吃饭,

大众的事大众干,

若想一个人包办,

不算是好汉。

新大学所要培养的不是这种人。它要培养和大众共同做事的人才。如果它也免不了要培养领导人才的话,它是要培养愿意接受大众领导而又能领导大众的人才。说得正确些,它是要培养大众做大事。

还有一种时髦大学,好像是我所说的新大学而实在是和我所说的正相反。它们的作风,一动手就是圈它几千亩地皮,花它几百万块钱,盖它几座皇宫式的学院。我参观了珞珈山武汉大学之后,有人问我作何感想。我说如果我有这笔款,我用款的步骤是有一些不同。第一步,这笔款用来开办大众大学,足够培养五百万大众帮助收复东北。第二步,东北收回之后,假如还有这样多的款子,我想用来发展一些适合国民经济的工业。第三步,工业稍发展,又积下这么多的款子,我还不能建造皇宫的学府,是必须盖些大众住宅,使无家可归的人可以进来避避风、躲躲雨。第四步,等到一切穷苦无告的都可以安居乐业了,那时大众一定要勉强我盖几座皇宫的学府,我大概是可以马马虎虎地答应了。

那末,新大学就不要校舍吗?要是要的,没有也无妨。茅草棚虽小,足够办大学。

新大学是大众大学。新大学是茅草棚大学。(第3卷,第379~381页)

本篇原载于1936年6月1日《生活教育》第3卷第7期。

陶行知认为,办大学的三个基本条件是:第一要有热心的教授;第二要有好学而有大学力的失学青年;第三要有大学之道。"若没有大学之道,这两种人(学生与教授)是不会联在一道儿的。"(第4卷,第518页)"孔子是校长兼教授,他的学生有七十二贤……他的大学之道'在明明德,在新民,在止于至善'。有了这种东西,简单的大学就办起来了。"(第4卷,第518页)"苏格拉底,也做校长也做教授,他的学生是雅典青年(柏拉图是他的学生之一),街头市场就是课堂。他在市场上走来走去,与雅典青年辩问。他的大学之道是'自明'(Know themselves)。他是虽有大学之实而不大喜欢承认他有门徒的。"(第4卷,第518页)

1946年,在中国共产党的支持下,陶行知与李公朴等人在重庆创办了社会大学。这所大学的办学宗旨是"大学之道,在明民德,在止于人民之幸福"。在社会大学开学典礼上,陶行知阐明了"明民德"的含义:"要人们头脑觉悟,自己起来做主人,自己团结起来,联合起来,要不让公仆造反,要公仆为老百姓服务,去谋求自己的解放,达到捣毁旧的、痛苦的地狱生活,创造新的世界、新的生活。这就是我们新的人民大学之道,就是社会大学之宗旨。"(第12卷,第612页)

陶行知、李公朴凭借社会威望及社会关系,聘请了一大批国内著名学者前来任教,如邓初民、翦伯赞、华岗、章汉夫、张友渔、陈翰伯、宣谛之、潘天觉、于刚、何其芳、力扬、徐苄、骆宾基、曹靖华、孙起孟、潘菽、方与严、孙铭勋、许涤新、侯外庐、罗克汀、章乃器、何思敬等。(第12卷,第611~612页)

陶行知反对办时髦大学,理由是:资金有限,不可乱花,尤其不允许不分轻重缓急地、随意地大笔挥霍。陶行知说:"用一文钱,必问:'这一文钱该用吗?'……该用才用,不该用必不用;用必尽其效。"(第1卷,第36页)资金不是从天上掉下来的,它是劳苦大众的血与汗。陶行知写诗说:"公家一分钱,百姓一身汗;将汗来比钱,化钱容易流汗难!"(第7卷,第292页)陶行知认为,资金的运筹要切合大众需要,要符合国家与民族发展的最迫切需要。

陶行知认为,办大众的大学,最根本的是"大学之道"。大众大学的"大学之道"有三点:大德、新大众、止于大众的幸福。他说:"为着最高的目的而忘了发展的过程和为了发展的过程而忘了最高的目的,都是错误。"(第4卷,第356页)在办学上,目的与过程要严格统一,不要搞二元论。

陶行知说:"新大学的一切课程设施都要对着大众的幸福瞄准。为大众争取幸福所必需的就拿来教人,所不需的就不拿来教人。"(第3卷,第379页)陶行知批评从前的大学培养了两种人:一种是不肯为大众做事的;一种是代替大众做事,一手包办,甚至不许大众自己动手来干的。他说:"新大学所要培养的不是这种人。它要培养和大众共同做事的人。如果它也免不了要培养领导人才的话,它是要培养愿意接受大众领导而又能领导大众的人才。说得正确些,它是要培养大众做大事。"(第3卷,第380页)早在1925年,陶行知就提出:"大学是造就学者和领袖的地方,不是剃度和尚的地方。我们要大学培养与国计民生有关系的学者领袖,不要大学培养避世的隐士、出世的僧尼、不知世事的书呆子。"(第2卷,第232页)

陶行知说:"我们穷人办教育,样样都得带点创造性。"(第11卷,第674页)"我们要从生活的斗争里钻出真理来。"(第3卷,第604页)好的办法是从生活的斗争里钻出来的,不是花钱就能买得来的。花大钱就能办大学,是"金钱万能论者"的论调。办教育,尤其是办好教育,最需要的是比黄金更昂贵的现代教育观念。教育办得好、办得得法,可以救国,有利于国家社会之发展;办得不得法,则"可以救国之教育,将变成亡国之催命符"(第2卷,第540页)。

⚛ **名篇推荐**

关于中小学教育:

《学生自治问题之研究》(第1卷,第23～31页)

《我们对于新学制草案应持之态度》(第1卷,第32页)

《南京安徽公学办学旨趣》(第1卷,第33～38页)

《南京中等学校训育研究会》(第1卷,第67~69页)

《中学教育实验之必要》(第1卷,第323~327页)

《中国建设新学制的历史》(第1卷,第354~375页)

《我之学校观》(第2卷,第251~253页)

《共同为中国乡村教育立一基础》(第2卷,第315页)

《小学目标案》(第2卷,第327页)

《编制小学生活历案》(第2卷,第328~329页)

关于大学教育:

《佛罗棱萨的教授》(第2卷,第54~55页)

《驳特定学区议》(第2卷,第228~232页)

《社会大学运动》(第4卷,第559~562页)

《大学教育的二大要素》(第11卷,第59~62页)

《改革高等教育之管见》(第11卷,第428~430页)

《敬告今年的大学毕业生》(第11卷,第431~433页)

十

大众教育篇

阅读提示

19世纪30年代,中国的大众普及教育任重而道远。当时的国情是,既是人口大国,又是文盲遍地。这种落后的状态严重地影响着民族的进步。当时中国有三亿多文盲,用传统的方法普及教育,浙江要400年,杭州要150年。陶行知做了详尽的社会调查,在《普及现代生活教育之路》(第3卷,第205~232页)中提出,中国普及教育要攻破27道大难关:先生关、娘子关、买卖关、衰老关、饭碗关、孤鸦关、瓜分关、课本关、纸笔关、灯油关、调查关、短命关、学校关、文字关、残废关、拉夫关、大菜关、实验关、城乡关、划一关、会考关、偏枯关、多生关、守旧关、自由关、不平关、天命关。这27道大难关,真正的困难是先生关、学校关。在普及教育中,陶行知发明了"小先生制"和新的教育机构"工学团",顺利地攻破了先生关、学校关。对于中国这样一个人口大国来说,普及教育不是一件小事。普及教育每推进一步,抗日力量便大幅提升。陶行知从事的普及教育不单是文字符号的普及,还要普及救国的道理与科学知识,是全民素质的提高;也不是一两个月的短命教育,而是要打造永久性的终身教育。

陶行知在实践中找到了解决这27道困难的办法:

1. 采取"小先生制";

2. 普遍建立"工学团"。

第一个工学团是山海工学团,位于上海与宝山县交界处,故定名为"山海实验乡村学校"。至1933年底,山海工学团已有一万名小先生活跃在市郊。至1934年底,小先生已攻进23个省市。

小先生与工学团是普及教育的伟大创举。小先生充分体现了小孩子有不可思议的力量。工学团把工、学、团有机联系起来,"工以养生,学以明生,团已保生",充分表明了新教育观念旨在造就一种新型的人。

名篇评述

评述 28

普及什么教育

这些年来教育是给镇江醋浸透了。一提起教育两个字就觉得酸溜溜的,谁也不愿把它普及。的确,教育是成了少爷、小姐、政客、书呆子的专用品。它是少爷的手杖,小姐的钻戒、政客升官的梯子、书呆子的轮回麻醉的乌烟①。如果把这种教育普及出去,中华民国简直要成为一个中华少爷国、中华小姐国、中华政客国、中华书呆国。更加确切些,简直要成为一个中华少爷小姐政客书呆共和国,真要不打而自倒了。所以我们开始必得声明,我们所要普及的,不是少爷教育,不是小姐教育,不是政客教育,不是书呆子教育。我们所要普及的是:自动工学团。什么叫做自动? 自动是大众自己干,小孩自己干。自动教育是教大众自己干,教小孩自己干,不是替代大众、小孩干。

什么叫做工学团? 工是工作,学是科学,团是团体。说得清楚些是:工以养生,学以明生,团以保生。说得更清楚些是:以大众的工作,养活大众的生命;以大众的科学,明了大众的生命;以大众的团体的力量,保护大众的生命。工学团是一个小工场、一个小学校、一个小社会。在这里面是包含着生产的意义,长进的意义,平等互助、自卫卫人的意义。它是将工场、学校、社会打成一片,产生一个富有生活力的新细胞。

工学团可大可小,从几个人的家庭、店铺,几十个人的学校,几百个人的村庄、监狱,几千人的工厂,几万人的军队,都可造成一个富有意义的工学团。

团不是一个机关,不是一个工学的机关。假使它只是一个工学的机关,那便成了一个半工半读的改良学校而不是工学团。团是团体,是力的凝结、力的组织、力的集中、力的共同发挥。(第3卷,第102~103页)

---

① 乌烟即鸦片。

本篇原载于1934年2月16日《生活教育》第1卷第1期,后收入陶行知的《普及教育》(1934年10月中华儿童书局出版)一书中。

"工学团"是陶行知在20世纪30年代初开展普及教育运动时产生的一种教育思想。其要点是:劳苦大众不能丢掉饭碗去读书识字;劳苦大众的普及教育也不能仅仅是读书识字,还要读书明理,了解人生一切;读了书要有利于生活的提高,使个人能谋生,以利于社会之进步。传统的普及教育通常也称为"扫盲运动",是一种几个月的"短命教育"。早在平教时期,陶行知曾说过:"村民本身需要什么教育?平民教育促进会的答案是:一、消除文盲;二、普及农业科学;三、培植公民资格。"(第2卷,第283页)

陶行知指出:"具有数百年传统的错误教育观念是我们的障碍。用旧观念来看,教育就是读书。"(第6卷,第283页)"中国的传统教育似乎创造了两种怪人。"(第6卷,第284页)一种是只用脑不用手的头大手小的读书人,一种是失去求学的机会而成为手大脑小的劳苦大众。"生活教育运动的目的,在于使这两种怪人恢复正常生活。我们要唤醒读书人,伸出手来干活;唤醒广大人民群众,学点知识好思考。"(第6卷,第284页)"真正的教育必须有助于造就能思索、能建设的人。我们需要的教育,要能造就会用脑指挥手、手开动脑的人。"(第6卷,第284页)。

"手脑相长的原则,逐步发展形成了'工学团'的概念。'工学团'似乎是个奇怪的术语,但它阐明了新教育的内容、方法及组织形式:工以养生,学以明生,团以保生,把教育的全部内容讲得清清楚楚。而且,工、学、团的方法决定了教育的方法,教育不再是纯学术性的了。最后,该术语表明了组织的性质。它比'学校'包含更丰富的内容,因为按传统观念来说,学校传授科学知识呱呱叫,但学生几乎没有机会劳动及合作。该术语甚至比'合作社'更合适。'合作社'除眼前的经济需要以外,不够注意人类生活的其他方面。"(第6卷,第285页)

1932年夏,陶行知在《对于乡村教育的一个新建议——乡村工学团之试验》一文中说:"中华民族已经到了生死关头,我们要想起死回生,整个的民族须以最敏捷的手段,实施下列六大训练:(一)普遍的军事训练;(二)普遍的生产训练;(三)普遍的科学训练;(四)普遍的识字训练;(五)普遍的民权训练;(六)普遍的人种改造训练。"(第3卷,第422页)在乡村普遍建立工学团,来推动这六大训练以造就一个伟大的民族。陶行知指出乡村工学团与传统方法的根本不同之处在于:传统的方法是学校与社会隔离、生活与教育分家、师生界限分得太严,先生教而不做、学生学而不做,教劳心者不劳力、不教劳力者劳心,教人先费几年,把知识装满了再去行,只教少数人升官发财。工学团采取的方法是主张"社会即学校""生活即教育";主张会的教人,不会的跟人学,七十二行都可以做先生;主张"教学做合一""在劳力上劳心";主张"行是知之始";主张与大众共甘苦,同休戚,为争取中华民族之解放而共同奋斗。(第3卷,第423页)

1933年3月,陶行知提出:"学校宜改称工学团,工为生产,学是学习,团乃集团生活。先生宜改称工师,意即教人做工之师也,观念既改,职业教育,乃有新希望。"(第11卷,第457页)

为什么"学校宜改称工学团"呢?陶行知在《古庙敲钟录》里这样解释:"呆板地办工场、呆板地办学校、呆板地干社会工作都没有意思!因为这样的干是割裂人生,使活的细胞解体,所以办的人个个弄得焦头烂额,找不着出路。刽子手的生活有什么意义呀?你若是办一个工场,如果你同时注意工人之长进的机会和平等互助的关系,便立刻变成一个有意义的工场了。你若是办一个学校,如果你同时注意到师生之间之生产的机会与平等互助的关系,便立刻变成一个有意义的学校了。你若是在改造一个社会,如果你同时注意到各分子之生产与长进的机会,便立刻变为一个有意义的社会了。……名字之改变究属形式。如果办一种事业是含有这三种意义,那末就称它为学校也可,称它为工场也可,称它为社会也可。倘使没有把这三种意义打成一片,虽是挂着工学团的招牌,便不啻是挂了羊头卖狗肉。""凡是较有永久性之集团,若没有工学团的意义包含在内,便变成了枯燥的生活而流于衰老。任何一种集团都不能呆板地办。"(第3卷,第77页)"中华民族之新生命是在工学团的种子里潜伏着。"(第3卷,第78页)"一般办学校的是抱着书本而忘了人生;一般办工厂的是抱着黄金而忘了人生;一般社会运动者是抱着标语而忘了人生。从这样改到那样,从那样改到这样,若忽略了人生的大前提,都会使你失望。我们的工学团只是以人生为大前提,在我们的心目中,人生是超过一切。因为要培养合理的人生,所以反对学校、工厂及一切忽略人生之组织,而要创造出一种富有人生意义的工学团。""千万不可忘了'培养合理的人生'乃是我们真正的宗旨。"(第3卷,第85页)

晓庄学校学生戴伯韬(1907—1981)在《陶行知的生平及其学说》一书中,回忆了陶行知关于"工学团"的说明。"我又想通一个问题了,我打算办工学团。什么叫做工学团呢?工就是做工。工以养生,就是教人民大众生产劳动来养活自己,不游荡闲散,依靠别人。学就是科学。学以明生,就是教导人民大众研究社会科学和自然科学,一则明了自己为什么受苦受难,被人欺负压迫,如何才能求得出路;一则用自然科学来增加生产和破除迷信。团就是团结,就是团体。团以保生,这个意思就是教人民大众团结起来,结成坚固的团体,来保卫自己的生存权利,如果有什么混账王八蛋来欺负压迫老百姓,咱们老百姓就起来和他干——啊!此刻,我想到人民大众需要五种教育,科学教育、劳动教育、文化教育、艺术教育而外,还必须加一门武装自卫教育。有了它,人民才可以抵御一切侵犯者。因此,我们坚持人民应该自动武装起来保卫国土和家乡的主张!"(第11卷,第442页)

工学团是怎样办起来的? 1934年12月,陶行知在安徽大学演讲时回忆说:"两年前,我流浪在上海,跟随我的几个学生,也是穷光蛋,穷又不安分,还想办点教育。于是四个人背了留声机器,带了一点药,到宝山去,把留声机一开,乡下人就大家出来,听洋人哈哈笑,高兴得很。慢慢问他们有没有病,有病我这里有药,头痛送他一点阿斯匹林,打摆子就请他吃金鸡纳霜结了感情,山海工学团就如此办起来了。"(第3卷,第538页)"说它是学校,它有工与团,不像学校;说它是工厂,它有学与团,不像工厂;说它是民团,它有工与学,不像民团。所以,工学团可以称为'三不像'。四个穷光蛋,挂的一块大招牌是'来者不拒',来一个收一个,来两个收一双。后来来了两百人,随后增至三百人,真有点吃不消。正如面包夹火腿,打在夹板中间,招牌既不能下,法子又想不出来,我们就在这里头打滚。有一天,看见一个小孩子教四五十个小孩子做箭,教得极好。我看了半个钟头,非常高兴,觉得这块招牌可以不下了,另外还能添上一块招牌'不能来者送上门去'。小孩子能做小先生,他们是负着把教育送上门去的责任,他们把教育送到牛背上去,送到山上去。这种方法,不是从书本中得来的,不是从头脑中想出来的,不是从听讲演学来的,乃是从行动中产生的。"(第3卷,第539页)当时,陶行知和几个学生,选定了沪太路(从上海到太仓的公路)旁、上海与宝山县交界的孟家木桥做工学团校址,故称山海工学团。

有人说,陶行知教育思想过于理想化。陶行知说:"一个诗人或学问家,首先要高瞻远瞩,认清前人所走过的道路。也就是说,总结和清理前人的经验是艺术创作或学术研究的起点。第二步,要覃思苦虑,孜孜以求,犹如热恋中的情人,热切地、不惜一切地追求着所思。只有这样,才能一朝顿悟,发前人未发之秘,辟前人未辟之境,在艺术上或学术上做出独创性的贡献,犹如在灯如海、人如潮的灯节之夜,千追百寻终于找到了朝思暮想的心上人一样。"(第11卷,第436页)我们今天就是要总结前人的经验,孜孜以寻求中华民族伟大复兴之路。

评述29

传统教育与生活教育有什么区别

前星期日来晚了,听说大家在此地讨论一个很有趣的问题,叫"吃人教育与生活教育有什么区别?"我不能参加讨论,没有发表意见。今天,又来晚了,现在我发表我的一点意见。

吃人教育与生活教育有什么区别? 我的意思,不如说"传统教育与生活教育有什么区别?"所谓吃人教育,就是指传统教育而言的。现在,我们可以这样说:传统教育,是吃人的教育;生活教育,是打倒吃人的教育。

传统教育怎样是吃人的教育? 它有两种吃法:

(一)教学生自己吃自己

它教学生读死书、死读书;它消灭学生的生活力、创造力;它不教学生动手、用脑。在课堂里,只许听教师讲,不许问。好一点的,在课堂里允许问了,但它不许他出到大社会、大自然界里去活动。从小学到大学,十六年的教育一受下来,便等于一个吸了鸦片烟的烟虫,肩不能挑,手不能提,面黄肌瘦,弱不禁风。再加以要经过那些月考、学期考、毕业考、会考、升学考等考试,到了一个大学毕业出来,足也瘫了,手也瘫了,脑子也用坏了,身体的健康也没有了,大学毕业,就进棺材。这叫做读书死。这就是教学生自己吃自己。

(二)教学生吃别人

传统教育,它教人劳心而不劳力,它不教劳力者劳心。它更说:"劳心者治人,劳力者治于人。"说得更明白一点,它就是教人升官发财,发谁的财呢? 就是发农人、工人的财,因为只有农人、工人才是最大多数的生产者。他们吃农人、工人血汗。生产品使农人、工人自己不够吃,就叫做吃人的教育。

生活教育与传统教育则刚刚相反:

(一)它不教学生吃自己

它要教人做人,它要教人生活。健康是生活的出发点,它第一就注重健康。它反对杀人的各种考试,它只要创造的考成,也就是它不教人赶考赶人死。简单地说来,它是教人读活书、活读书、读书活。

(二)它也不教学生吃别人

它不教人升官发财,它只教中国的民众起来做主人,做自己的主人,做政府的主人,做机器的主人。它教人要在劳力上劳心。即使有人出来做官,他是要来服侍农人和工人,看看有吃农人或工人的人,他要帮助农人、工人把他干掉。做官并不坏,但只要能够服侍农人、工人就是好的。它更要教人做到"工以养生,学以明生,团以保生"。说得更清楚些是:教大众以大众的工作养活大众的生命;以大众的科学明了大众的生命;以大众的团体的力量保护大众的生命。(第3卷,第519~520页)

本篇是陶行知1934年11月11日在山海工学团讨论会上的发言,原载于1934年12月1日《生活教育》第1卷第20期。记录稿见《山海工学团星期集会记录》。

陶行知说:"我们要唤醒读书人,伸出手来干活;唤醒广大人民群众,学点知识好思考。……真正的教育必须有助于造就能思索能建设的人。我们需要的教育,要能造就会用脑指挥手、手开动脑的人。"(第6卷,第284页)培养能思索、能建设的人,造就会用脑指挥手、手开动脑的人,这是现代教育的新观念。

对于读死书、死读书的危害,陶行知说:"我们对于'读书死'的认识,绝不停止在个人的死活上。拼命读书,始而近视,继而驼背,终而吐血,以至于夭折。这种狭义的死,固然令人为他可惜,但是更可惜的是未死之前,整个生活之残废麻醉,失却人生、社会的正确意义。只管读书,不管父母死活而父母死;只管读书,不顾民族死活而民族死。这样,小己纵然读书成名,升官发财,而袖手坐看大己枯萎,我们要不称他为读书死也不行了。"(第3卷,第292页)这样的读书人究竟有何用?

生活教育与传统教育相反,生活教育就是教人做人、学会生活、提高生活力。它第一就是注重健康,"没有了身体,一切都完了!"(第4卷,第429页)"康健是生活的出发点,亦就是学校教育的出发点。学问、道德应当有一个活泼稳固的基础,这基础就是康健。"(第2卷,第252页)

生活教育也不是"干禄教育",生活教育是大众的教育,不教人只为升官发财去读书,"它只教中国的民众起来做主人,做自己的主人,做政府的主人,做机器的主人"。生活教育"教大众以大众的工作养活大众的生命;以大众的科学明了大众的生命;以大众的团体的力量保护大众的生命"(第3卷,第520页)。为实现这个目标,生活教育自有一整套使生活、教育、知识进化的方法,能够做到人人有强壮的体魄、有道德、有智慧、有创造力,国无游民、民无废才,使每一个中国人都成为实现中华民族伟大复兴的勇士。

评述30

普及现代生活教育之路

什么是生活教育?

生活教育这个名词是被误解了。它所以被误解的缘故,是因为有一种似是而非的理论混在里面,令人看不清楚。这理论告诉我们说:学校里面的教育太枯燥了,必得把社会里的生活搬一些进来,才有意思。随着这个理论而来的几个口号是:"学校社会化""教育生活化""学校即社会""教育即生活"。这好比一个笼子里面囚着几只小鸟,养鸟者顾念鸟儿寂寞,搬一两丫树枝进笼,以便鸟儿跳得好玩,或者再捉几只生物来,给鸟儿做陪伴。小鸟是比较舒服了,然而鸟笼毕竟还是鸟笼,绝不是鸟的世界。所可怪的是养鸟者偏偏爱说鸟笼是鸟世界,而对于真正的鸟世界的树林反而一概抹煞,不加承认。假使笼里的鸟,习惯成自然,也随声附和地说,这笼便是我的世界;又假使笼外的鸟,都鄙弃树林,而美慕笼中生活,甚至以不得其门而入为憾,那么,这些鸟才算是和人一样的荒唐了。

我们现在要肃清这种误解。生活教育是生活所原有、生活所自营、生活所必需的教育(Life education means an education of life, by life and for life)。教育的根本意义是生活之变化。生活无时不变,即生活无时不含有教育的意义。因此，我们可以说："生活即教育。"到处是生活，即到处是教育；整个的社会是生活的场所，亦即教育之场所。因此，我们又可以说："社会即学校。"在这个理论指导之下，我们承认过什么生活便是受什么教育：过好的生活，便是受好的教育；过坏的生活，便是受坏的教育；过有目的的生活，便是受有目的的教育；过糊里糊涂的生活，便是受糊里糊涂的教育；过有组织的生活，便是受有组织的教育；过一盘散沙的生活，便是受一盘散沙的教育；过有计划的生活，便是受有计划的教育；过乱七八糟的生活，便是受乱七八糟的教育。换个说法，过的是少爷生活，虽天天读劳动的书籍，不算是受着劳动教育；过的是迷信生活，虽天天听科学的演讲，不算是受着科学教育；过的是随地吐痰的生活，虽天天写卫生的日记，不算是受着卫生的教育；过的是开倒车的生活，虽天天谈革命的行动，不算是受着革命的教育。我们要想受什么教育，便须过什么生活。

生活教育与生俱来，与生同去。出世便是破蒙，进棺材才算毕业。在社会的伟大学校里，人人可以做我们的先生，人人可以做我们的同学，人人可以做我们的学生。随手抓来都是活书，都是学问，都是本领。

自有人类以来，社会即是学校，生活即是教育。士大夫之所以不承认，是因为他们有特殊的学校给他们的子弟受特殊的教育。从大众的立场上看，社会是大众唯一的学校，生活是大众唯一的教育。大众必须承认它，并且运用它来增加自己的知识，增加自己的力量，增加自己的信仰。

生活教育是下层建筑，何以呢？我们有吃饭的生活，便有吃饭的教育；有穿衣的生活，便有穿衣的教育；有男女的生活，便有男女的教育。它与装饰品之传统教育根本不同。它不是摩登女郎之金刚钻戒指，而是冰天雪地下的穷人的窝窝头和破棉袄。

生活与生活摩擦才能起教育作用。我们把自己放在社会的生活里，即社会的磁力线里转动，便能通出教育的电流，射出光，放出热，发出力。

生活教育现代化

生活教育是早已普及了。自有人类以来，便是人人过生活，人人受教育。自然而然的，生活是普及在人间。但是有些人是超时代，有些人是时代落伍。有些人到了现在还是过着几百年前的生活，便是受着几百年前的教育。教时代落伍的人一起赶上时代的前线来，是普及教育运动的目标。做一个现代人必须取得现代的知识,学会现代的技能,感觉现代的问题,并以现代的方法发挥我们的力量。时代是继续不断地前进,我们必得参加在现代生活里面,与时代俱进,才能做一个长久的现代人。否则,再过几年又要成为时代落伍者了。因此,我们必须拿着现代文明的钥匙,才能继续不断地去开发现代文明的宝库,保证川流不息的现代化。这个钥匙便是活用的文字符号和求进的科学方法。普及教育运动之最大使命,便是把这个钥匙从少数人的手里拿出来交给大众。

老法子的普及教育

白君动生[①]从杭州来,给我看了一两条最有趣味的教育报告。这报告说:依照最近四年来浙江所用的方法来扫除文盲,全省要四百年才能完成;依照最近六年来杭州所用的方法来扫除文盲,全市要一百五十年才能完成。这种自觉的教育报告,我还是第一次看见。现在从一省一市推论到全国,呆板地守着老法,要多少年才能普及呢?依据教育部最近统计,各省市民众及职业补习学校学生数,民国十八年为一百零三万六千一百六十人,十九年为一百一十万四千一百八十七人。在这一年之中是增加了六万六千零二十七人。中国全国之失学成人估计有二万万人。假使中国人口不再增加,民众学校学生万岁,长生不死,学生增加率年年不减,也要三百年才能将文盲扫除干净。再拿小学的统计来看,民国元年小学生数为二百七十九万五千四百七十五人,民国十九年为一千零九十四万八千九百七十七人,十九年之间小学生是增加了八百一十五万三千五百零二人,每年平均增加率为四十三万人,用四年义务教育估计,假定人口不断增加,小学生长生不死,学生数照平常比例增加,还要七十五年才能普及。但是人口趋势,若无统制,必是有加无减。小学生总数每年夭折三十万,每年平均所增加之四十三万人之中每年也要夭折一万三千人,学校增加率如无新创办法也得逐年减少。故依我估计,用传统方法,学龄儿童的教育要过一百年才能普及,失学成人之教育要再过四百年才能普及。

教育是必须普及。但是老法子绝办不到,只好想新法子来解决。老法子有什么困难?能解决那老法子所不能解决的困难的方法便是新方法。(第3卷,第205~208页)

----

① 白动生即白启祥,当时任杭州翁家山小学校长。

《普及现代生活教育之路》由三篇文章组成。第一篇《什么是生活教育?》原题为《生活教育》,原载于 1934 年 2 月 16 日《生活教育》第 1 卷第 1 期。第二篇《生活教育现代化》,发表在 1935 年 1 月《中华教育界》第 22 卷第 7 期。1935 年 3 月 1 日至 4 月 1 日,《生活教育》第 2 卷第 1、2、3 期,把第二篇《生活教育现代化》与第三篇文章合并发表,改题为《攻破普及教育之难关》。这里我们只节选了第三篇文章中的一部分,舍去了"攻破 27 道关"的内容。

我们为什么要提倡生活教育?理由只有一个,就是寻求好的生活、好的教育,使我们快点进步。陶行知说:"在社会的伟大学校里,人人可以做我们的先生,人人可以做我们的同学,人人可以做我们的学生。随手抓来都是活书,都是学问,都是本领。"(第 3 卷,第 206 页)陶行知高瞻远瞩,从中国与世界对比的大背景下看中国的教育,便发现了问题的症结所在。

陶行知致力于中国教育的改造,在实践中找到了求进的途径。他提出的生活教育理论,就是根据历史的世界的经验和教训提出来的中华民族求进的方法:不要过几百年前的生活,坐在堂内关门读死书,成天想着当官的事;要做一个现代的人,就要过现代的生活,走出家门、校门、村门,甚至国门,与世界联通,与大自然联通;三百六十行,行行可为师,"做一个现代人必须取得现代的知识,学会现代的技能,感觉现代的问题,并以现代的方法发挥我们的力量"(第 3 卷,第 207 页)。如果我们不想再做时代的落伍者,就要与时代俱进。

怎样才能与时代俱进?陶行知提出:"我们必须拿着现代文明的钥匙,才能继续不断地去开发现代文明的宝库,保证川流不息的现代化。这个钥匙便是活用的文字符号和求进的科学方法。"(第 3 卷,第 207 页)

陶行知多次指出:"中国教育所以弄到山穷水尽,没得路走,是因为大家专靠文字、书本做惟一无二的工具,并且把文字、书本这个工具用错了。"(第 1 卷,第 97 页)文字与书本要活用,要作为帮助我们了解过去及当代文明的重要工具,帮助我们去探获真理。陶行知说:"学问怎样能够进步?重要在有方法的研究。"(第 4 卷,第 432 页)从大的方面讲,最重要的是要有探索真理的勇气。"实践出真知",凡事"在劳力上劳心"。针对脱离行动的教育观念,陶行知批评说:"中国学子被先知后行的学说所麻醉,习惯成了自然,平日不肯行,不敢行,终于不

能行，也就一无所知。如果有所知，也不过是知人之所知，不是我之所谓知。"（第2卷，第451页）

　　陶行知认为，普及教育运动的最大使命，就是要把"现代文明的钥匙"教给大众。这是陶行知普及教育的一个重要思想，教育要面向大众，"还教育于民"。普及教育不能只普及文字，让大众在读书上下死功夫。要想知识进步，重要在有方法地研究，把"求进的科学方法"教给大众。

　　《普及现代生活教育之路》在近代中国教育史上有着十分重要的地位。它告知国人，中国人民有能力主宰自己的生活，能够脚踏实地地打造适合自己国家国情的生活教育，从而把握自己未来的命运。它告诫国人，要普及现代生活教育，不能再造就只知读书、不能行动的两手无能的读书人。

名篇推荐

《普及教育运动小史》（第3卷，第95页）

《从穷人教育想到穷国教育》（第3卷，第96~97页）

《从救水想到小孩的力量》（第3卷，第98~99页）

《从守财奴想到守知奴》（第3卷，第99~101页）

《小先生与民众教育》（第3卷，第251~255页）

《大众读书谈》（第3卷，第303~308页）

《组织与方法——普及教育问题之一》（第3卷，第309~310页）

《再论组织与方法——普及教育问题之二》（第3卷，第311~312页）

《大不如小》（第3卷，第313~314页）

《再谈大不如小》（第3卷，第315页）

《大众画报——一个需要、一个建议》（第3卷，第316~317页）

《亭子间工学团——跟华荣根学》（第3卷，第318~319页）

《再谈怎样写大众文》（第3卷，第328~330页）

《店员与普及教育》（第3卷，第331~332页）

《家庭妇女与普及教育》（第3卷，第333~334页）

《四个先生》（第3卷，第335~337页）

《短期小学变成小师范》(第3卷,第339页)

《山海工学团创立文件》(第3卷,第434~435页)

《手脑相长》(第3卷,第439~445页)

《谈普及教育》(第3卷,第508~511页)

《普及平民教育》(第3卷,第521~525页)

《拉夫教育》(第3卷,第552~553页)

《对于上海市普及初步教育之意见》(第3卷,第567~569页)

《你的信给我伟大的动力——致承国英》(第8卷,第289~290页)

《十万滴热血 十万斤力量——致西桥小学董事会》(第8卷,第299~300页)

《附:新夫(即张劲夫)给陶行知来信摘录》(第8卷,第300~301页)

《小孩子有不可思议的力量——致潘一尘》(第8卷,第302~303页)

《附:潘一尘致百侯中学全体同志信》(第8卷,第304~305页)

《要劝导人民拿着饭碗求学 不强迫人民丢掉饭碗读书——致台和中》(第8卷,第321页)

《团结起来自己干——致胡同炳等》(第11卷,第441页)

《创办工学团》(第11卷,第442~443页)

《必须不断提高小先生水平》(第11卷,第447页)

《学校宜改称工学团》(第11卷,第457~458页)

《关于现代教育上的几个实际问题(六)》(第11卷,第497~499页)

《大上海普及教育》(第11卷,第502~518页)

《安徽普及教育令》(第11卷,第522~523页)

《附:雷沛鸿朝会讲话》(第11卷,第523~524页)

《"小先生"教育普及运动》(第12卷,第226~227页)

《普及教育之要义与普及什么教育》(第12卷,第231~232页)

十一

育才学校篇

🔬 阅读提示

1939年7月20日,育才学校正式开学上课。这是一所从难童中选拔出有某种天赋的孩子并给予特殊教育的人才教育机构。校长是陶行知。这所学校在中国乃至世界历史上是具有某种特殊意义的教育机构。与同级学校相比,它具有许多特色:

1. 学生从抗日战争的流浪难童中来。许多孩子赤脚步入育才的教育殿堂。

2. 每个孩子都有一种超常的天赋。经过比较严格的鉴定,孩子们分别被编入音乐、绘画、戏剧、文学、自然、社会等各个组。每个组聘有来自全国各地的著名学者专家。

3. 这个学校以陶行知的生活教育理论为指导方针。所以,育才不是一个旧的学校,而是一个新的生活环境。同学们不是来到传统的读书环境,而是来到一个新的生活环境。

4. 为了不致使孩子的专业技术训练中途夭折,而使他们的天赋长青不衰,育才的学生接受一般教育的同时又有专业教育,如音乐、戏剧、绘画、文学、自然、社会等方面的专门训练。

5. 育才的孩子不读死书。他们从生活中感悟而写作,而做各种计算。育才没有考试,只有考成。

6. 育才对孩子们的要求都写在《育才学校手册》里,其中有许多具体要求,如二十三常能等等。这就要求孩子们在生活中不断地训练而形成技能技巧。育才不尚空谈,而是要求践行。

7. 育才的学生都能担任接待员、评员、向导,并且非常注重礼仪。在很多场合,育才学生都是以主人的身份出面。他们自己出主意、想办法、做设计方案,充分体现了他们是学校的主人。

8. 育才重视生活与教育的紧密结合。他们有劳动的生活,就是劳动的教育;有健康的生活,就是健康的教育;有艺术的生活,就是艺术的教育;有科学的生活,就是科学的教育;有革命的生活,就是革命的教育。

9. 育才的教育全部建立在集体生活中,集体生活或集体主义是克服个人英雄主义的良药。这在育才已收到良好的教育效果。

10. 育才的教学有它独创的地方。例如:陶行知提倡教学应当"智情意"结合,而不应把三者割裂为三个互不联系的方面。

11. 在德育方面,陶行知提倡"智仁勇"有机结合,从而造就"智仁勇"完美的人格。

12. 育才有两个地下党组织,一个与当地组织联系,一个与南方局联系。直到解放,地下组织没有被国民党特务机关破获,一切如常。全校各事务有条不紊地进行。

13. 育才办的是抗战救国的教育。他们要过抗战的生活,同时又受建国的教育。

有许多杰出人才在这里破土而出、茁壮成长,成为新中国的一代新人。育才创校不到三年,被社会誉为"小大学",名震中外,成为重庆市的一所名校,吸引了重庆市的青少年们,成为他们梦想的一所学府。

育才之所以成为一所名校,除了上述因素外,还有全校团结。孩子们高度警觉,保守机密,犹如保护自己的生命。在这样的环境下,育才的孩子们尽情地享受着党的温暖,又尽情地享受着陶行知生活教育的哺育。

育才之所以成材率高,其中一个根本原因是不惜重金聘用学有所长的一流人才,如文学组组长艾青(1910~1996)、音乐组组长贺绿汀(1903~1999)、戏剧组组长章泯(1906~1975)、舞蹈组组长戴爱莲(1916~2006)、绘画组组长陈烟桥(1911~1970)。曾经到育才执教或演讲过的还有马思聪(1912~1987)、丰子恺(1898~1975)、翦伯赞(1898~1968)、郭沫若(1892~1978)、夏衍(1900~1995)等诸多名家。陶行知如此慷慨是因为他充分估计到孩子的灵气。只要有所诱发,孩子们便会领悟,收到事半功倍之效。如果我们不肯花本钱,则永远无法腾飞,技巧性的东西尤其如此。

1941年皖南事变后,育才的处境日趋严峻,生活异常艰难。许多人劝陶行知:"不要背着石臼过河。"而他回答说:"我是抱着爱人过河。"

为了纪念陶行知,笔者认为,像育才这样的历史名校,我们应当举全国之力把它恢复起来。即使办一座纪念馆也是很有纪念价值的事。据笔者所知,这样的学校在人类历史上仅此一所。无论办学理念还是所出人才之多,都是前所未有的。更值得后人纪念的是它所含的丰富的教育经验几乎是世界教育的典藏,后人岂能让它流失?

名篇评述

评述31

育才学校教育纲要草案

一、育才学校之性质及其内容

(1)育才学校根据中华民国教育宗旨及抗战建国需要,用生活教育之原理与方法,培养难童中之优秀儿童,使成为抗战建国之人才。

(2)育才学校办的是建国教育,但同时是抗战教育。有人离开抗战教育而提出建国教育,挂建国教育之名,行平时教育之实。我们的看法不同,今天的建国教育必须是抗战教育,而今天真正把握中国抗战全面需要的抗战教育,必然是建国教育。育才学校从某些人的眼光看来,是建国教育(因为他们以为它只是培养未来的人才);但我们认为这并不保证它就是建国教育。保证它是建国教育的是在于它同时就是抗战教育。今天育才学校的儿童必须过战时生活,必须为抗战服务,必须在抗战的洪炉中锻炼。否则,我们便没有理由希望他们成为未来的建国人才。育才学校的教育,不是挂名的建国教育,而是抗战与建国的统一教育——抗战建国教育。

(3)育才学校办的是人才教育,分音乐、戏剧、绘画、文学、社会、自然等组。但和传统的人才教育办法有所不同。传统的人才教育,一般地,是先准备普通的基本教育,然后受专门的高等教育。我们的办法是不做这样严格的时间上的划分,我们选拔具有特殊才能的儿童,在开始时便同时注意其一般基础教育与特殊基础教育。前者所以使儿童获得一般知能及优良的生活习惯与态度;后者所以给予具特殊才能之儿童以特殊营养,使其特殊才能得以发展而不致枯萎,并培养其获得专门知能之基础。表面上看来,这是一般基础教育与专科基础教育之过早的区分,但根据我们的办法,这是及早防止一般基础学习及专科基础学习之裂痕。我们要及早培养儿童对于世界和人生一元的看法。倘若幼年的达尔文对于生物浓厚的爱好是发展伟大的进化论者达尔文的条件之一,那么今天提早发展儿童之个别优异倾向,实在有其理由。倘若中国近年来文化工作者之脱离广泛社会实际生活,和技术专家之缺乏正确的认识可以作为殷鉴,那么,今天便在一般基础教育与特殊基础教育中予以统一,防止那样的分裂倾向,实在有其必要。

（4）育才学校办的是知情意合一的教育。中国数十年的新教育是知识贩卖的教育,有心人曾慨然提倡感情教育、知情意并重的教育。这种主张,基本上是不错的,但遗憾的是没认清知识教育与感情教育并不对立,同时知情意三者并非从割裂的训练中可以获取。书本教育也许可以使儿童迅速获得许多知识,神经质的教师也许可以使儿童迅速地获得丰富的感情,专制的训练也许可以使一个人获得独断的意志,但我们何所取于这样的知识,何所取于这样的感情,何所取于这样的意志? 知情意的教育是整个的、统一的。知的教育不是灌输儿童死的知识,而是同时引起儿童的社会兴趣与行动的意志。感情教育不是培养儿童脆弱的感情,而是同时启发儿童应有的感情,主要的是追求真理的感情。在感情之调节与启发中使儿童了解其意义与方法,便同时是知的教育;使养成追求真理的感情并能努力与奉行,便同时是意志教育。意志教育不是发扬个人盲目的意志,而是培养合于社会及历史发展的意志。合理的意志之培养和正确的知识教育不能分开,坚强的意志之获得和一定情况下的情绪激发与冷淡无从割裂。现在我们要求在统一的教育中培养儿童的知情意,启发其自觉,使其人格获得完备的发展。

（5）育才办的是智仁勇合一的教育。智仁勇三者是中国重要的精神遗产,过去它被认为"天下之达德",今天依然不失为个人发展之重要的指标。尤其是目前抗战建国时期,我们需要智仁勇兼修的个人,不智而仁是懦夫之仁;不智而勇是匹夫之勇;不仁而智是狡黠之智;不仁而勇是小器之勇;不勇而智是清淡之智;不勇而仁是口头之仁。中国童子军[①]以智仁勇为其训练之目标,是非常有意

---

① 中国童子军:1912年由武昌文华书院创办,南京国民政府成立后设中国童子军总会,并在小学和初中设童子军课程,推行童子军管理。

义的。育才学校不仅是以智仁勇为其局部训练之目标，而是通过全部生活与课程以达到智仁勇之鹄的。我们要求每一个学生个性上滋润着智慧的心，了解社会与大众的热诚、服务社会与大众自我牺牲的精神。

（6）育才学校是一个具有实验性质的学校。第一，抗战以来，中国破天荒产生了儿童公育的事业，而育才学校是其中特殊的一种。我们希望将具有特殊才能的儿童之公育，予以充分的试验。第二，育才学校以生活教育原理与方法作为一种指导方针，我很希望将这一指导方针予以充分试验，我们深信这种试验会给予生活教育一些新的发展。

（7）育才学校全盘教育基础建筑在集体生活上。这里不是一个旧的教育场所，而是一个新的生活场所。这里的问题，不仅在于给儿童以什么样的教育，同时更在于如何使儿童接受那样的教育；这里的问题，不仅在于我们应有一个教育理想与计划，而在于如何通过集体生活达到那样一个理想与计划。所谓集体生活是全盘教育的基础，有三个意义：

第一，集体生活是儿童之自我向社会化道路发展的重要推动力，为儿童心理正常发展所必需。一个不能获得这种正常发展的儿童，可能终其一身只是一个悲剧。第二，集体生活可以逐渐培养一个人的集体精神。这是克服个人主义、英雄主义及悲观懦性思想的有效药剂，中华民族正处于历史上空前未有的抗战建国关头，这种集体精神应融化在每个人的血液里。第三，集体生活是用众人的力量集体创造合理的生活、进步的生活和丰富的生活，以这种丰富、进步而又合理的生活之血液来滋养儿童，以集体生活之不断地自新创造的过程来教育儿童。具体之言，集体生活之作用是在使儿童团结起来做追求真理的小学生，团结起来做即知即传的小先生，团结起来做手脑并用的小工人，团结起来做反抗侵略的小战士。

（8）育才学校的集体生活必须保持合理、进步和丰富，而欲保持它的合理、进步与丰富，则有两个重要的条件：一是与社会发展的联系，与整个世界的沟通。二是在集体之下，发展民主，着重个性。

（9）育才学校的集体生活包含着如下几种生活：①劳动生活；②健康生活；③政治生活；④文化生活。在传统教育中有所谓劳动教育而忽略劳动生活，有所谓健康教育而忽略健康生活，有所谓政治教育而忽略政治生活，在各种各样的课堂中,讲授文化生活而忽略真正的文化生活。育才学校的生活与教育是统一的,它认定劳动生活即是劳动教育,用劳动生活来教育,给劳动生活以教育;它认定健康生活即是健康教育,用健康生活来教育,给健康生活以教育;它认定政治生活即是政治教育,用政治生活来教育,给政治生活以教育;它认定文化生活即是文化教育,用文化生活来教育,给文化生活以教育。

(10)育才学校的集体生活虽然在性质上分为劳动生活、健康生活、政治生活和文化生活,但在生活之集体性这一点上,决定了我们的劳动生活、文化生活往往同时就是政治生活。质言之,劳动生活、健康生活、文化生活之解释、动员、组织的过程都是政治生活,也都是政治教育。因此育才学校的集体生活,在其总的意义上来说便是一种政治生活,也就是说育才学校的政治教育笼罩着整个集体生活。

(11)育才学校的集体生活是有计划的,此种有计划的集体生活之集体性决定全部的集体生活,同时就是政治生活。同样地,育才学校的集体生活之教育性决定了全部的集体生活,同时就是文化生活。质言之,劳动生活、健康生活、政治生活在集体讨论与检查中所有语言文字表达能力之锻炼以及思考推理之应用等等,便同时是文化生活。劳动生活、健康生活、政治生活对于学生精神和品格上之陶冶及锻炼,便同时是文化教育。因此,育才学校的集体生活在其总的意义上说来,同时又是文化教育。

(12)育才学校之集体生活在其总的意义上说来,一方面是政治教育,另一方面又是文化教育。此二者与集体生活是互为影响的。集体生活愈丰富,则政治教育愈充实;政治教育愈充实,则集体生活之政治认识的水平愈提高。同样地,集体生活愈丰富,则文化教育愈充实;文化教育愈充实,则集体生活之文化水平愈提高。

(13)育才学校之政治教育、文化教育在集体生活中有其总的意义,要求我们确定这两方面的指导方针:(一)今天吾人正处于历史上空前未有的民族解放战争中,纵贯在整个抗战中之最根本的问题是全国精诚团结,服从三民主义之领导,这是全国人民的共同要求,毫无疑义地,育才学校之政治教育应以精诚团结、服从抗战、实行三民主义为最高原则。(二)人类历史上的文化遗产浩如瀚海,欲浩如瀚海之文化遗产全部为儿童所接受,匪特不可能,抑且与教育原理不相合。因此,育才学校今日而言文化教育,就其内容而言,必须确定以下诸点:①约缩地反应人类历史上重要而有代表性的文化遗产。②着眼哲学科学(社会与自然)与艺术之历史发展及其在社会实践的意义。③着重人类进化史及中国历史的认识。

(14)最后,育才学校一般基础教育之是否可以获得成功,特种基础教育是否可以获得较多的学习时间,都要看儿童们是否能迅速地获得文化之工具来决定,这是一个教育上基本建设的问题。一个儿童不能够用适当语言文字清楚地表现他的思想,我们可以说,这个儿童所受的是不完备的教育。所谓文化的工具的教育,包含着这样几项:(一)语言,(二)文字,(三)图画,(四)数学,(五)逻辑。广义地说来,这五项东西同是表达思想的工具。只有获得了这种工具才可以求高深的学问,才可以治繁复的事。传统教育也非常看重这种工具的,但它有两个根本的缺点:第一,偏狭,将读、写、算看作最重要的工具;第二,错误,一味在读、写、算本身上来学习读、写、算。今天我们提出文化的工具教育,并且强调其重要,绝不是将它置于一般基础教育之上,终日来学习语言文字、数学逻辑。倘若这样的话,这正是犯了 3R(The three R's)①教育的错误。我们认为工具教育,应该从丰富的集体生活中来吸取培养它自己的血液,用语言文字图画来表达集体生活,用集体生活中统计的事项来作计算的材料,用集体生活中之事实,论证发展儿童客观的逻辑,代替儿童之虚幻的逻辑。

然而,在另一方面也有一种错误的倾向:那就是设计教学法②者,根本忽视工具教育之特性。他们将语文和算术的学习不断连结于各个不甚关联的单元活动上,充满了牵强附会和人工造作。依照我们的方法,一方面是用这些工具来表达集体生活事项,一方面又将语文中之优秀作品以及计数活动之练习给组成一种文化生活,从事学习。儿童获得这种文化的生产工具以后,他便能自动地吸收广泛的知识。

二、育才学校生活、学习与工作制度

(1)育才学校的生活、学习、工作基本上是打成一片的,其中一般活动皆属

---

① 3R(The three R's):英语 read,recite,review 三词的缩写,意为阅读、背诵和温习。
② 设计教学法:实用主义教育的一种教学制度,为美国克伯屈所创,主张由学生自行决定学习目的和内容,从自行设计、实行的活动中获得有关的知识和能力。

于一骨干组织的集团生活之组织下。这一个组织统一了生活与学习的组织,统一了集体生活与日常社会服务组织。这一组织系统概略如下:(一)设育才学校儿童生活团;(二)音乐、戏剧、文学、社会、绘画、自然、工艺、农艺等组各编为一中队,中队下设若干分队;(三)各组同一般教育水准之儿童编为一学级,使共受普通教育;(四)各组之各不同分队的儿童按年龄大小与工作经验之配合,混合组成若干社会服务队,专司附近村落社会服务(详细情形,可参考《育才学校公约草案》)。

(2)学习活动中之一般学校包含在一般生活组织中。

(3)工作与服务之一般的组织亦包含在一般生活组织中,但育才学校为了在抗战洪炉中锻炼儿童,同时为了抗战工作之需要,得相机随时组织战时工作队;倘若在一般生活组织中,有较为固定的生活、工作与学习已经使儿童获得较为刻板的习惯,那末战时工作队便是有意打破这种刻板的习惯,予儿童以一种应有的训练。

(4)以上各项组织尽了纵横交错之作用,使全校儿童能彼此相接触,但在这各组织中,分队是平日生活、工作、学习的基本组织。

(5)育才学校主张教训合一,同时育才学校坚决地反对体罚。体罚是权威制度的残余,在时代的意义上说它已成为死去的东西;它非但不足以使儿童改善行为,相反地,它是将儿童挤下黑暗的深渊。育才教师最大的责任便是引起儿童对于纪律自觉的需要,自觉地遵守;引起儿童对于学习自觉的需要,自动地追求。

(6)育才学校集体生活之组织的原则是民主集中制。民主集中制的运用,一方面可以健全当前的集体生活,另一方面是要培养儿童参与未来民主政治之基础。

(7)育才学校着重分队晚会,凡集体生活中之问题、时事及当天指导员所教的东西务需予以充分的讨论,这除了增加儿童对于学科了解而外,同时更增进了儿童语言表达的能力。

(8)育才学校着重自我批评。自我批评是发展民主的有效手段,自我批评是促进自学性启发的利器。

(9)育才学校着重总结能力之培养。总结需要包含学习中各种问题、自我批评及讨论中不相同的意见等,这一方面是扩大了儿童的能力,一方面是练习了逻辑。

(10)育才学校要养成儿童之自我教育精神。除跟教师学外,还跟伙伴学,跟民众学,走向图书馆去学,走向社会与自然界去学。他可以热烈地参加集体生活,但同时又可以冷静地思考问题。

(11)育才学校之总的教育过程为:(一)以儿童为行动的主体,在教师之知的领导下,所进行的行与知之不断连锁的过程;(二)以儿童为行动的主体,同时以儿童自身之知为领导,所发展之行与知不断连锁的过程;(三)育才教育目的之一便是从第一种过程慢慢地发展至第二种过程。

(12)育才学校之一般"教学做"的过程,有三种形式:(一)以工作或问题为中心的教学做过程;(二)以事物之历史发展为中心的教学做过程;(三)各学科、各系统的学习与研究的教学做过程。这三个过程,育才学校参合互用。

(13)育才学校教师与学生基本上是在集体生活上共学,不但是学生受先生的教育,先生也在受学生的教育。这里我们要反对两种不正确的倾向:一种是将教与学的界限完全泯除,否定了教师领导作用的错误倾向;另一种是只管教,不问学生兴趣,不注意学生所提出的问题之错误倾向。前一种倾向必然是无计划地随着生活打滚;后一种倾向必然是盲目地灌输学生给弄成填鸭。

优良的教育工作者一方面是他根据客观情形订出教育计划,但另一方面是知道如何通过生活与实践实现这个计划,并且在某种情形下知道修改他的计划,同时发展他的计划。(第4卷,第381~389页)

1940年,陶行知写下《育才学校教育纲要草案》,发表在1940年8月1日《战时教育》第6卷第1期《育才学校专号》。

育才办的是抗战与建国统一的教育。从生活教育看来,在抗战中不可能孤立地办建国教育。许多人误以为育才只是培养中国未来的人才。陶行知认为:"真正把握中国抗战全面需要的抗战教育,必然是建国教育……保证它是建国教育的是在于它同时就是抗战教育。"(第4卷,第381页)在战时教育运动时期,陶行知非常重视利用抗战洪炉造就人才,让孩子们在抗战洪炉里千锤百炼,成长为中国未来的巨子。

育才办的是人才教育,但与传统的人才教育办法不同。传统的办法是先受普通的基本教育,然后受专门训练。育才"在开始时便同时注意其一般基础教育与特殊基础教育。前者所以使儿童获得一般知能及优良的生活习惯与态度;后者所以给予具特殊才能之儿童以特殊营养,使其特殊才能得以发展而不致枯萎,并培养其获得专门知能之基础"(第4卷,第382页)。这是一种非常规思维。陶行知尤其注意到了以往的经验教训。对以往的陈规,都要根据实际情况进行审视,合乎实际就沿用,不合的便改,不因循守旧。这样一来,既全面保护了幼苗,又省时间,加快了人才的培养。

育才办的是"知情意合一"的教育。陶行知把教育过程中的知情意三者之间的辩证关系说得明明白白:知引发情和意;情引发追求真理的感情;追求真理的感情并能努力与奉行,便同时是意的教育。反之,合理的意志的培养与知分不开,坚强意志与对知识或真理的追求分不开。在旧教育中,把知情意本来统一的整体割裂为三个互不相关而孤立的教育过程,这是知识贩卖教育。育才"要求在统一的教育中培养儿童的知情意,启发其自觉,使其人格获得完备的发展"(第3卷,第383页)。育才办的是"智仁勇合一"的教育。智仁勇三者是"天下之达德",陶行知说:"尤其是目前抗战建国时期,我们需要智仁勇兼修的个人,……我们要求每一个学生个性上滋润着智慧的心,了解社会与大众的热诚,服务社会与大众自我牺牲的精神。"(第4卷,第383页)这是对智仁勇教育的全面论述。

育才是一个试验学校,一是中国破天荒的儿童公育事业的试验,对具有特殊才能的儿童公育,予以充分试验;二是生活教育的原理与方法的试验,探求生活教育的一些新的发展。陶行知创办育才几年,从事了多方面的探索,也反映在他发表的论著中,如《每天四问》《创造的儿童教育》《敲碎儿童的地狱创造儿童的乐园》等。育才创校几年就被人誉为"小大学",蜚声中外。这是育才创造教育的成功,是陶行知的杰作。

育才学校全盘教育基础建筑在集体生活上。育才不是一个旧的教育机构,而是一个新的生活场所。陶行知很早就认识到"幼年的生活是最重要的生活,幼年的教育是最重要的教育"(第1卷,第115页)。育才作为一个生活教育的实验学校,首先要考虑怎样组织儿童的生活,怎样用好的生活改造坏的生活。对于儿童来说,最好的生活是丰富、进步而又合理的集体生活,就是最好的教育。过什么生活就受什么教育,所以陶行知说:"这里的问题,不仅在于给儿童以什么样的教育,同时更在于如何使儿童接受那样的教育;这里的问题,不仅在于我们应有一个教育理想与计划,而在于如何通过集体生活达到那样一个理想与计划。"(第4卷,第383页)这就是"生活即教育",教育要通过生活才有最大效力。空谈教育、纸上谈兵的教育是没有用的。在育才,真正做到了"生活即教育""教学做合一""社会即学校",使孩子们的生活、教育向着进步、丰富而又合理的方向发展,知识的进步向着正方向进行,个个成为"少年大学生"。

尤应指出的是陶行知告诫我们:"今天我们提出文化的工具教育,并且强调其重要,绝不是将它置于一般基础教育之上,终日来学习语言文字、数学逻辑。"(第4卷,第386页)这里所说的"一般基础教育",主要是指培植孩子们正确的人生态度和观念、良好的生活习惯等等。陶行知曾经说过:"我对于儿童的培养,不只是文字技术的训练,主要的任务还是在培植他们得到正确的人生观念与态度,用科学集团的力量,来解决他们本身现实生活的困难,取得本身现实生活的需要,满足本身现实生活的欲望,而促进人类更大的进展。"(第3卷,第525页)这是立人之根本,如果认为"文字语言、数学逻辑"重要,便让他们"终日来学习",这是畸形的不完全的教育,是生活教育极力反对的畸形教育。

育才是中国教育史上的一个伟大奇迹。育才之所以成为历史上的名校,是有其内在的深刻原因的。在抗战时期,把一所学校办成为抗战服务、过抗战生活、有计划地在抗战中育人的学校,在中国教育史上实属罕见。所以育才的发展史可以说是我们当代一本活的教育学史。在今天我们也有许多天才少年,也应该加以特殊培养,办更多的育才,造就更多的天才儿童。

评述32

每天四问

今天是本校三周年纪念,我有一些意见提出来和大家谈谈,作为先生、同学和工友们的参考。

本校从去年的二周年纪念到今年的三周年纪念,能在这样艰难困苦中支持了一年,几乎是一个奇迹。这一个奇迹,不是一个人的力量所能够做得出来的,而是全体先生、同学、工友共同坚持，共同进步，共同创造，以及社会关心我们人士的尽力赞助所得来的。

本校在这一年中，好像是我们先生、同学、工友二百人坐在一只船上，放在嘉陵江中漂流，大的漏洞危险虽然没有，但是小的漏洞是出了一些，这些小漏洞也可以变成大漏洞，使我们的船沉没下去的！然而我们的船没有因为这些小漏洞沉没，竟因为我们这些同船的人，一见有小漏洞，即想尽方法用力去堵塞，有时用手去堵，有时用脚去堵，甚至有时用头用全身的力量去堵，终于把这只船上这些小漏洞堵塞住，而平稳地度过这一年，达到了目的地。这是一个奇迹，一个共同努力、共同创造的奇迹。

"一切为纪念"，刚才主席说的这一个口号，当然提出的意义是有它的作用的。大家用力对着这一个目的来创造，是很好的。但是我对于这一个口号有点骇怕，骇怕费钱太多，骇怕费力太多，以致精疲力尽，恐怕得不偿失。所以我主张明年四周年纪念，要改变方针。我们的成绩，要从明天起，即开始筹备，日积月累，"水到渠成"的成绩。不要再在短期内来多费钱和多费力量，只要到了明年七月一日，开始把平日的成绩装潢一下，便有很丰富的成绩，再不像今年和去年这样忙了。大家也可以很从容很清闲而有余裕地过着四周年纪念。

现在我提出四个问题，叫做"每天四问"：

第一问：我的身体有没有进步？

第二问：我的学问有没有进步？

第三问：我的工作有没有进步？

第四问：我的道德有没有进步？

第一问："我的身体有没有进步？"

首先，我们每天应该要问的是："自己的身体有没有进步？有，进步了多少？"为什么要这样问？因为"健康第一"，没有了身体，一切都完了！不禁使我想到了去年二周年纪念前九日邹秉权同学之死！与今年三周年纪念前九日魏国光同学之死！二人之死的日子是恰恰一周年，不过时间上相差八九个钟点罢了。因这两位同学的死，我联想到，我们必须继续建立"健康堡垒"。要建立健康堡垒，必须注意几点：

（一）"科学的观察与诊断。"科学是教我们仔细观察与分析,譬如邹秉权、魏国光两同学之死,尤其是魏国光同学这一次的死,不能不说是我们先生、同学的科学的观察力不够。魏国光同学患的是"蛔虫"症候,他在学校寝室内吐过蛔虫,有同房的同学见到没有报告,先生也没有仔细查看,到了医院又在痰盂中吐过蛔虫,又没有留心注意到,这就是科学重证据的"敏感",而成为一种不科学的"钝感"了!医生又复大意,则在这种钝感之下据之而误断为"盲肠炎"。虽然他腹痛的部位是盲肠炎的部位,但既称为"炎",就必得发"热";今既元热,就可以断定不是盲肠炎了。何以需要开刀割治?!其实魏国光同学的病症是蛔虫积结在肠胃内作怪,不能下达,而向上冲,吐了出来!如果,把这吐过蛔虫的证据提出来,医生一定不致遽断为盲肠炎,而开刀,而发炎,而致命!因为魏国光同学之死,我们必须提高"科学的警觉性"。以后遇病,必要拿出科学上铁一般的证据来,才不致有错误的诊断,而损害了身体。否则,都有追踪邹秉权、魏国光两同学之死的危险!所以提高科学的警觉性,是保卫生命的起码条件。最重要还是要用科学的卫生方法,好好地调节自己的身体,不使生病!科学能教我们好好地生活、生存!我们今后应该多提高科学的知能,向着科学努力,努力建立科学的健康堡垒,以保证我们大家的健康和生命。

（二）"饮食的调节与改进。"我这次去重庆,因事到南岸,会到杨耿光（杰）先生。杨先生是我们这一年来,经济助力最多最出力的一位热心赞助者。顺便谈到儿童和青年的营养问题,杨先生提到德国对于儿童和青年的营养问题,是无微不至的。德国有一位大学教授,对于自己儿子的营养,说过这样一段话:"我为什么有这样好的身体,可以担任这样繁重的事情?就是我的父母把我从小起的营养就调节配备得好,所以身体建筑得像钢骨水泥做的一样。身体建筑最好的材料是牛肉,所以我决定每天要给我的儿子吃半斤牛肉,一直到二十五岁,就能够把他的身体建筑成为钢骨水泥做成的一样,可以和我一样担任繁重的大事了。"纳粹德国政府,对于全国儿童及青年身体健康的营养,是无微不至,我们今天关于营养的问题提到德国,并不是要像纳粹德国一样,把儿童和青年的身体培养得坚实强健,然后逼送他们到前线上去当侵略者的炮灰!但是这种注重新生一代的儿童和青年营养问题的办法,是值得注意的。苏联是社会主义的国家,对于儿童和青年的营养问题,也是无微不至的,所以它在一切建设上,在抵抗侵略上,到处都表现着活跃的民族青春的活力。其他许多国家政令中亦多注意到儿童和青年的营养问题。我们在今天提出营养问题来,就是为着现在和将来人人能够出任艰巨。悬此为的,以备改进我们的膳食,为国家民族而珍重着每一个人的身体的健康。

(三)"预防疲劳的休息。""饱食终日,无所用心",固然不对,但是过分的用功,过分的紧张劳苦工作,也于一个人身体的健康有妨害。妨害着脑力的贫弱,妨害着体力的匮乏,甚至于大病,不但耽误了学习和工作,而且减损及于全生命的期限! 所以我在去年早已提出"预防疲劳的休息"问题,今天重新提出,希望大家时时提示警觉,预防疲劳,不致使身体过分疲劳。天天能在兴致勃勃中工作学习,健康必然在愉快中进步了。至于已经有人过分疲劳了,要快快做恢复疲劳的休息。适当的休息,是健身的主要秘诀之一,万不可忽略。忽略健康的人,就是等于在与自己的生命开玩笑。

(四)"用卫生教育代替医生。"卫生的首要在预防疾病。卫生教育就在于教人预防疾病、减少疾病。卫生教育做得好,虽不能说可以做到百分之百不生病的效果,但至少是可以减少百分之九十的病痛。其余在预防意料之外而发生的只有百分之十的病痛,可是已经是占着很少成分,足以见出卫生教育效力之大了。以现在学校的经济状况说来,是难以支出两三千块钱来请一个医生。我们的学校是穷学校,中国的村庄是穷村庄。我们学校是二百人,若以五口之家计算,是等于一个四十户人家的村庄。若以这个比例来计算,全中国约有一百万个村庄,每村需要请一个医生,便需要有一百万个医生。现在中国的人力和经济力都不允许这样做,不能够这样做,所以我们学校也就决定不这样做,决定不请医生。我们要以决心推进卫生教育的效力来代替医生,以保证健康的胜利,以卫生教育代替医生。在两月前,我已有信来学校,提出十几条具体事实来,希望照行,现在想来,还是不够,需要补充。待补充之后,提交校务会议商决进行。但是,今天在此先提出来告诉大家,希望大家多多准备意见、贡献意见。在建立"科学的健康堡垒"上多尽一份力量,便是在卫生教育施行上多一份力量,卫生教育胜利上多一份保证。大家都成为建立"科学的健康堡垒"的主要的成员之一、健将之一,共同来保证"健康第一"的胜利。

第二问:"我的学问有没有进步?"

其次，我们每天应该问的是："自己的学问有没有进步？有，进步了多少？"为什么要这样问？因为"学问是一切前进的活力的源泉"。学问怎样能够进步？重要在有方法的研究。现在我想到有五个字，可以帮助我们学问易于进步。哪五个字呢？

第一个，是"一"字。一是"专一"的"一"。荀子说："好一则博。"这句话是很有精义的。因为有了一个专一的问题做中心，从事研究，便可旁搜广引，自然而然地广博起来了。我看世界名人学者对于治学的解释，尚少如此精约的。治学必须"专一"的"一"，这是天经地义的了。"专一"在英文为Concentrated。我们对于一件事物能够专心一意的研究下去，必然能够有一旦豁然贯通之时。所以我希望有能力研究地先生和同学，必须择定一个题目从事研究，即使是一个很小的问题，也可以研究出很深刻很渊博的大道理来，于人于己都可得到切实的益处，而且可能有大的贡献。

第二个，是"集"字。集是"搜集"的"集"。集照篆字的写法，是这样"𠌶"，好像许多钩钩一样。我们研究学问有了中心题目，便要多多搜集材料，像"集"的篆写一样，用许多钩钩到处去钩，上下古今、左右中外地钩，前前后后、四面八方地钩，钩集在一起来，好细细研究。"集"字在英文为Collection，我们有了丰富的材料，便可以源源本本地彻头彻尾地来研究它一个明明白白，才能够真正理解这个问题的症结所在，才能够"迎刃而解"，才能够收得"水到渠成"的效力。所以我希望大家对于每一个问题，都必须多多搜集材料，以便精深地精益求精地研究。在研究上发生力量，在研究上加强创造力量，集体创造、共同创造，在创造上建立起我们事业的新生命，树立起我们事业的新基础。

第三个，是"钻"字。钻是"钻进去"的"钻"，就是"深入"的意思。钻是要费很大的力量，才能够钻得进去深入到里面去，看得清清楚楚，取得了最宝贵的宝贝。做学问虽不能像钻东西那么钻，但是能够用最好的方法，也可以很快钻进去。我在某国，参观一个金矿，他们开采的机器，是运用大气的压力来发生动力的。我见到他们开采的速度，是比现代所称的"电化"的电力，还不知要增加若干倍咧。我们做学问也是一样，如果我能够在学术气氛中的大气压力下，发生动力去钻，一定能够深入到里面去，探获学问的根源奥妙与诀窍，而必有很好的收获。"钻"字在英文为Penectration，所以我希望大家对于一个问题拿定了，便要尽力向里钻，钻出一大套道理来，使我们学术气氛有着飞跃的进步。

第四个，是"剖"字。剖是"解剖"的"剖"，就是"分析"的意思。有些材料钻进去还不够，必须解剖出来看它的真伪，是有用的还是有毒素的？以便取舍，消化运用。"剖"字在英文为Analyzation，所以我希望大家对于每一个问题搜集得来的材料，除了钻进、深入之外，必须更加着意做一番解剖的工夫，分析入微，如同在解剖刀下，在显微镜下，看得明明白白，分析得清清楚楚，真的有用的没有毒素的就拿来运用，如果是假的有毒素的就舍去抛掉不用。如此，鉴别材料，慎选材料，自然因应适宜了。

第五个，是"韧"字。韧是坚韧，即是鲁迅先生所主张的"韧性战斗"的"韧"。做学问是一种长期的战斗工作，所以必须有韧性战斗的精神，方能够在长期战斗中，战胜许许多多困难，化除种种障碍，开辟出一条新的道路，走入新的境界。"韧"字在英文中尚难找得一个适当的名字来翻译，勉强可以译为Tonghness，所以我希望大家在做学问上，要用韧性战斗的精神，历久不衰地、始终不懈地坚持下去，终可达到"柳暗花明又一村"的境界。

我想我们每一个人，能把"一""集""钻""剖""韧"五个字做到了，在做学问上一定有豁然贯通之日，于己于人于社会都有贡献。

第三问："我的工作有没有进步？"

再次，我们每天要问："自己担任的工作有没有进步？有，进步了多少？"为什么要这样问？因为工作的好坏影响我们的生活、学习是很大的。我对于工作也提出几点意见，以供大家参考。

第一点最要紧的，是要"站岗位"。各人所负的责任不同，各人有各人的岗位，各人应该站在各人自己的岗位上，守牢自己的岗位，在本岗位上努力，把本岗位的职务做得好，这是尽责任的第一步。我最近在想，人人应该有"站岗位"的教育。站牢在自己的工作岗位上，教育自己知责任、明责任、负责任——教育着自己进步。

第二点最要紧的，是要"敏捷正确"。人常说，做事要"敏捷"，这是对的。但我觉得做事只是做到敏捷还不够，敏捷是敏捷了，因敏捷而做错了怎么办？所以敏捷之下必须加上"正确"二字，工作敏捷而正确才有效力。一件工作在别人做起来需要四小时，你只要二小时或三小时就做好了，而且做得很正确，这才算是工作的效力。工作怎样能够做得敏捷正确呢？这就要靠熟练与精细。粗心大意，是最易弄错弄坏事情的。做事要像做算术的演算一样，要演得快、演得正确。

第三点最要紧的，是要"做好为止"。有些人做事，有起头无煞尾，做东丢西，做西丢东，忙过不了，不是一事无成，就是半途而废。我们做事要按照计划，依限完成，就必须毅力坚持，一直到做好为止。

第四问："我的道德有没有进步？"

最后，我们每天要问的是："自己的道德有没有进步？有，进步了多少？"为什么要这样问？因为道德是做人的根本。根本一坏，纵使你有一些学问和本领，也无甚用处。并且，没有道德的人，学问和本领愈大，就能为非作恶愈大。所以我在不久前，就提出"人格防"来，要我们大家"建筑人格长城"。建筑人格长城的基础，就是道德。现在分"公德"和"私德"两方面来说。

先说"公德"。一个集体能不能稳固，是否可以兴盛起来，就要看每一个集体的组成分子能不能顾到公德、卫护公德，来衡量它。如果一个集体的组成分子，人人以公德为前提，注意着每一个行动，则这一个集体，必然是日益稳固，日益兴盛起来。否则，多数人只顾个人私利，不顾集体利益，则这个集体的基础必然动摇，并且一定是要衰败下去！要不然，就只有把这些不顾公德的分子清除出这个集体，这个集体才有转向新生机的希望。所以我们在每一个行动上，都要问一问：是否妨碍了公德？是否有助于公德？妨碍公德的，没有做的即打定决心不做，已经开始做的，立刻停止不做。若是有助于公德的，大家齐心全力来助他成功。

再说"私德"。私德不讲究的人，每每就是成为妨害公德的人。所以一个人私德更是要紧，私德更是公德的根本。私德最重要的是"廉洁"，一切坏心术、坏行为，都由不廉洁而起。所以我在讲"建筑人格长城"的时候，提到了杨震的"四知"①、甘地的漏夜"还金"、华盛顿的勇敢承认错误和冯焕章先生所讲的平老静"还金镯"的故事。这些，都是我们大家私德上的好榜样。我们每一个人都可以

---

① "四知"：杨震当大官时，昌邑令王密黑夜怀金10斤送他。杨不受。王说："暮夜无知者。"杨说："天知、地知、我知、子知。何谓无知？"

效法这些榜样,把自己的私德建立起来,建筑起"人格长城"来。由私德的健全而扩大公德的效用,来为集体谋利益,则我们的学校必然地到了四周年,是有一种高贵的品德成绩表现出来。

我今天所讲的"每天四问",提供大家作为进德修业的参考。如果灵活地运用、行到做到,明年今日四周年纪念的时候,必然可以见出每一个人身体健康上有着大的进步、学问进修上有着大的进步、工作效能上有着大的进步、道德品格上有着大的进步,显出"水到渠成"的进步,而有着大大的进步。(第4卷,第428~436页)

本篇系陶行知在育才学校建校三周年纪念会上的演讲词。记录者为方与严。在1947年7月25日育才学校校庆会上,方与严介绍此文时说:"这是陶校长在育才学校三周年纪念晚会上的讲演词。我当时坐在台下听讲,把它默记着,第二天即把它默写下来,送给陶校长改正。他一直忙着,搁置了四年还没动笔修改。去年七月,七周年校庆后五日,陶校长在沪病逝的消息传来,全校震悼。我刚出院不久,即奉派来上海,继续筹备迁校事宜。临行时,在陶校长房内看见了这篇记录原稿,顺便带在手边。现在八周年校庆来到,不能再听到陶校长的殷勤致词了,这是一个难以形容的怆痛!但是温习遗教,发扬遗教,是我们大家的责任。'每天四问',是我们每天做人做事的警钟,也是一切有血性、有志气、有正义感的人,做人做事的宝筏,能把我们的人生渡上更高境界的宝筏!将以此来纪念育才学校八周年的成长,以及将来之发扬光大,并以此来祝颂中华民族共同登上光辉灿烂的历史更高境界。"(第4卷,第428页)原载于1951年8月新北京出版社《大众教育丛书·每日四问》。

育才的孩子们是幸福的,他们能够听到大教育家陶行知关于治学的讲演。古今中外的大学问家少有人向少年传播做人做事做学问的大道理,更没有人向一群曾经流浪街头的难童做如此博大精深而又深入浅出的讲演。这只有伟大的人民教育家陶行知先生能做到。这样的报告,就是今天的大学生也难听得到。

在我们每个人的人生道路上,有四件大事,即健康、做学问、做事和做人。这四件大事抓住了,每天有进步,那么我们就有可能贡献社会,成为一个有用的人。所以,能够每天四问,确能使我们的人生渡上更高的境界。《每天四问》全文通俗易懂,渗透着辩证法,孩子们听起来都能心领神会。文中谈得最多的是第一问"健康"问题。传统教育历来是不注意健康的,只让学生玩儿命读死书。育才是培养康健人才的,它第一爱护人的生命、注重健康。"因为'健康第一',没有了身体,一切都完了!"(第4卷,第429页)在育才,陶行知提出建立"科学的健康堡垒","共同来保证'健康第一'的胜利"。(第4卷,第432页)

"自己的学问有没有进步?"为什么要这样问? 陶行知说:"因为'学问是一切前进的活力的源泉'。学问怎样能够进步? 重要在有方法的研究。"(第4卷,第432页)这里陶行知向大家介绍了五个字,可以帮助大家做学问易于进步。这五个字是"一""集""钻""剖""韧"。能把这五个字做到了,"在做学问上一定有豁然贯通之日,于己于人于社会都有贡献"(第4卷,第434页)。这五个字完全符合毛泽东在《实践论》中所阐明的人的认识过程,所以很有力量,确能帮助我们学问易于进步。长期以来,中国的教育受祖制的深远影响,一直奉行片面的"读书教育",这种教育不仅让学生读不好书,同时也忽视了学生的德育,"读书教育"掩盖了一切,似乎能产生良好的品德,书读得好就是好品德。这是教育的一个误解。这是很重要的治学方法,许多大学问家都是靠这五个字做大学问的。有了这五个字,就能使学问沿着知识进化的轨道进行,使我们的学问博大精深起来。同时,有了这五个字,也防止了学生误入"读死书、死读书"的误区。这也是在教学中贯彻"教学做合一""在劳力上劳心"的一种重要做法。

"我的工作有没有进步?"关于工作,陶行知提出了最要紧的三点。一是"站岗位",二是要"敏捷正确",三是要"做好为止"。关于工作,早在1922年,陶行知在中华教育改进社总事务所曾做演讲《办公原则》,该文中提出八点办公原则:唯事的、科学的、效率的、教育的、美术的、卫生的、兴趣的、互助的。其中谈及:"人不能无过,过贵能知,知而不改,斯为过矣。做事亦然,人不能无失,既失败矣,则必究其致败之因,而求有以改良之。能如是,而后能无第二次之失败。失败不足过,若听其长此终古,不思有以矫正之,则一日之失,即毕生之失。日计不足,月计有余。故有科学之态度,则于所做事能怀疑、反省、试验、分析、实证,而不有囿于陈法;有科学之方法,则于所做事有改良余地矣。"(第1卷,第409页)

"我的道德有没有进步?"陶行知认为:"道德是做人的根本。根本一坏,纵使你有一些学问和本领,也无甚用处。并且,没有道德的人,学问和本领愈大,就能为非作恶愈大。"(第4卷,第435页)在育才,陶行知提出"人格防",要求大家"建筑人格长城"。这里,陶行知谈了公德和私德,他说:"一个人私德更是要紧,私德更是公德的根本。私德最重要的是'廉洁',一切坏心术、坏行为,都由不廉洁而起。"(第4卷,第436页)什么是"廉洁"? 就是不贪或不贪污,洁身自好;如果一个人有了贪的念头,去贪污,无异于盗贼。这里我们关心的是怎样培养品德高尚、廉洁的人。廉洁的核心是一个"公"字,人人应该知道"民为贵。人民第一,一切为人民","天下为公",(第4卷,第525页)并且要在生活实践中天天磨炼自己。育才的全盘教育基础建筑在集体生活上,育才的儿童过战时生活,为抗战服务,通过大家的努力创造着丰富、进步而又合理的生活,以这种丰富、进步而又合理的生活之血液来滋养儿童。这就是陶行知在育才营造的道德教育工程。

名篇推荐

《编制小学生活历案》(第2卷,第328~329页)

《育才学校手册》(第4卷,第1~38页)

《育才学校教育纲要草案》(第4卷,第381~389页)

《育才二周岁之前夜》(第4卷,第406~416页)

《从五周年看五十周年》(第4卷,第455~458页)

《培养难童中人才幼苗的育才学校》(第6卷,第310~315页)

《就育才学校情况回答罗格夫人提问——致罗格夫人》(第6卷,第479~482页)

《为育才学校申请每月资助2000美元——致毕来思女士》(第6卷,第483~484页)

《为创办育才农业和工艺美术组拨款——致甘霖林》(第6卷,第514~515页)

《关于"创造性的救济"——致甘霖林》(第6卷,第516~518页)

《实施中的民主教育新计划——致毕来思》（第6卷，第544页）

《附：毕来思致陶行知函》（第6卷，第545页）

《师生共生活——给姚文采弟的信》（第8卷，第79～80页）

《打了胜仗——答姚文采弟的信》（第8卷，第81～82页）

《育才学校创办旨意——致宋美龄》（第8卷，第433～434页）

《追求真理为小孩为国家为人类服务——致马侣贤》（第9卷，第136～137页）

《请捐钢琴、风琴以惠难童——致张治中》（第9卷，第256页）

《赖公九鼎一言——致冯玉祥》（第9卷，第257页）

《打倒留级》（第11卷，第445页）

《过去与未来的中学生》（第11卷，第459～464页）

《为新中国培养人才吃苦何妨》（第11卷，第628页）

《贡献出一切力量来服务》（第11卷，第630页）

《育才学校成立工艺组计划大纲》（第11卷，第641～642页）

《积极参加光铁坡开荒》（第11卷，第643页）

十二

民主教育篇

阅读提示

在抗战快要临近结束时,人们已经闻到了"内战"的火药味。蒋介石又在备战打内战,这是无法掩盖的事实。抗战胜利了,但是胜利带来了一切,就是没有把老百姓渴望的和平、民主、自由带回来。抗战胜利了,但是战士难回乡,他们还要打内战。内战一打,不知打到何年何月。一场争和平、反内战、争民主、反独裁的斗争在全国各地爆发。

中国人很少过民主的生活。大家都在专制的氛围中勉强地苟延残喘地活着。就是当了领导的人也还要学习,学习民主;虽然有些人已经大学毕业,但民主还没有学过,需要好好地补一下。民主教育的任务,就是要唤醒老百姓做国家的主人,做自己的主人,要使老百姓懂得什么是民主。

陶行知写的《政治的盘尼西林》是一首民主的狂想曲,在今天仍值得人们反复去朗读它:

政治的盘尼西林①

盘尼西林是华莱士送来的礼物,

它是药学上最新的发明,

可以神速地治好无可救药的病。

我们感觉这礼物只是太少了一点,

难以普遍地做人民救星;

但是中国更需要政治上的盘尼西林,

救治百孔千疮的政治病。

若想肃清一切政治的病菌,

怕只有民主的实行。

假药不可以医病,

提防伪民主,

---

① 盘尼西林即青霉素。

假造的政治的盘尼西林。

1944年10月10日（第7卷，第848页）

上海市小教联（小学教师联合会）是陶行知的一块根据地，这里有党的地下组织，还有许多进步教师倾向于革命。这是陶行知宣传民主的地方，小学教师分布在上海市的许多地方。陶行知几年来所做报告有《教师自动进修》《谈扫除文盲》《谈接收主权》《小学教师与民主运动》等。

名篇评述

评述33

领导者再教育

平常人对于教育有一种不够正确的了解，以为只有成人教育小孩，上司教育下属，老板教育徒弟，知识分子教育文盲。其实，反过来的教育的行动影响作用，不但是可能，而且是普遍习见的现象，不过很少的人承认它罢了；至于承认它而又能运用它来互相教育，使学问交流起来，以丰富彼此之经验，纠正彼此之看法，推动彼此之进步，那是更少了。但是，一个民主的国家，实在是要看重这种互相教育之现象，并扩大学问交流的效果，加速度地走向共同创造之大道。

中国人受了二千年之专制政治之压迫，几乎每一个人一当了权便会仗权凌人。好像受了婆婆压迫的媳妇，一旦自己做了婆婆便会更加压迫她的媳妇。在中国，几乎每一个有权的人都是一个独裁，有大权的是大独裁，有小权的是小独裁。自主席以至于保甲长，都免不了有独裁的作风。就是我这个区区的校长，也不是例外，常常不知不觉地独断独行，违反了民主的精神。一经别人提醒，才豁然大悟。在一个民主国家里面，做一个独裁校长，是千不该万不该的事情。但江山易改，本性难移，过不了多少时候，病又复发了。那只有再接再厉地多想方法，以克服这与民主精神不相容的作风。

民主的时代已经来到。民主是一种全新的生活方式，我们对于民主的生活还不习惯。但春天已来，我们必须脱去棉衣，穿上春装。我们必须在民主的新生活中学习民主，不但老百姓要学习民主，大大小小的领袖们都得学习民主。领袖们是已经毕过业了，还要学习吗？不错，还要学习，只有进了棺材才不要学习。他们虽然有些学问，但是他们从来没有学过民主，所以还要学习，还要学习民主。他们虽然受过教育，但是没有受过民主教育，所以还要再受教育，再受民主教育，把受过不合民主的教育从生活中肃清掉。

这种再教育应该怎样进行呢？

第一，自己觉得需要再教育。自己觉得既往的习惯不足以应付民主的要求，自己承认在民主的社会里做领袖和在专制的社会里做领袖是有了根本之不同，那么在本人的生活上也必须起根本的变化，才能适应客观之变化。从前，白健生先生有一次和我闲谈"以不变应万变"的道理。我提议在不字下面加一横，意思是"以丕变应万变"。丕变即是大变，我们要在生活上起大的变化，才能应付民主政治所起的大变化。民主政治所起的变化是很大的。例如承认个人之尊严，便不能随便侵犯别人的基本自由；采用协商批评之方法，便须放弃"我即是"，"朕即真理"；要使人了解你，同时又要使你了解人，便须放弃"民可使由之，不可使知之"，又必须虚心下问，集思广益；实行共同创造，便须放弃少数人包办之倾向。我们若深刻感觉到旧习惯不足以应付这种大变化，而又不愿被淘汰，那就一定觉得有再受教育之必要了。

第二，多方学习。自己既已感觉到有再受教育之必要，那就好办了。地位无论大小，只要对于民主的生活感觉到如饥如渴之需要，那不啻是走了一半的路程了。学习方法虽多，总靠自己虚心，随时随地愿听逆耳之言，和颜悦色地欢迎干部和别人的批评，有事先商量而后行，都很重要。民主先贤的传记著作如林肯、哲斐孙、汤佩恩的都能给我们有力的指示。国外民主国之游历，国内民主政治比较进步的地方的参观，都能帮助我们进步。但是，最重要的是在"做"上学，在实行民主上、在发挥民主作风上，学习民主。

第三，我们最伟大的老师。我们最伟大的老师是老百姓，我们最要紧的是跟老百姓学习。我们要叫老百姓教导我们如何为他们服务。我们要钻进老百姓的队伍里去和老百姓共患难，彻底知道老百姓所要除的是什么痛苦，所要造的是什么幸福。

我前些日子写的一首小诗，可供领导人自我再教育之参考：

> 民之所好好之,
>
> 民之所恶恶之;
>
> 为人民领导者,
>
> 拜人民为老师。

领导者再教育之三部曲是:第一部跟老百姓学;第二部教老百姓进步;第三部引导老百姓共同创造。也只有肯跟老百姓学习的人,才能做老百姓的真正领导者。(第4卷,第512~514页)

《领导者再教育》,原载于1946年3月9日《民主星期刊》第24期。《民主星期刊》在1945年9月中国民主同盟重庆市支部成立时创刊。陶行知时任该支部的宣传部长。

1945年8月14日,日本侵略军无条件投降,但蒋介石发动的内战风声越来越紧。在中国共产党的领导下,各地掀起了"反独裁,争民主;反内战,争自由"的群众运动。在这又一次关系着国家民族前途命运的时刻,陶行知领导着生活教育社的同仁,发起了席卷全国的民主教育运动。这时的陶行知每天忙于演讲,宣传民主,发动广大人民为消除内战、争取民族前途而奋斗。从民主教育运动以来,陶行知发表了《民主》(1945年11月)、《民主教育》(1945年11月)、《民主教育之普及》(1945年12月)等文,许多民主战士为争取民主而英勇战斗在全国各地,1945年7月11日与15日,两位民主大将李公朴、闻一多先后遭国民党特务暗杀。面对国民党的血腥恐怖,陶行知更加倍地忘我工作,1946年的上半年,可以说是他一生中最繁忙紧张的时期,仅在五月以来的三十三天里,他就做了八十四次演讲。《领导者再教育》是在繁忙中写的一篇短文。他作为救国会的领导人之一,有多少会务要处理,又要忙于重庆育才的迁校事宜。

《领导者再教育》一文旨在劝诫各级领导,我们是现代人,现代人要有现代的精神支柱,这支柱就是"民主""民主作风"。

什么是民主? 陶行知说:"民主没有深奥的意思,通俗点说,是'大家有份'。在倒霉的时候是'有祸同当',在幸运的时候是'有福大家享',在平常的时候是'大家的事大家谈,大家想,大家干'。"(第4卷,第473页)

什么是民主作风? 陶行知提出:"民主作风"至少应该包含这些:

（一）民为贵。人民第一，一切为人民。

（二）天下为公。文化为公，不存心包办，或征为私有。

（三）虚心学习，集思广益，以建立自己的主张。

（四）自己要说话，也让别人说话，最好是大家商量。自己要做事，也让别人做事，最好是大家合作。自己要吃饭，也让别人吃饭，最好是大家有饭吃。自己要安全，也让别人安全，最好是大家平安。自己要长进，也让别人长进，最好是大家共同长进。

（五）民主未得到之前，联合起来以争取民主为己任；人民基本自由得到之后，依据民主原则共同创造，创造新自己，创造新家庭、新学校、新中国、新世界。（第4卷，第525页）

这里核心的思想就是"天下为公"，如陶行知所说："古人所讲的话而现在还有引导作用的，莫过于'大道之行也，天下为公'。"（第4卷，第488页）

陶行知提出："民主是中国之起命仙丹。民主能叫四万万五千万老百姓团结成一个巨人。民主能给我们和平，永远消除内战危机。民主好比是政治的盘尼西林，肃清一切中国病。民主又好比是精神的维他命，给我们新的力量，来创造一个自由独立进步的新中国和一个富足平等幸福的新世界。民主第一！人民万岁！"（第4卷，第488页）

有人说，陶行知的这些论述只适合20世纪40年代，这是误解。民主是人类社会永恒的课题，陶行知关于民主的论述，不仅适合20世纪40年代，也适合今天的中国。例如，一个机关或一个学校，如果缺乏民主精神，或者出现个把"独裁者"，那么这个单位难免出现四分五裂，弄得人人不得安宁，甚至经常发生无谓的"私斗"，有碍事业的发展。民主不仅适于今天，而且人类万万年都需要。

在20世纪40年代，陶行知先生被人们誉为"民主之魂"，成为一个时代人们的精神支柱。他关于民主的论述，在今天仍然是我们做人、做事、治学的指针。陶行知说："领导一二人，可用豆油灯；领导一二十人，可用火把；领导一国之众及全世界就要太阳，至少要月亮那样大的光明。统而言之，无论领导多少人，总是要拿着真理之光，照着人向那正确道路走去。如果领导的人把火熄了，或把跟随的人的眼睛闭了看不见光，或者甚至把他们的嘴也封起来了，连路上遇着危险也不能喊，那领导的人们不但是费力不讨好，而且大家在半途上难免会出岔子。"（第4卷,第453～454页）这是多么诚挚的忠告！民主就是照亮人们前进的灯塔。真正肯拜人民为师的领导,必定是一个民主的领导,这不仅能发挥大众的积极性、创造性,而且人民大众也是大大小小领导的最好监护人。大众会告诉你怎样做人,怎样带领大家为社会服务、为国家做贡献,永远不致使你迷失方向。领导与人民群众是血与肉的关系,不可分离;领导来自人民,又接受着人民的哺育、监督,如果领导脱离人民,就如同肉与血的分离,失去了哺育他、监督他的人民,那么他逐渐地要走向衰亡,这是一个必然的规律。

名篇推荐

《民主的儿童节》（第4卷,第473～474页）

《实施民主教育的提纲》（第4卷,第476～483页）

《还教育于民》（第4卷,第484～485页）

《民主》（第4卷,第488～489页）

《民主教育》（第4卷,第490～491页）

《民主教育之普及》（第4卷,第492～494页）

《出发参加"一二·一"死难烈士祭礼前的讲话》（第4卷,第498页）

《对政协代表的两点希望》（第4卷,第503～504页）

《在生活教育社新年叙餐会上的讲话》（第4卷,第505～506页）

《追思民主大将李公烈钧》（第4卷,第508页）

《在中国人民救国会第五次大会上的报告》（第4卷,第510～511页）

《在育才学校同学会成立大会上的讲话》（第4卷,第515页）

《值得我们学习的一件事》（第4卷,第521～522页）

《小学教师与民主运动》（第4卷,第524～529页）

《虚心 学习 贡献》（第4卷,第536页）

《第一件大事》（第4卷,第538页）

《民主教育》（第4卷,第539～542页）

《谈接收主权——和小学教师谈话之二》（第4卷,第543～544页）

《教师自动进修——和小学教师谈话之三》（第4卷,第545～546页）

《谈扫除文盲——和小学教师谈话之四》(第4卷,第547~548页)

《怎样可以得到和平》(第4卷,第549~550页)

《人民的呼声》(第4卷,第551页)

《美国应停止援助国民党》(第4卷,第552页)

《和平民主如不实现,进京代表决不回来》(第4卷,第553~555页)

《"走向殖民地"》(第4卷,第556~557页)

《欢送费正清》(第4卷,第559页)

《社会大学运动》(第4卷,第559~562页)

《韬奋先生千古》(第7卷,第830~831页)

《邹韬奋先生挽歌(一)》(第7卷,第832~833页)

《邹韬奋先生挽歌(二)》(第7卷,第834~836页)

《民主》(第7卷,第847页)

《胜利带来了一切》(第7卷,第891~893页)

《停止内战》(第7卷,第903~905页)

《立刻停止内战》(第7卷,第906~908页)

《莫吞原子弹》(第7卷,第912~914页)

《昆明因反内战被杀于再先生及潘琰、荀极中、李鲁连同学千古》(第7卷,第915~917页)

《中国救国会祭昆明反内战被害师生哀词》(第7卷,第918~920页)

《把自由还给我们》(第7卷,第945~946页)

《普及民主教育运动计划》(第11卷,第679页)

《论中美两国关系——致美国杜威博士》(第11卷,第680~683页)

《附一:杜威致陶行知函》(第11卷,第684页)

《附二:朱启贤教授致陶行知函》(第11卷,第684~685页)

《请伸出友谊的手——致杜威》(第11卷,第686~687页)

《较场口事件前后的讲话》(第11卷,第694页)

《文化教育要人民自己办》(第11卷,第695页)

《开展社会大学运动》(第11卷,第696页)

《晓庄我是一定要来的》(第11卷,第697~698页)

《教育与生活不可分割》(第11卷,第699～700页)

《肯得为民主牺牲,中华民族才活得下去——同李俞的两次谈话》(第11卷,第713～714页)

《与吴晗等人的谈话》(第11卷,第715页)

《民主第一》(第12卷,第426～427页)

《人同此心 心同此理》(第12卷,第447页)

《生活教育社计划》(第12卷,第448页)

《学者有其校》(第12卷,第449页)

十三

创造教育篇

阅读提示

中华民族需要创造,中国的教育需要创造。如何才能把创造的精神和对创造力的培养融入教育当中?

首先,教师需要创造,办教育需要创造。陶行知的《创造宣言》(第4卷,第3~7页)指出教师的成功是创造出值得自己崇拜的学生。在这一创造过程中,教师要创新和发展自己的创造理论和创造技术。教育者要造什么样的人?"教育者不是造神,不是造石像,不是造爱人。他们所要创造的是真善美的活人。"(第4卷,第3页)在当时的中国,为穷人办的教育及穷人办教育更需要独创精神。比如说,"穷出穷主意,富出富主意。有钱的话就买纸笔发给他们,没有钱就学岳母教子的样子,用柴片在地上画着教他们。我们穷人办教育,样样都得带点创造性"(第11卷,第674页)。

其次,创造的社会教育培养老百姓的创造力。陶行知认为今天的大学之道"在明大德,在亲大众,在止于大众之幸福"(第4卷,第470页),意即今天的教育所培养的人才要大公无私,与大众同心同德,为大众谋幸福。为大众谋幸福就要解放人民群众的头脑,还要"解放人民的'双手',做到手脑并用;还要解放人民的'眼睛',让人民群众放眼全国,放眼世界;解放'嘴',让老百姓都能讲话,都敢讲话;解放'时间',不能使青年们埋头死读书,要让他们有充分的时间,去关心国家大事,关心老百姓的痛痒,投入各项活动;解放'空间',要让青年人接触社会、了解社会以改造社会"(第11卷,第701页)。

同样地,创造的儿童教育培养儿童的创造力。"教育是要在儿童自身的基础上,过滤并运用环境的影响,以培养加强发挥这创造力,使它长得更有力量,以贡献于民族与人类。教育不能创造什么,但它能启发解放儿童创造力以从事于创造之工作。"(第4卷,第446页)培养儿童的创造力同样也要解放儿童的头脑、双手、眼、嘴、时间和空间。

最后,"创造力最能发挥的条件是民主"(第4卷,第451页)。民主应用在教育上有三个要点:(一)教育机会均等;(二)宽容和了解;(三)在民主生活中学民主。(第4卷,第452页)

◆ 名篇评述

评述34

创造的教育

诸位同学：

我今天的讲题是"创造的教育"。

什么是创造的教育？先说明"创造"两个字的意义。我举两个例子来说吧。鲁滨孙漂流到荒岛上去，口渴了，白天他走到海边用手去捧水喝，到黑夜里就没有办法了。他偶尔在灶的旁边，看见经火烧过的泥土，硬得如石子一样。他想到软的土经火烧了，就成坚固且硬的东西，于是他把土做成三个瓶子，放入火中去烧，烧碎了一个，其余的两个可以满满地盛着水。于是他口渴的问题完全解决了。我们把这件事分析起来，可以发现三点：他把手捧水喝，到黑夜发生了困难，是他的行动；发现泥土经过火烧变成坚固且硬的东西，也是他的行动；把泥土塑成了瓶，希望同烧过的土一样的坚固，是他的思想。结果，他瓶子盛水的计划成功了，是新价值的产生。由行动而发生思想，由思想产生新价值，这就是创造的过程。这个例子是"物质的创造"。再如《红楼梦》上刘姥姥游大观园，贾母请客，后来唤了二只船来，贾母同媳妇人等在前船先行，宝玉同姊妹们在后船后行。河内氽满着破残荷叶，宝玉的船划不快，追不上前船。宝玉心里非常忿怒，马上要铲光破荷叶。薛宝钗说："现在仆人们很忙碌，等他们空了，再叫他们铲除吧！"林黛玉说："我平生最不喜欢李义山的诗，只有一句还可以。"宝玉问她：究竟是哪一句呢？黛玉说，"留得残荷听雨声"一句。宝玉一想，觉得破荷叶很有用处，就不再要铲荷叶了。这个例子中，船行到荷叶中去，是行动；破荷叶妨碍行船，是行动；林黛玉提出李义山的诗句，是思想；宝玉心中厌恶的破荷叶，一变而为可爱的天然乐器，是产生了新的价值。这种新观念的成立，是"心理的创造"。

我现在再讲行动，关于教育上的行动。中国现在的教育是关门来干的，只有思想、没有行动的。教员们教死书、死教书、教书死；学生们读死书、死读书、读书死。所以那种教育是死的教育，不是行动的教育。我们知道王阳明先生是提倡"知行合一"说的，他说"知是行之始，行是知之成"。他的意思是先要脑袋里装满了学问，方才可以行动。所以大家都认为学校是求知的地方，社会是行动的地方，好像学校和社会是漠不相关的，以致造成一班只知而不行的书呆子。所以阳明先生的二句话，很可以代表中国数千年的传统教育的思想。现在我要把他的话翻半个筋斗。如果翻一个筋斗，岂非仍是还原吗？所以叫它翻半个筋斗，就是说："行是知之始，知是行之成。"例如爱迪生发明电灯，不是从前的人告诉他的，是玩把戏而偶然发现的。小孩子不敢碰洋灯泡，是他弄火烫痛的经验；至于妈妈告诉他火是烫人的，不过使小孩子格外清楚一些。所以要有知识，是要从行动中去求来，不行动而求到的知识，是靠不住的。有人告诉你这是白的，那是黑的，你不行动，就不能知道哪个是真，哪个是假。有行动的勇敢，才有真知识的收获。书本子的东西，不过告诉你别人得来的知识。有许多人著书，东抄西袭，这种抄袭成章的知识，不是自己知识的贡献。你能行动，行动才生困难，想法解决了困难，才是真知识的获得。我现在介绍杜威先生思想的反省（Reflectria of Thingking）中的五个步骤：（一）感觉困难；（二）审查困难所在；（三）设法去解决；（四）择一去尝试；（五）屡试屡验，得到结论。我的意思，要在"感觉困难"上边添一步："行动"。因为惟其行动，到行不通的时候，方才觉得困难，困难而求解决，于是有新价值的产生。所以我说行动是老子，思想是儿子，创造是孙子。你要有孙子，非先有老子、儿子不可，这是一贯下来的。但是我们知道，单独的行动，也是不能创造的，如中国农夫耕种的方法，几千年来，间有小小的改良外，其余的都是墨守陈规，毫无创造。还有许多书呆子，书尽管读得多，也不能创造。所以要创造，非你在用脑的时候，同时用手去实验。用手的时候，同时用脑去想不可。手和脑在一块儿干，是创造教育的开始；手脑双全，是创造教育的目的。孟子说："劳心者治人，劳力者治于人。"这是孟子当时的教育思想。时至今日，这种传统的思想已经起了一个极大的地震，渐渐地在那里崩溃了。我最近读了世界许多有名科学家的传记，觉得有发明的人，都是以头脑指挥他的行动，以行动的经验来充实他的头脑。中国的所谓学者，他们擅长的是高谈阔论，作空文章；而做劳工的人，又不读书，不肯用脑。所以一辈子在这种传统习尚下过生活，大科学家、大发明家哪里会产生？现在我们知道了，劳工教育啦,平民教育啦,都是时见时闻的。但是情势一变,"反动""嫌疑"等等名目都加上来,你就陷于四面碰壁的绝境。有许多教育界很有声望的、无阻无碍的人,他们又不愿去干,以致这种教育至今还尚在萌芽时代。

行动的教育,要从小的时候就干起。要解放小孩的自由,让他做有意义的活动,展开他们的天才。至于我们这一辈,从小是受传统教育的熏陶,到现在觉悟起来,成为一个半路出家的和尚。和尚是半路出家,他往往会想起他的家来。例如不吃鸦片的人,一见鸦片就生厌恶,但吃过鸦片的人,虽然戒了,至少对它有相当的感情。我们小的时候,有天赋的行动本能,不过一切工作都被仆人们代做去了,被慈善的妈妈代做去了。稍长一些,我们到小学校去读书,有阎罗王般的教师坐在上面,不许我们动一动。中学和大学的课程是呆呆地订死在那里,你要动亦不得动。到现在始费尽九牛二虎之力,挣扎着改变久受束缚的人生,还不能回复自然的本能。但是我们不要灰心,时机也不算晚,佛兰克林四十几岁才发明了电呢[①]!不过行动的教育,应当从小就要干起,因为小孩子还没有斫丧他行动的本能,小小的孩子,就是将来小小的科学家。假使我们给小孩子自由行动,我相信千百孩子之中,一定有一个小孩是天才,是一个创造者、发明者。爱迪生小时候,是个很喜欢行动的小孩子。当时美国的教育,也同中国一样,小学教员是禁止小孩子活动的。爱迪生违反了教师的训条,就蒙到"坏蛋"的声名,不到三个月,爱迪生被"坏蛋"的空气逼走了。爱迪生的母亲不服气,她以为她的儿子并不是"坏蛋","蛋"并没有坏,她就教他先在地窖里研究化学,后来研究物理,结果成了一个闻名的科学家。所以爱迪生的成功,幸而有他的妈妈,否则老早就把他的天才牺牲了。牛顿生下来的时候,小到像小老鼠一只,体重只有三磅。看护妇去请医生的时候,很不高兴地说:"这样小老鼠一般大的东西,等到医生来,早已一命归天了。"岂料小老鼠一般的东西,就是以后闻名的科学家,还活到八十多岁呢。据说牛顿小的时候,并不聪明。可见小孩子的时代,很难看得出哪一个是天才的儿童。

四月四号是世界儿童节,中华慈幼协会[②]请我编了四支儿童歌:

---

① "佛兰克林四十几岁才发明了电"指富兰克林在研究大气电方面曾做出贡献,发明了避雷针。

② 中华慈幼协会是以完善幼儿保育为宗旨的慈善团体,为朱其慧筹创。

（一）小盘古

我是小盘古，

我不怕吃苦；

我要开辟新天地，

看我手中双斧。

（二）小孙文

我是小孙文，

我有革命精神；

我要打倒帝国主义，

像个球儿打滚。

（三）小牛顿

我是小牛顿，

让人说我笨；

我要用我的头脑，

向大自然追问。

（四）小工人

我是小工人，

我有双手万能；

我要造富的社会，

不造富的个人。

　　我们要打倒传统的教育，同时要提倡创造的教育。它的办法是怎样呢？我们知道，传统的教育，它们一个教室容纳四五十人，试问教师的力量有多么大，能够完全推动全级学生？所以就发生了教育方法上的错误。我们现在的办法是教师教大徒弟，大徒弟再去教小徒弟，先生在上了几堂课以后，鉴别了几个较有天才、聪明的大徒弟。以后教师就专门去教大徒弟，所以他的精神容易去推动他们，学问也容易灌输到他们头脑中去。大徒弟再把他所得到的，分别地去教那些小徒弟。学生们很活动地去找寻知识、解释困难、贡献他所求得的知识，先生不过站在旁边的地位略加指点而已。我们认为这种教育，是行动的教育。有行动才能得到知识，有知识才能创造，有创造才有热烈的兴趣。所以我们主张"行动"是中国教育的开始,"创造"是中国教育的完成。我曾经参观过一个学校,这个学校是小孩子办的。我问他们说:"你们是大小孩子教小小孩子吗?"有一个小孩子回答说:"是的,不过有许多时候小小孩子也教大小孩子呢。"我说:"你的话是对的,是真理,比我的意见更进一层。"现在中国传统教育下的知识阶级,根本就看不起孩子,看不起农人、工人。但是试问他们的力量有多么大?倭奴侵占我们东三省,你有力量赶走他吗?不可能!我们要启发小孩子,启发农人、工人,运用大多数人的力量,才能够去创造,才能救国雪耻。我来举一个例子,证明农人的力量并不弱。从前我办一个学校,在校的旁边凿了一口井,专门供给学校用水的。有一年大旱,乡村中旁的井水都汲干了,所以乡民都集中到校旁井内来汲。后来这口井也涸竭了,于是我们校里,因为水的恐慌开了一个会。当时有人主张,把井收回自用。我不以为然。我说:"我们的学校,是以社会作学校的,不应该把社会圈出于学校之外。假如这样,我们将来推广农事和民众教育就不容易办了。用水既是大众的事,还不如请大众共同来解决。"于是请各村庄每家派一个代表,男的、女的、小孩子在十三岁以上的都可以,没有多少时候,礼堂上已挤满了代表。我们教员们,自觉居于孔明的地位、三个臭皮匠合做一个诸葛亮的地位,所以黄龙宝座的主席,推了一个十三岁的小孩子。我们略略讲了几条会场规则之后,就正式开会。那一天的会,非常有精彩、有力量,当时发言最多且最好者,要推老太婆!好!我们来听有一个老太婆的宏论。她说人是要睡觉的,井也是要睡觉呢;井不让它睡觉,一辈子就没有水吃。所以当时一致议决井要睡觉。自下午七时起至翌晨五时止,不得唤醒井,违者罚大洋一元,作修井之用。当这个老太婆发言未完,另有一个老太婆,也想立起来发言,就有第三个老太婆牵牵她的衣襟,制止她的发言,说:"不是方才先生说过的吗?"你想他们非但能够自治,而且还能管理他人,所以当时会场发言的人非常多,秩序还是一丝不乱的。他们讨论了好久,还制成几条议案:第二条就是汲水的程序,先到者先汲,后到者后汲,违者罚大洋五角,作修井之用;第三条就是再开凿一井,把太平天国时留下淤塞的废井加以开凿,经费富者多捐,贫者少捐,茶店、豆腐店也多捐一些;其四,推举奉天刘君世厚为监察委员,掌理罚款,调解纠纷。结果,一个大钱都没有罚到,因为这是出于农人自动的议决,所以大家能遵守。你看农人的力量是多么大,他们的话多么的公正和有效,这种问题来的时候，岂是少数人所能干得了吗？不过他们的旁边，还是需有孔明在那里指示，否则恐怕到如今，并还没有开凿成功。所以创造的教育应该启发农人、工人、学生，使他们得真的知识，才是真的创造。

其次我要讲的：现在中国的教育组织，是不能创造的。我们可以分两种来说。第一种是：学校是学校，社会是社会。他们认为学校是求知的地方，社会是行动的地方，他们说读书不忘救国，救国不忘读书。日本人的炮弹已经飞到他们的面前，还是子曰子曰读他的书，这种教育是亡了中国还不够的。第二种，他们已经觉得学校是离不开社会的，所以他们主张"学校社会化"。他们想把社会的一切，都请到学校里来，所以学校里什么都有：公安局啦，卫生局啦，市政厅啦，什么都有。但是他们所做的与社会依旧是隔膜的。况且学校有多么大，能够包罗万象？他们的学校好像大的鸟笼，把鸟儿捉到笼里来养；又好像一只大缸，把鱼儿捉到缸里来养。结果鸟儿过不来鸟笼的生活，死了；鱼儿过不来鱼缸的生活，死了。所以这种似是而非的教育是不自然的、虚伪的和无力量的，也不是创造的教育。创造的教育是怎样呢？就是"以社会为学校"，"学校与社会打成一片"，彼此之间，很难识别的。社会含有学校的意味，学校含有社会的意味。我们要把学校的围墙拆去，那么才可与社会沟通。这种围墙不是真的围墙，是各人心中的心墙。各人把他的感情、态度从以前传统教育那边改变过来、解放起来。实则这种教育，只要有决心去干，是很容易办到的。例如大夏大学的附近有许多村庄，庄上的人，都是散漫的、无教育的。假使我们把学校与村庄沟通，大学生都负责去创造新村，村上的人，都接受到知识，形成活泼的有力量有生命的村庄，再把全中国所有的村庄联合起来，构成一个有大生命的中国，民众的力量可以集中，国难也可以共赴。这样做去，要普及教育，一年就可以成功。我们自近而后远，先小而后大，着手办去，把小孩子、农人、工人都培养起来，这才是创造教育的目的。中国现在的教育不是平等发展的，是畸形发展的：一方面有博士、硕士；一方面有一大群无知识的民众。迟滞的表示不出多大贡献。

现在我再要讲：创造的教育是以生活为教育，就是生活中才可求到教育。教育是从生活中得来的，虽然书也是求知之一种工具，但生活中随处是工具，都是教育。况且一个人有整个的生活，才可得整个的教育。举个例来说吧，有一个儿子，他是喜欢赌博的，他的母亲训斥他。不过他的母亲却悄悄地到邻舍去赌博了,他在窗内看见他的母亲赌博,于是也到别处去赌博了。这个孩子过的是赌博生活,受的是赌博教育,不期而然而成赌博的人生。某学校反对我"生活即教育"的主张,我去参观他们的学校,适逢吃饭的时候。他们的饭菜是有等级的,厨子巴结先生,先生的菜特别好,学生的菜,简直坏之不堪。他们请我在先生一桌吃饭,我愿意同学生一块儿吃。学生的饭菜坏到怎样呢?他们名为一碗肉,肉仅在碗面上有几小块,学生在未下箸的时候,目光炯炯地早已看准那最大的一块,一下箸,一碗饭还没有吃完,而菜已吃得精光了。这种饕餮的状态,无形中在饭堂里更造成了许多小军阀。这个学校,是不把吃饭问题归入教育范围之内的。有许多学校对于男女学生的恋爱,他们是讳莫如深,但恋爱问题,往往闹遍在学校里。现在生活的教育是怎样呢?我们知道恋爱、吃饭等问题都是非常重要的。所以,恋爱先生我怕你,请你进来;吃饭先生我怕你,请你进来。我们一块儿干吧!我们的教育非但要教,并且要学要做。教而不学,学而不做,叫做"忘三"。我们要能够做,做的最高境界就是创造。我们要能够学,学从生活中去学,只知学而不知做,就不是真的学。我们要能够教,教要教得其所,要有整个的教育、平等的行动的教育,不要像现在畸形的教育。有人说我的创造教育,不成其为学校,我作了一首诗:"谁说非学校,就算非学校。依样画葫芦,简直太无聊。"(第3卷,第446~454页)

《创造的教育》是1933年3月陶行知在上海大夏大学的演讲,由华炜生记录,并发表在1933年3月的《教育建设》第5辑。本篇的核心内容是讲"行动的教育"。在破解中国教育千年之谜、创建生活教育理论的过程中,本文又是一篇举足轻重的经典,抓住了中国教育的根本问题。

陶行知批评说:"中国现在的教育是关门来干的,只有思想,没有行动的。教员们教死书、死教书、教书死;学生们读死书、死读书、读书死。所以那种教育是死的教育,不是行动的教育。"(第3卷,第447页)两千多年前,孟子曾说:"劳心者治人,劳力者治于人。"千百年来,孟子的这两句话确也麻醉了许多读书人。根据生活教育理论来看,单单劳心的人,没有创造力,也就没有治国平天下的能力,更没有生产建设的能力来造福人民、安定民生。陶行知批评说:"中国的所谓学者,他们擅长的是高谈阔论,作空文章;而做劳工的人,又不读书,不肯用脑。所以一辈子在这种传统习尚下过生活,大科学家、大发明家哪里会产生?"(第3卷,第448页)这是对中国千百年来传统的错误教育观念最恰当的批评!

陶行知说:"一面行,一面想,必然产生新价值。"(第2卷,第528页)"是活人必定做。活一天,做一天;活到老,做到老。如果我们承认小孩子也是活人,便须让他做。小孩子的做是小发明、小创造、小实验、小建设、小生产、小破坏、小奋斗,探寻小出路。小孩子的做是小做,不是假做。"(第2卷,第529页)不让孩子去行动,无疑是扼杀了小孩子的天性,断送他们的伟大生命。

陶行知主张:"行动的教育,要从小的时候就干起。"(第3卷,第448页)"创造的教育是以生活为教育,就是生活中才可求到教育。教育是从生活中得来的,虽然书也是求知之一种工具,但生活中随处是工具,都是教育。"(第3卷,第453页)这是陶行知创造教育很重要的思想。

牛顿的"万有引力"思想,是从苹果为什么会落地而引发的。这个例子被人们引用了千万次,但有的人仍然不明了其中的奥秘。不少人以为这是一个偶然的机遇,使牛顿发现了万有引力。这个现象人人都见过,却没发现万有引力。这是因为牛顿在劳力上劳心,覃思苦虑,终于破解了万有引力,也就是说,他找到了只有万有引力才是苹果落地的根本原因。

伽利略怎样创制天文望远镜的?"伽利略在1607年听说里披耳舍(Lippershey)①发明了一个东西,是两个镜片做的,可以望远。他得到这一点暗示,想了一晚,次日便开始独出心裁,创制他的第一架望远镜。他用了一根风琴管,一头装凸镜,一头装凹镜,可放大三倍。后来又制成放大三十二倍的望远镜。木星的四个卫星便是用这台镜子发现的。我们要知道,自古以来的大科学家都是自造工具,几乎没有一个例外。依赖外国仪器的人,绝不会做出第一流的贡献。"(第2卷,第50页)

再说生物学家达尔文,陶行知说:"达尔文和瓦雷士之天择学说,不是从天上凭空掉下来的,也不是从书本里抄下来的,也不是从脑筋里空想出来的,乃是在动植物中经年累月地一面干,一面想,干透了,想通了,然后才有这样惊人的发现。"(第2卷,第24页)没有经年累月的在动植物中的科学生活,就没有这样

---

① 里披耳舍通译利珀希。

惊人的发现。

许许多多的发明实例告诉我们："我们要能够做，做的最高境界就是创造。我们要能够学，学从生活中去学，只知学而不知做，就不是真的学。我们要能够教，教要教得其所，要有整个的教育、平等的行动的教育，不要像现在畸形的教育。"（第3卷，第454页）这就是陶行知的创造教育思想。

总之，"一面行，一面想，必然产生新价值"（第2卷，第528页）。"由行动而发生思想，由思想产生新价值，这就是创造的过程。"（第3卷，第446页），我们要让孩子行动起来，把小孩子培养成小盘古、小孙文、小牛顿、小工人，培养他们有吃苦的精神、有革命的精神、有科学的头脑，让手脑联盟，做新时代的创造者。为什么我们的学生"愈学愈弱，愈教愈懒"（第2卷，第327页）？根本原因就是我们忽视了"行动的教育"。

评述 35

创造宣言

创造主未完成之工作，让我们接过来，继续创造。

宗教家创造出神来供自己崇拜。最高的造出上帝，其次造出英雄之神，再其次造出财神、土地公、土地婆来供自己崇拜。省事者把别人创造的现成之神来崇拜。

恋爱无上主义者造出爱人来崇拜。笨人借恋爱之名把爱人造成丑恶无耻的荡妇来糟蹋，糟蹋爱人者不是奉行恋爱无上主义，而是奉行万恶无底主义的魔鬼，因为他把爱人造成魔鬼婆。

美术家如罗丹，是一面造石像，一面崇拜自己的创造。

教育者不是造神，不是造石像，不是造爱人。他们所要创造的是真善美的活人。真善美的活人是我们的神，是我们的石像，是我们的爱人。教师的成功是创造出值得自己崇拜的人。先生之最大的快乐，是创造出值得自己崇拜的学生。说得正确些，先生创造学生，学生也创造先生，学生先生合作而创造出值得彼此崇拜之活人。倘若创造出丑恶的活人，不但是所塑之像失败，亦是合作塑像者之失败。倘若活人之塑像是由于集体的创造，而不是个人的创造，那么这成功失败也是属于集体而不是仅仅属于个人。在一个集体当中,每一个活人之塑像,是这个人来一刀,那个人来一刀,有时是万刀齐发。倘使刀法不合于交响曲之节奏,那便处处是伤痕,而难以成为真善美之活塑像。在刀法之交响中,投入一丝一毫的杂声,都是中伤整个的和谐。

教育者也要创造值得自己崇拜之创造理论和创造技术。活人的塑像和大理石的塑像有一点不同,刀法如果用得不对,可以万像同毁;刀法如果用得对,则一笔下去,万龙点睛。

有人说:环境太平凡了,不能创造。平凡无过于一张白纸,八大山人①挥毫画他几笔,便成为一幅名贵的杰作。平凡也无过于一块石头,到了飞帝亚斯、米开朗基罗的手里可以成为不朽的塑像。

有人说:生活太单调了,不能创造。单调无过于坐监牢,但是就是在监牢中,产生了《易经》之卦辞②,产生了《正气歌》③,产生了苏联的国歌④,产生了《尼赫鲁自传》。单调也无过于沙漠了,而雷塞布(Lesseps)竟能在沙漠中造成苏彝士运河⑤,把地中海与红海贯通起来。单调又无过于开肉包铺子,而竟在这里面,产生了平凡而伟大的平老静。

可见平凡单调,只是懒惰者之遁辞。既已不平凡不单调了,又何需乎创造?我们是要在平凡上造出不平凡,在单调上造出不单调。

有人说:年纪太小,不能创造,见着幼年研究生之名而哈哈大笑。但是当你把莫扎尔特,爱迪生及冲破父亲数学层层封锁之帕斯加尔(Pascal)幼年研究生活翻给他看,他又只好哑口无言了。

有人说:我是太无能了,不能创造。但是鲁钝的曾参,传了孔子的道统。不

---

① 八大山人:清初画家朱耷(约1626~1705)的别号。擅长画水墨花卉禽鸟,亦画山水,笔墨简括,形象夸张。

② 《易经》之卦辞:《易经》即《周易》,这句话是说,周文王被关押时才把相传由神农作的八卦发展成为六十四卦的卦辞。春秋后,儒家把它作为重要经典之一。

③ 《正气歌》:南宋大臣文天祥抗元失败被俘,在狱中所作《正气歌》,表现了宁死不屈的崇高气节。

④ 苏联的国歌:鲍狄埃创作的《国际歌》。苏联1917到1944年以《国际歌》代国歌。

⑤ 苏彝士运河:通译苏伊士运河。1859年开工,1869年完成,系雷塞布所创办的"国际苏伊士运河公司"开凿的。

识字的惠能，传了黄梅的教义。惠能说："下下人有上上智。"我们岂可以自暴自弃呀?! 可见无能也是借口。蚕吃桑叶，尚能吐丝，难道我们天天吃白米饭，除造粪之外，便一无贡献吗?

有人说：山穷水尽，走投无路，陷入绝境，等死而已，不能创造。但是遭遇八十一难的玄奘，毕竟取得佛经；粮水断绝、众叛亲离之哥伦布，毕竟发现了美洲；冻饿病三重压迫下之莫扎尔特，毕竟写出了《安魂曲》。绝望是懦夫的幻想。歌德说：没有勇气一切都完。是的，生路是要勇气探出来、走出来、造出来的。这只是一半真理；当英雄无用武之地，他除了大无畏之斧，还得有智慧之剑、金刚之信念与意志，才能开出一条出路。古语说，穷则变，变则通，要有智慧才知道怎样变得通，要有大无畏之精神及金刚之信念与意志才变得过来。

所以，处处是创造之地，天天是创造之时，人人是创造之人，让我们至少走两步退一步，向着创造之路迈进吧。

像屋檐水一样，一点一滴，滴穿阶沿石。点滴的创造固不如整体的创造，但不要轻视点滴的创造而不为，呆望着大创造从天而降。

东山的樵夫把东山的茅草割光了，上泰山割茅草，泰山给他的第一个印象是：茅草没有东山多。泰山上的"经石峪""无字碑""六贤祠""玉皇顶"……大自然雕刻的奇峰、怪石、瀑布，蓄养的飞禽、走兽、小虫和几千年来农人为后代种植的大树，于他无用，都等于没有看见。至于那种登泰山而小天下之境界，也因急于割茅草而看不出来。他每次上山拉一堆屎，下山撒一抛尿，挑一担茅草回家。尿和屎是他对泰山的贡献，茅草是他从泰山得到的收获。茅草是平凡之草，而泰山所给他的又只有这平凡之草，而且没有东山多，所以他断定泰山是一座平凡之山，而且从割草的观点看，比东山还平凡，便说了一声"泰山没有东山好"。茅草中有一棵好像是先知先觉的树苗，听他说"泰山没有东山好"，想到自己老是站在寸土之中，终年被茅草包围着，陡然觉得平凡、单调、烦闷、动摇，幻想换换环境。一根树苗如此想，二根树苗如此想，三根树苗如此想，久而久之成趋向；便接二连三地，一天一天地，听到有树苗对樵夫说："老人家，你愿意带我到东山去玩一玩么?"樵夫总是随手一拔，把它们一根一根地和茅草捆在一起，挑到东山给他的老太婆烧锅去了。我们只能在樵夫的茅草房的烟囱，偶尔看见冒出几缕黑烟，谁能分得出哪一缕是树苗的，哪一缕是茅草的化身?

割草的也可以一变而成为种树的老农,如果他肯迎接创造之神住在他的心里。我承认就是东山樵夫也有些微的创造作用——为泰山剃头理发,只是我们希望不要把我们的鼻子或眉毛剃掉。

创造之神! 你回来呀! 你所栽培的树苗是有了幻想,樵夫拿着雪亮的镰刀天天来,甚至常常来到树苗的美梦里。你不能放弃你的责任。只要你肯回来,我们愿意把一切——我们的汗、我们的血、我们的心、我们的生命——都献给你。当你看见满山的树苗在你监护之下,得到我们的汗、血、心、生命的灌溉,一根一根地都长成参天的大树,你不高兴吗? 创造之神! 你回来呀! 只有你回来,才能保证参天大树之长成。

罗丹说:"恶是枯干。"汗干了,血干了,热情干了,僵了,死了,死人才无意于创造。只要有一滴汗、一滴血、一滴热情,便是创造之神所爱住的行宫,就能开创造之花,结创造之果,繁殖创造之森林。

三十二年十月十三日

写于凤凰山

(第4卷,第3~7页)

陶行知的《创造宣言》写于1943年10月13日,在1943年10月15日下午向育才指导会宣读,16日早晨在朝会上向全体同学宣读,当晚12时,方与严主持的《创造壁报》全文刊出。1943年11月25日,重庆《新华日报》全文发表《创造宣言》。

这是一篇中国教育的创造宣言。

育才是陶行知生活教育的试验学校,十分重视孩子创造力的培养和发挥。整个育才充满了创造氛围。在1941年初皖南事变后,育才学校陷入极度的困境。6月20日到7月20日,育才师生开展"创造月"活动,自己动手造舞台、游泳池、自然科学馆、历史地理陈列馆、艺术馆等。8月1日,陶行知总结了"创造月"的经验,并宣布"创造年"开始。9月1日,陶行知在开学典礼上演讲《幼年研究生之培养》,写下《创造年献诗》(第4卷,第8页),这时的育才师生非常活跃。1942年进入高潮,9月,陶行知作《育才合唱团诗》:"我们是真理的歌者!""要唱出新中国,唱出新世界!"10月,音乐组举办音乐会后,陶行知说:"已把创造之神迎接回来了!"在文学组诗歌朗诵会上,陶行知说:"诗的晚会已把创造之神留住了。"育才的创造精神渗入到了每个人的血液里。

教育者要创造什么人?他们所要创造的是真善美的活人。在这个创造的过程中,"先生创造学生,学生也创造先生,学生先生合作而创造出值得彼此崇拜之活人"(第4卷,第3页)。陶行知从来主张师生"共学、共事、共修养的方法,是真正的教育"(第1卷,第35页)。为了教好学生,自己就要学好;学生愈长进,教师也就必须更长进,这就是"以教人者教己",或者说是"为教而学"。(第1卷,第112页)学生进步得愈快,愈能催促教师努力进修。为了教好学生,教师必须改进他的教育教学方法,便要读点教育教学法之类的书,但这些书不可死读,最好是读活书,从学生那里得来的活知识是活书。世界上最好的教育教学法不是从书上得来的,而是从学生身上得来的。

究竟什么是创造?

无意创造的人总会找到各种遁辞,如环境太平凡了,生活太单调了,年纪太小了,自己太无能了,山穷水尽、陷入绝境、不能创造,等等。《创造宣言》告诉我们,"我们是要在平凡上造出不平凡,在单调上造出不单调"。是什么使玄奘、哥伦布获得成功?科学上的重大发现和创造,哪一项不经历千辛万苦?爱迪生为了寻找有效的灯泡灯丝,曾用矿物做了一千六百次试验,检查过六千种植物;他发明的镍铁蓄电池是五万次试验之结果。(第2卷,第94页)陶行知说得更清楚些,把创造(过程、特征)归结为八个字:勇气、智慧、信念、意志。说得详细点:"生路是要勇气探出来、走出来、造出来的。这只是一半真理;当英雄无用武之地,他除了大无畏之斧,还得有智慧之剑、金刚之信念与意志,才能开出一条出路。古语说,穷则变,变则通,要有智慧才知道怎样变得通,要有大无畏之精神及金刚之信念与意志才变得过来。"(第4卷,第5页)"爱迪生有一句名言:'天才是劳动而有恒心。'他所说的劳动实含有劳力与劳心两方面。"(第2卷,第94页)把创造的概念与过程弄明白了,陶行知自然而然地得出结论说:"处处是创造之地,天天是创造之时,人人是创造之人(第4卷,第5页)。"

在《创造宣言》的后面,陶行知讲了一个意味深长的寓言故事。这个寓言故事旨在告诫大家:"不要轻视点滴的创造而不为,呆望着大创造从天而降。"(第4卷,第5页)樵夫,可以成为刽子手,也可以成为园丁,只在一念之差。这就是这个寓言故事的主题。

陶行知费尽心血,教育着育才的孩子们。这些天真的孩子失去了他们的双亲和兄弟姐妹,他们都是从失落中、从流浪的街头赤脚步入育才这个教育的殿堂的。皖南事变后,育才陷入困境,孩子们也感觉到乌云笼罩着育才,开始担忧起来。是陶行知这样一位大无畏的共产主义战士,支撑起孩子们的勇气,激发他们的创造力,使他们面对现实。《创造宣言》就是在这样的背景下发表的。《创造宣言》给了育才的孩子新的生命、新的希望、新的力量,在今人读来也是一篇千古不朽之作。育才创造的是真善美的活人,下面简要介绍几位杰出的代表人物。

陈贻鑫(1926—2013),1938年日本侵略军迫近武汉之时,贫困的双亲把12岁的陈贻鑫送进了武汉临时儿童保育院。这年夏天,陶行知与音乐家任光来到这个保育院。难童中有一位害癫痫的小朋友陈贻鑫,在教小朋友唱歌。他不但指挥有特色,而且人也聪明。任光教唱了他的新作《高粱红了》,陈贻鑫立刻在黑板上写出了任光唱的头几句的简谱。任光和陶行知惊奇地发现,这是一个有音乐天赋的孩子。这年的10月14日,正值新安旅行团来到武汉并迎来了新旅的三周年。临时保育院举办了新旅建团三周年庆祝会,陶行知、任光、邓颖超、郭沫若、田汉、邹韬奋参加。在庆祝会上,陈贻鑫指挥难童演唱《大刀进行曲》《义勇军进行曲》,非常出色,再次感动了陶行知。但是1939年7月育才开学时并没有陈贻鑫,原因是陈贻鑫已随武汉临时保育院撤到重庆了。几经周折,陶行知终于在两个月后找到了陈贻鑫。陈贻鑫加入了育才的音乐组。当时音乐组主任是著名革命音乐家贺绿汀,音乐家任光(1900~1941)、夏之秋(1912~1993)、小提琴家黎国荃(1914~1966)、理论家李凌(1913~2003)等先后任音乐组的教师。1940年12月,在贺绿汀带领下,音乐组首次参加了军事委员会政治部文化工作委员会在中国电影制片厂举行的音乐会演出,获得周恩来、叶剑英、邓颖超、冯玉祥、郭沫若的一致称赞。周恩来题词:"为新中国培育出一群新的音乐天才!"叶剑英题词:"为世界而工作,为工作而学习。"邓颖超勉励孩子:"以歌声唤起大众!"这些都成了陈贻鑫和音乐组全体同学终生难忘的座右铭。1941年初,皖南事变发生,贺绿汀转移到苏北解放区了。孩子们的学习受到很大影响,但在陶先生的领导下,集体自学,共同研究,互相帮助,提倡会的教人、不会的跟人学。15岁的陈贻鑫当了"小先生"。1943年4月3、4、5日,育才音乐组为向社会筹募教育基金,连续举行公开音乐会。育才音乐组的孩子们从艺术实践中学艺术,从生活中学艺术,进步很快。演出的曲目里有陈贻鑫、杜鸣心、熊克炎的作品,陈贻鑫指挥合唱。杨秉孙、陈贻鑫、杜鸣心三人的钢琴三重奏也非常精彩。在极端困难的条件下,整场会务都由孩子们担任,井然有序。当记者采访陶先生时,这位大教育家指着孩子们,请记者采访小朋友。第二天的报纸发表了陈贻鑫的讲话。陈贻鑫在陶行知生活教育的沃土里已经幼苗成木了。1946年7月,陶行知因患脑溢血与世长辞。育才学校又被迫迁往上海,几个艺术组先行迁沪,学校陷入极度困难。20岁的陈贻鑫就担任了音乐组的主任。他像陶校长那样爱护新来的小同学,小同学们亲切叫陈贻鑫"陈哥哥"。卞祖善是调皮的孩子,爱闹爱玩,经常闯祸。长大后,他却成为中央芭蕾舞团首席指挥、全国十大名指挥之一。卞祖善回忆说:"如果不是陈哥哥的宽容与理解,就没有我尔后的指挥生涯了。"陈贻鑫任音乐组主任7年,扶掖了许多音乐新苗成长,仅1952年一年,就把30多名学生送入上海音乐学院(包括附中)。其中李其芳、曹承筠、林应荣,在1954年分别获得留学苏联、波兰的机会,后来他们成为中央音乐学院、上海音乐学院的教授。

少小为人师的陈贻鑫,从小受着陶先生"捧着一颗心来,不带半根草去"的崇高精神的熏陶,把许多机会让给了别人,自己辛勤地耕耘在音乐教育的园地里。1958至1980年,陈贻鑫一直在天津歌舞剧院任首席指挥。指挥不是单独地演奏一种乐器,而要把乐队演奏家们的情、意、行统一在一起,给美好的作品以最完美的演奏,这要求指挥家具有清醒的头脑、敏锐的听觉,要有一双具有独特效能的手,以及渊博的音乐知识和全面的音乐修养。在育才的十年,给了陈贻鑫较全面的音乐修养。在乐队里,弦乐是基础。在弦乐上,陈贻鑫是全能型的,他的钢琴、大提琴、小提琴水平均堪称一流,这些都是他在指挥上的优势。作为一个艺术家,陈贻鑫还有一种更大的优势,这就是良好的艺德。正是这种良好的人格和艺德,陈贻鑫与演奏员们建立了水乳交融的关系,使演奏达到尽善尽美。这种良好的人格和艺德是育才多年"追求真理做真人"教育思想熏陶的结果,一切向真、向善、向美,真善美合一。1980年,陈贻鑫调中央音乐学院指挥系任教兼副主任,1984年担任第26届国际歌唱节评委,1992年赴美讲学。

杜鸣心(1928—),原名杜明星,他的启蒙老师是父母。但不久父亲战死沙场,母亲靠做佣工维持生计。当日寇逼近武汉时,母亲带他回了老家湖北潜江县,明星上了小学。但小学还没毕业,迫于生计,母亲含泪把他送进了战时难童收容站。小明星被分配到设在四川永川县的第二儿童保育院,后与另三人被选入育才音乐组。1939年冬天,明星穿着一双草袜踏进了育才。即使是一双草袜,小明星白天打赤脚,晚上上床前洗了脚才穿一会儿,可见生活之艰苦。在音乐组,小明星第一次见到钢琴就迷上了。贺绿汀亲自教他,并采用法国教材。1940年12月,育才音乐组20位小朋友在中国电影制片厂礼堂举行音乐会,11岁的小明星学钢琴才一年,贺绿汀,便让他登台独奏。他面对许多要人如周恩来、叶剑英、邓颖超、冯玉祥、何应钦、郭沫若、茅盾等,自如地弹奏了韦伯的歌剧《自由射手》选段。台下数百名听众为小明星出色的演奏热烈鼓掌。小明星在老师的精心培养下,弹出了水平,也找到了信念,特别是周恩来、叶剑英、邓颖超的题词,使他明白了要用音符表达人民的心声。从此,他改名为"杜鸣心"。皖南事变后,贺绿汀转移到苏北根据地,接任他教杜鸣心钢琴的是著名钢琴家范继森先生。杜鸣心不只学钢琴,也学小提琴,还尝试作曲。

1946年夏天,育才艺术各组迁往上海。已到上海音乐专科学校任教的范继森老师仍在上海育才音乐组任教。某日,曹世峻先生携夫人(大提琴家)来校参观,听了鸣心弹钢琴和杨秉孙拉小提琴,惊讶于他们的才华,愿支付高昂学费为他们聘请名师授教。鸣心从10岁赤脚步入育才音乐殿堂,到20岁登上国际艺术舞台,不过十年,苗已成木。鸣心曾说:"育才学校是我的摇篮,也为我的音乐事业扎下了深厚的根基。没有陶校长和爱护我的一批批师长,我不知道,我的历史该如何写!"

鸣心在中央音乐学院当了3年教员,1953年留苏,入莫斯科柴可夫斯基音乐学院作曲系学习,成为苏联著名作曲家楚拉基的高足子弟。在留苏期间,他创作了《钢琴独奏》《小提琴独奏》等7部作品。楚拉基赞赏鸣心的灵性,更赞赏他的勤奋。1958年回国,就和同学吴祖强合作,创作了国庆十周年献礼剧目《鱼美人》芭蕾舞剧。国庆十五周年之际,杜鸣心与吴祖强再次合作,创作了《红色娘子军》芭蕾舞剧。70年代末以后,杜鸣心更迎来创作的高峰。他把创作的重点转移到大型交响乐领域,创作了《青年圆舞曲》、《青年交响乐》、交响音画《祖国的南海》、交响音诗《飘扬吧！军旗》、交响幻想曲《洛神》、管弦乐《秋思》、《小提琴协奏曲》、钢琴协奏曲《春之采》。进入90年代，他为香港回归创作了《1997序曲》、《弦风》(芭蕾舞剧)，还创作了《原野》《伤逝》《李四光》等十多部影视音乐，又为美国迪斯尼乐园的环幕电影《中国奇观》写了配乐。鸣心在1969年调入中国舞剧团任创作组、音乐组负责人。1976年，鸣心请求辞去该职务，回到中央音乐学院任教。20多年来，他一直是中央音乐学院作曲系主任、教授。一般带6名研究生就是满负荷，年近古稀的杜鸣心却带9名(硕士生与博士生)。渊博的知识、丰富的演奏经验、坚实的创作实践、严谨的治学态度、科学的教学方法，使他的教学深受学生欢迎。一批批新人在他的教导下脱颖而出，有的已小有名气。如郑秋枫，才华横溢，创作了数百首歌曲和影视音乐，歌曲《我爱你，中国》是其代表作；石夫，创作了《阿依古丽》等多部大型歌剧；王立平，为《红楼梦》《少林寺》等大批影视创作了音乐作品；叶小钢三十余岁就被评为教授。

杨秉孙，1929年2月25日生于湖北武昌市。他童年只上过2年小学，于1938年入重庆中国战时儿童保育会第一儿童保育院(亦称歌乐山第一保育院)学习。1939年陶行知创办了重庆育才学校，杨秉孙是第一批从难童中挑选出来的一位天才儿童。育才于7月20日开学，8月1日杨秉孙入社会科学组学习。1940年，周恩来、邓颖超曾参观育才，杨秉孙代表全校致欢迎词，表现了一个小小活动家的不凡能力。杨秉孙喜欢音乐，对小提琴、钢琴特别喜爱，常去音乐组观看，听音乐组学生上课。但转去音乐组学习，已是1941年的冬季了。当时，贺绿汀、任光、任虹都已转移至解放区，组里没有老师，由几个大同学陈贻鑫、熊克炎、郭惠英、陶明兰带领十几个小同学练视唱练耳。秉孙学小提琴已是1943年后的事，当时音乐组已搬到重庆复兴关歇台子抗敌歌咏团内，团长是胡然，他是陶先生聘请音乐界名流为音乐组义务授课老师的负责人。当时音乐组只有一把任光转移时留下的成人用小提琴，有五个大同学轮流练习。有一次，陈贻鑫练琴休息期间，杨秉孙偶然拿来拉了几下，觉得很有兴趣，便要求同大家一起上课。当时的提琴老师是中华交响乐团的首席黎国荃。上第一节课时，黎老师夸秉孙"音绝对准"。这是黎老师对秉孙的肯定、鼓励和表扬。育才学校主张在艺术实践中学艺术。入音乐组3个月，秉孙就登台表演，独奏一些门德尔松等人的钢琴小品。同时，秉孙在胡然团长的指导下，也参加抗敌歌咏团，演唱了不少抗日救亡歌曲。黎国荃老师不仅为孩子们上小提琴课,还为孩子们举行示范性小提琴独奏会,在室内乐和乐队合奏方面培养学生,亲自指导孩子们排练莫扎特、柴可夫斯基的弦乐四重奏及门德尔松的钢琴三重奏等古典乐,坚持每月举行一次音乐会。在几次公演中,陈贻鑫、杜鸣心、杨秉孙组成的钢琴三重奏、弦乐四重奏,受到社会的欢迎和重视,这是黎老师辛勤耕耘和孩子们刻苦练习的结果。在黎老师的指导下,杨秉孙的小提琴演奏技巧进步很快,8个月以后便登台独奏,曲目有德尔德拉的《回忆》、戈赛克的《加沃特舞曲》等。两年的刻苦努力,为他日后的小提琴演奏生涯打下了坚实的专业基础。1945年,马思聪先生举行旅行演出途经重庆。他对杨秉孙的小提琴演奏特别赏识,花了一个月亲自指导杨秉孙。1946年,在以"战地服务团"名义慰问盟军的演出中,杨秉孙参加中华交响乐团,赴昆明演出20场,参加了贝多芬的《命运》《田园》交响曲、舒伯特的《未完成的交响曲》等曲目的演出。杨秉孙首次接受专业的考验,体验到了成功的喜悦,时年17岁。到了上海以后,杨秉孙也得到了曹世峻先生(实际上曹先生是以商人身份作掩护的中共地下党员)的资助,向著名小提琴家奥托·约希姆和卫登堡学习,大大提高了左手技巧,使演奏技艺日臻成熟。更幸运的是,他参与了每周四在上海银行家阿贝赫姆家中举行的室内音乐会,为他日后从事室内演奏活动打下了良好的艺术基础。秉孙之所以有很高的艺术造诣,得力于这些得天独厚的艺术实践。

1948年,杨秉孙在上海市政府交响乐团(原上海工部局交响乐队)任第二提琴首席兼独奏演员。1949年5月下旬上海解放,秉孙投入了迎接上海解放的文艺演出活动,他演奏的《太阳一出满江红》(周波词、庄严曲)传遍了祖国大江南北。上海的解放使秉孙迎来了全新的生活。1950年,他与钢琴家周广仁举办音乐会,合奏演出了贝多芬等古典音乐大师的作品。音乐会所得收入全部捐出,用于支援抗美援朝。

1951年,杨秉孙跟随中国青年艺术团(团长周巍峙、副团长任虹)赴柏林参加第三届世界青年联欢节。后又随团在德意志民主共和国、苏联、波兰、匈牙利等国巡回演出,历时一年。1952年回到北京,奉命筹组中央歌舞团,团长为周巍峙,副团长为李凌、戴爱莲,杨秉孙调任中央歌舞团交响乐队任首席兼独奏演员,时年23岁。1954年,秉孙赴匈牙利李斯特音乐学院深造,师从著名小提琴家萨图莱茨基教授三年;1957年又赴苏联柴可夫斯基音乐学院,师从功勋艺术家加林娜·巴利诺娃学习小提琴。1958年学成归国,任中央乐团独奏演员。在文化大革命结束后,杨秉孙重返音乐舞台,以前所未有的热情投入了中央乐团一系列重大的艺术活动中。1978年4月23日,由杨秉孙任首席、名指挥家韩中杰任指挥的中央乐团交响乐队举行了一场交响音乐会,演出了贝多芬《第三交响曲》和中国作曲家陈培勋的交响诗《黄鹤楼》。音乐会由法国电台通过卫星用立体声频道向法国及英国现场直播,这是中国交响乐走向国际的一次创举,音乐会轰动了欧洲。国际指挥大师普列文说:"这个乐队是世界水平的。"在以后的岁月里,杨秉孙频繁地活跃在国际交响乐舞台上,为使中国的交响乐走向世界做出了重要贡献。

限于篇幅,我们这里只介绍了育才的三位学子,其实何止这三位,还有很多值得介绍的。这里重要的不是介绍多少,而是要寻找陶行知"创造"的奥秘。在育才,只要发现某个孩子有某种天赋,育才就必定千方百计设法使他充分发挥天赋,成为创造人才。只要遵循知识进化的客观规律来培养,通过他们自己的努力,就没有一个"落空"的,这就是陶行知发表《创造宣言》的根本动力;育才的创造教育也充分证明了陶行知生活教育强大的生命力。

评述36

创造的儿童教育

创造的儿童教育,不是说教育可以创造儿童。儿童的创造力是千千万万祖先,至少经过五十万年与环境适应斗争所获得而传下来之才能之精华。发挥或阻碍、加强或削弱、培养或摧残这创造力的是环境。教育是要在儿童自身的基础上,过滤并运用环境的影响,以培养加强发挥这创造力,使他长得更有力量,以贡献于民族与人类。教育不能创造什么,但它能启发解放儿童创造力以从事于创造之工作。

我们晓得特别是中国小孩,是在苦海中成长。我们应该把儿童苦海创造成一个儿童乐园。这个乐园不是由成人创造出来交给小孩子,也不是要小孩子自己单枪匹马去创造。我们造一个乐园交给小孩子,也许不久就会变为苦海;单由小孩子自己去创造,也许就创造出一个苦海。所以应该成人加入小孩子的队伍里去,陪着小孩子一起创造。

一、把我们摆在儿童队伍里,成为孩子当中的一员

我们加入到儿童队伍里去成为一员,不是敷衍的,不是假冒的,而是要真诚的,在情感方面和小孩子站在一条战线上。我曾经写过一首小诗,描写过我们在小孩队伍中应有和不应有的态度:

> 儿童园内无老翁,
>
> 老翁个个变儿童。
>
> 变儿童,
>
> 莫学孙悟空!
>
> 他在狮驼洞,
>
> 也曾变过小钻风;
>
> 小钻风,
>
> 脸儿模样般般像,
>
> 拖着一条尾巴两股红。

我们要加入儿童队伍里,第一步要做到不失其赤子之心,做成小孩子队伍里的一份子。

二、认识小孩子有力量

我们加入儿童生活中,便发现小孩子有力量,不但有力量,而且有创造力。我们要钻进小孩子队伍里才能有这个新认识与新发现。

从前,当晓庄学校停办的时候,晓庄的教师和师范生不能回晓庄小学任职,私塾先生又被小孩拒绝,农人不好勉强聘请,不得已,小孩自己组织起来,推举同学做校长当教员,自己教,自己学,自己办,并自称自动学校。这是中国破天荒的小创造。我听见了这个消息以后,就写了一首诗去恭贺他们:

> 有个学校真奇怪:
>
> 大孩自动教小孩。
>
> 七十二行皆先生,
>
> 先生不在学如在。

写好之后,交给几位大学生,请他们指教,他们说尽善尽美,于是用快信寄去。

第三天，他们回一封信，向我道谢之外，说这首诗有一个字要改，大孩教小孩，难道小孩不能教小孩吗？大孩能够自动，难道小孩不能自动吗？而且大孩教小孩有什么奇怪呀？这一串炸弹把个大字炸得粉碎，我马上把他改为"小孩自动教小孩"，这样一来，是更好了。黄泥脚的农村小孩改留学生的诗，又是破天荒的证明，证明小孩有创造力。

又有一次我到南通州去推广"小先生"，写了一篇一分钟演讲词，内中有一段："读了书，不教人。甚么人？不是人。"我讲过后有一个小孩马上来说："陶先生，你的演讲最好把'不是人'改为'木头人'，'木头人'比'不是人'更好了。因为'不是人'三个字不具体，桌子不是人，椅子也不是人，而'木头人'是给了我们一个具体印象，这也证明小孩子有创造力。我们要真正承认小孩子有创造力，才可以不被成见所蒙蔽。小孩子多少都有其创造的能力。

三、解放儿童的创造力

我们发现了儿童有创造力，认识了儿童有创造力，就须进一步把儿童的创造力解放出来。

（一）解放小孩子的头脑。儿童的创造力被固有的迷信、成见、曲解、幻想层层裹头布包缠了起来。我们要发展儿童的创造力，先要把儿童的头脑从迷信、成见、曲解、幻想中解放出来。迷信要不得，成见要不得，曲解要不得，幻想更要不得，幻想是反对现实的。这种种要不得的包头布，要把它一块一块撕下来，如同中国女子勇敢地撕下了裹脚布一样。

自从有了裹脚布，从前中国妇女是被人今天裹、明天裹、今年裹、明年裹，骨髓裹断，肉裹烂，裹成一双三寸金莲。

自从有了裹头布，中国的儿童、青年、成人也是被人今天裹、明天裹、今年裹、明年裹，似乎非把个个人都裹成一个三寸金头不可。如果中华民族不想以三寸金头出现于国际舞台，唱三花脸，就要把裹头布一齐解开，使中华民族的创造力可以突围而出。三民主义开宗明义就说：大凡人类对于一件事，研究其中的道理，首先发生思想，思想贯通，以后才生信仰，有了信仰，才生力量。思想贯通，便等于头脑解放。唯独从头脑里解放出来的创造力，才能打退日本鬼，建立新中国。

（二）解放小孩子的双手。人类自从腰骨竖起，前脚变成一双可以自由活动的双手，进步便一天千里，超越一切动物。自从这个划时代的解放以后，人类乃能制造工具、武器、文字，并用以从事于更高之创造。假使人类把双手束缚起来，就不能执行头脑的命令。我们要在头脑指挥之下用手使用机器制造、使用武器打仗、使用仪器从事发明。中国对于小孩子一直是不许动手，动手要打手心，往往因此摧残了儿童的创造力。一个朋友的太太，因为小孩子把她的一个新买来的金表拆坏了，在大怒之下，把小孩子结结实实打了一顿。后来她到我家里来说："今天我做了一件极痛快的事，我的小孩子把金表拆坏了，我给了他一顿打。"我对她说恐怕中国的爱迪生被你枪毙掉了。我和她仔细一谈，她方恍然大悟，她的小孩子这种行动原是有出息的可能，就向我们请教补救的办法。我说："你可以把孩子和金表一块送到钟表铺，请钟表师傅修理，他要多少钱，你就给多少钱，但附带的条件是要你的小孩子在旁边看他如何修理。这样修表铺成了课堂，修表匠成了先生，令郎成了速成学生，修理费成了学费，你的孩子好奇心就可得到满足，或者他还可以学会修理咧。"小孩子的双手是要这样解放出来。中国在这方面最为落后，直到现在才开始讨论解放双手。在爱迪生时代，美国学校的先生也是非常的顽固，因为爱迪生喜欢玩化学药品，不到三个月就把他开除！幸而他有一位贤明的母亲，了解他，把家里的地下室让给他做实验。爱迪生得到了母亲的理解，才一步步地把自己造成发明之王。那时美国小学的先生，不免也阻碍学生的创造力的发展。我们希望保育员或先生跟爱迪生的母亲学，让小孩子有动手的机会。

（三）解放小孩子的嘴。小孩子有问题要准许他们问。从问题的解答里，可以增进他们的知识。孔子入太庙，每事问。我从前写过一首诗，是发挥这个道理："发明千千万，起点是一问。禽兽不如人，过在不会问。智者问得巧，愚者问得笨。人力胜天工，只在每事问。"但中国一般习惯是不许多说话。小孩子得到言论自由，特别是问的自由，才能充分发挥他的创造力。

（四）解放小孩子的空间。从前的学校完全是一只鸟笼，学校是放大的鸟笼。要把小孩子从鸟笼中解放出来。放大的鸟笼比鸟笼大些，有一棵树，有假山，有猴子陪着玩，但仍然是个放大的模范鸟笼，不是鸟的家乡，不是鸟的世界。鸟的世界是森林，是海阔天空。现在鸟笼式的学校，培养小孩用的是干腌菜的教科书。我们小孩子的精神营养非常贫乏，这还不如填鸭，填鸭用的还是滋养料让鸭儿长得肥胖的。我们要解放小孩子的空间，让他们去接触大自然中的花草、树木、青山、绿水、日月、星辰以及大社会中之士、农、工、商、三教九流，自由的对宇宙发问，与万物为友，并且向中外古今三百六十行学习。创造需要广博的基础。解放了空间，才能搜集丰富的资料，扩大认识的眼界，以发挥其内在之创造力。

（五）解放儿童的时间。现在一般学校把儿童的时间排得太紧。一个茶杯要有空位方可盛水。现在中学校有月考、学期考、毕业考、会考、升学考，一连考几个学校。有的只好在鬼门关去看榜。连小学的儿童都要受着双重夹攻。日间由先生督课，晚上由家长督课，为的都是准备赶考，拼命赶考，还有多少时间去接受大自然和大社会的宝贵知识呢？赶考和赶路一样，赶路的人把路旁风景赶掉了，把一路应该做的有意义的事赶掉了。除非请医生，救人，路是不宜赶的。考试没有这样的重要，更不宜赶。赶考首先赶走了脸上的血色，赶走了健康，赶走了对父母之关怀，赶走了对民族人类的责任，甚至连抗战之本身责任都赶走了。最要不得的，还是赶考把时间赶跑了。我个人反对过分的考试制度的存在。一般学校把儿童全部时间占据，使儿童失去学习人生的机会，养成无意创造的倾向，到成人时，即使有时间，也不知道怎样下手去发挥他的创造力了。创造的儿童教育，首先要为儿童争取时间之解放。

四、培养创造力

把小孩子的头脑、双手、嘴、空间、时间都解放出来，我们就要对小孩子的创造力予以适当之培养。

（一）需要充分的营养。小孩的体力与心理都需要适当的营养。有了适当的营养，才能发生高度的创造力，否则创造力就会被削弱，甚而至于夭折。

（二）需要建立下层的良好习惯，以解放上层的性能，俾能从事于高级的思虑追求。否则必定要困于日用破碎，而不能够向上飞跃。

（三）需要因材施教。松树和牡丹所需要的肥料不同，你用松树的肥料培养牡丹，牡丹会瘦死；反之，你用牡丹的肥料培养松树，松树受不了，会被烧死。培养儿童的创造力要同园丁一样，首先要认识他们，发现他们的特点，而予以适宜之肥料、水分、太阳光，并须除害虫。这样，他们才能欣欣向荣，否则不能免于枯萎。

最后，我要提醒大家注意创造力最能发挥的条件是民主。当然在不民主的环境下，创造力也有表现。那仅是限于少数，而且不能充分发挥其天才。但如果要大量开发创造力，大量开发人矿中之创造力，只有民主才能办到，只有民主的目的、民主的方法才能完成这样的大事。美国杜威先生（不是候选总统之杜威，而是哲学家、教育家之杜威）最近给我信说："现在世界是联系得这样密切，如果民主的目的与方法不能在全世界每一个角落里都普遍地树立起来，我怕它们在美国也难持久繁荣。"民主应用在教育上有三个最要点：

（一）教育机会均等，即是教育为公，文化为公。我们要求贫富的机会均等，男女的机会均等，老幼的机会均等，各民族各阶层的机会均等。

（二）宽容和了解。教育者要像爱迪生母亲那样宽容爱迪生，在爱迪生被开除回家的时候，把地下室让给他去做实验。我们要像利波老板宽容法拉第。法拉第在利波的铺子里做徒弟，订书订得最慢，但是利波了解他是一面订书一面读书，终于让法拉第在电学上造成辉煌的功绩。

（三）在民主生活中学民主。专制生活可以培养奴才和奴隶，但不能培养人民做主人。民主生活并非乱杂得没有纪律。民主要有自觉的纪律，人民只可以在民主的自觉纪律中学习做主人翁。在民主动员号召之下，每一个人之创造力都得到机会出头，而且每一个人的创造力都能充分解放出来。只有民主才能解放最大多数人的创造力，并且使最大多数人之创造力发挥到最高峰。（第4卷，第446～452页）

本篇系1944年9月20日下午，陶行知在儿童福利工作人员会议上的演讲，后载于1945年4月1日重庆《战时教育》第9卷第1期。

陶行知提出："儿童的创造力是千千万万祖先，至少经过五十万年与环境适应斗争所获得而传下来之才能之精华。"（第4卷，第446页）这里所说的人类历史，根据考古学家最新发现证实，人类的历史当推至200万年以前。生物界遗传的事实也早已被人类发现。1917年3月，陶行知曾在《留美学生季报》第4卷第1期发表《遗传论》一文，1921年该文由南京高等师范学校印成单行本。陶行知旨在向国人介绍遗传知识。他认为，遗传之事，关系教育至为重大。儿童的创造力就是人类的祖先传下来之才能之精华。《创造的儿童教育》便是基于这个事实而展开讨论的。环境对儿童创造力的影响是"发挥或阻碍、加强或削弱、培养或摧残";教育的作用是"要在儿童自身的基础上,过滤并运用环境的影响,以培养加强发挥这创造力"。"教育不能创造什么,但它能启发解放儿童创造力以从事于创造之工作"。(第4卷,第446页)这里说的"儿童自身的基础"系指儿童先天的条件。

要想教育好孩子,首先要了解孩子,才不至于阻碍、削弱、摧残孩子的创造力。要想真正了解孩子,就必须"把我们摆在儿童队伍里,成为孩子当中的一员","要真诚的,在情感方面和小孩子站在一条战线上","要做到不失其赤子之心,做成小孩子队伍里的一份子"(第4卷,第446~447页)。

陶行知历来反对束缚人们手脑和行动自由的传统教育。对于儿童而言,束缚他们最厉害的就是那错误的传统教育观念。陶行知指出:"我又以为现在的中国人,已经成了没有创造力的民族,千年来的传统教育,便是斩杀小孩子创造力的刽子手。"(第3卷,第525页)陶行知因此提出解放孩子的创造力。

(一)解放小孩子的头脑

陶行知指出:"儿童创造力被固有的迷信、成见、曲解、幻想层层裹头布包缠了起来。"(第4卷,第448页)这里指的"迷信、成见、曲解、幻想",既有自古传下来的各种封建迷信、成见、曲解、幻想,也有千百年传下来的传统的错误教育观念所造成的迷信、成见、曲解、幻想。陶行知曾说:"中国的教员、学生,实在太迷信书本了。他们以为书本可以耕田、织布、治国、平天下;他们以为要想耕田、织布、治国、平天下,只要读读书就会了。"(第2卷,第19页)中国曾经历了一千三百多年的科举制度,读书人除了科举入仕别无他路,造就了几十万由读书走上仕途的进士、举人。所以大家以为读书就有官做,有好饭吃,能光宗耀祖。中国人对书本的迷信是从这里演化而来的,然后一代影响一代。直到今天,许多人一提到小孩子的教育,就立刻联想到只有"读书"才算教育,"舍书本外无教育"(第11卷,第483页),以致把孩子打造成只会"读死书、死读书、读书死"的书呆子。许多成见、曲解也是从这个迷信里产生的,这个迷信比所谓"封建迷信"更难使人识破。

（二）解放小孩子的双手

陶行知说："人类自从腰骨竖起，前脚变成一双可以自由活动的双手，进步便一天千里，超越一切动物。自从这个划时代的解放以后，人类乃能制造工具、武器、文字，并用以从事于更高之创造。假使人类把双手束缚起来，就不能执行头脑的命令。……中国对于小孩子一直是不许动手，动手要打手心，往往因此摧残了儿童的创造力。"（第4卷，第449页）这里包含了几层意思：人类为了战胜自然界或寻求食物，迫使着自己腰骨竖起，促使前脚变成双手；形成手以后，人类才能创造工具、武器、文字，以从事更高之创造；若把双手捆起来，造成手脑分离，就不能执行头脑的命令；中国的教育是不许动手、只许用脑的教育，这样便摧残了儿童的创造力。早在1938年，陶行知就曾指出："在学校，学生的头脑被知识塞得发胀，却很少有机会使用双手。我们从人类发展史知道，手有助于形成人脑。直立使手获得自由，我们才开始工作；工作时发出的声音，逐步被我们选用为口头语言。文字及工具都是我们的双手创造的。旧学校不鼓励使用双手，的确达不到发展脑的目的。由于受到这种不正常的训练，学生只得到一大堆未经消化的、互不联系的、脱离实际的各种知识。他们看起来有个大脑袋，但不能按客观世界的情况准确地思考。……真正的教育必须有助于造就能思索、能建设的人。我们需要的教育，要能造就会用脑指挥手、手开动脑的人。"（第6卷，第284页）换句话说，不注重脑指挥手、手开动脑的教育，不是真正的教育，至少不是好教育。

（三）解放小孩子的嘴

当孩子第一次提出"为什么"时，实际上表明了孩子智慧曙光的来临，可是大多数父母都没注意到。中国传统的习惯是不许孩子"多嘴"的。陶行知认为："小孩子得到言论自由，特别是问的自由，才能充分发挥他的创造力。"（第4卷，第450页）因为语言是交流的工具，小孩子的语言只有在交流中才能获得发展以发挥他的思想。语言是思维的外衣，语言的充分运用能促进思维的发展。在交流中，孩子能获取许多知识，能扩大眼界。从小培养孩子的交流能力，能造就孩子开朗的性格，同时也能促进孩子之自我向社会化道路的发展。孩子交流能力的提高也会使他敞开胸怀向父母师长述说自己的要求和想法,便于父母师长更有效地教育孩子。反之,总不让孩子"多嘴",则容易使孩子自卑、性格不开朗、不善于交往,一切都封于故步,阻碍了孩子个性的社会化,不利于使孩子成为人中人。

(四)解放孩子的空间

陶行知反对鸟笼式的学校教育。旧学校充其量也只不过是一个放大的鸟笼。这种鸟笼式的学校教育给予孩子的精神营养是很贫乏的。陶行知说:"创造需要广博的基础。解放了空间,才能搜集丰富的资料,扩大认识的眼界,以发挥其内在之创造力。"(第4卷,第450页)陶行知从来反对读死书,提倡读活书。为什么要解放孩子的空间?就是要"让他们去接触大自然中的花草、树木、青山、绿水、日月、星辰以及大社会中之士、农、工、商、三教九流,自由地对宇宙发问,与万物为友,并且向中外古今三百六十行学习"(第4卷,第450页)。一个闭目塞听的人,书尽管读得多,也不会有什么创造发明。原因在于缺少孩提时代的"第一感觉",或者缺乏"童子功",根底浅,于是难免井底观天,不能开创事业。

(五)解放孩子的时间

陶行知指出,一般的学校和不停的赶考剥夺了孩子的时间、健康,以及与自然、社会、家人接触的机会,更剥离了个人与国家的联系。从历史上看,自隋文帝确立科举制度(公元587年)以来,可以说,我们的民族一直在赶考,直到今天还在赶考。在以往的一千多年里,我们的民族所出人才寥寥无几。

这里应该说明的是,1946年5月,陶行知在《教师生活》第4期发表《小学教师与民主运动》一文。文中谈到还要解放儿童的眼,使他们能看,故合称儿童的"六大解放"(第4卷,第527页)。

把小孩子的头脑、手、嘴、眼、空间、时间都解放出来,这并不就能充分发挥小孩子的创造力,还必须给予适当的培养。陶行知提出了从三个方面予以适当培养:(一)需要充分的体力与心理的营养,许多有天赋的孩子往往困于体力与心理营养的贫乏而使创造力受到削弱以至于夭折。(二)需要建立下层的良好的习惯,这是很重要而又容易被人所忽视的教育。如果生活中样样事情被老妈子、仆人或其他人代做去了,无形中会造成"少爷""小姐"。从小养成下层的良好习惯,从小学会生活自理,自我管理,"以解放上层的性能,俾能从事于高级的思虑追求。否则必定要困于日用破碎,而不能够向上飞跃"(第4卷,第451页)。所以,让孩子用双手去创造自己的生活、创造未来,这是很重要的教育。(三)需要因材施教。陶行知说:"培养儿童的创造力要同园丁一样,首先要认识他们,发现他们的特点,而予以适宜之肥料、水分、太阳光,并须除害虫。这样,他们才能欣欣向荣,否则不能免于枯萎。"(第4卷,第451页)这是关于因材施教全面的论述。实际上,历史上有贡献的大科学家、大发明家及许多伟大学者,往往受益于某一方面的因材施教而成为成功者,富兰克林得益于他父亲的教育,法拉第受益于利波对他的宽容,爱迪生受益于他母亲对他的充分理解和爱心,他们以不同的方式给予了这些成功者以"因材施教"。(四)"创造力最能发挥的条件是民主。"(第4卷,第451页)在一个民主的家庭里,民主的父母给孩子享有民主,让孩子有说话的自由、行动的自由,没有精神上的拘束,有思想的自由,因而为孩子发挥创造力形成了一个巨大的精神空间。在专制的家庭里就大不同了。陶行知提出:"如果要大量开发创造力,大量开发人矿中之创造力,只有民主才能办到,只有民主的目的、民主的方法才能完成这样的大事。"(第4卷,第451页)"在民主生活中学民主"是陶行知民主教育很重要的教育思想,民主不能只停留在口头上,要在民主生活中学习民主、享受民主、形成民主的生活习尚,即是最重要的民主教育。在这样的生活中,大家学做国家的主人、社会的主人、自己的主人,那么就能把创造力发挥到最高点。

关于(二)宽容和了解。这里,陶行知举了法拉第和爱迪生的例子。我们很难断定哪个孩子将来是大科学家、大发明家,但是只有宽容和了解,才能为造就人才开绿灯,使他们的创造力发挥到极点。宽容和了解能为孩子提供广阔的发展空间,往往是反常规的,如果样样事情都要让孩子按陈规戒律去做,就会束缚孩子的手脚,使他们裹足不前,封于故步而不能创新。

《创造的儿童教育》与《第一届儿童节献词》《创造的教育》联系起来阅读,以了解它们相互的内在联系。《第一届儿童节献词》谈了儿童教育问题的严重性:"儿童所受的压迫,是最为深重,而又最为我们所忽视,甚至公认为合理。"(第11卷,第376页)《创造的教育》谈了"'行动,是中国教育的开始,'创造'是中国教育的完成"（第3卷,第451页),以及"创造的教育是以生活为教育"（第3卷,第453页),这两个都是知识进化的"瓶颈"问题。《创造的儿童教育》则讨论了儿童的创造教育的条件和实施。

早在20世纪20年代,陶行知就指出:"幼年受了损伤,即不夭折,也难成材。"他呼吁:"我们必须唤醒国人明白幼年的生活是最重要的生活,幼年的教育是最重要的教育。"（第1卷,第115页)到了30年代,中华民族存亡一缕,陶行知痛心疾首地指出:"我又以为现代的中国人,已经成了没有创造力的民族,千年来的传统教育,便是斩杀小孩子创造力的刽子手。"（第3卷,第525页)40年代,陶行知发表关于创造教育的一系列文章。可见陶行知对创造教育的重视和孜孜不倦的探求。我们要登高望远,为了实现中华民族伟大复兴之梦,必须把小孩子从脱离生活的、没有行动的读书教育中解放出来,把孩子们的头脑解放、双手解放、眼睛解放,给他们言论自由,把时间和空间还给孩子。他们没有奢求,只需这些,小小的孩子在不久的将来,就是小小的科学家、思想的天使。

评述37

新旧时代之学生

旧时代之学生之生长的过程有三个阶段:一是读死书;二是死读书;三是读书死。新时代之学生也离不了书,所不同的,他是:用活书,活用书,用书活。

什么是活书? 活书是活的知识之宝库。花草是活书,树木是活书,飞禽、走兽、小虫、微生物是活书,山川湖海、风云雨雪、天体运行都是活书。活的人、活的问题、活的文化、活的武功、活的世界、活的宇宙、活的变化、都是活的知识之宝库,便都是活的书。

活的书只可以活用而不可以死读。新时代的学生要用活书去生产,用活书去实验,用活书去建设,用活书去革命,用活书去树立一个比现在可爱可敬的社会。在活的社会里,众生都能各得其所,何况这个小小的我,当然也是跟着大众一块儿欣欣向荣地活起来了。（第2卷,第123页)

本篇原载于1931年11月26日《申报·自由谈》。本篇全文约300字,但其含意深刻,实为一篇经典教育文献,其中包含了做学问求知识的大道理。它告诉我们做学问的大小在于对生活的感悟,在于从活的知识中发现活的问题、解决活的问题。书是要读的,它帮助我们了解过去和当代文明,但不可以死读。

1935 年 6 月 16 日,陶行知在《生活教育》第 2 卷第 8 期发表《通不通》(第 2 卷,第 289~293 页),这是读死书与用活书的一场论战。

陶行知提倡"用活书、活用书、用书活",反对"读死书、死读书、读书死"。张耀祥先生(1893—1964)在《教育杂志》首先发表短评驳陶先生。

张说:"近人提倡劳作,不惜毁谤读书。"

陶说:"我们所提倡的是'在劳力上劳心',而不是寻常学校里的劳作。在我所写的论文里,从来没有'劳作'这个名词,我们是要大家参加社会生活里的劳动,而参加这种劳动的时候是要手脑并用。这种劳动,并不是在学校里设一门劳作功课点缀就算完事。这种装饰品的劳作,除了开展览会外,是别无用处。甚至于这种功课是侮辱工具、糟蹋材料、加倍消耗。我们之所以反对读死书、死读书、读书死的动机,绝不是为了要提倡这种与当前社会生存需要无关的劳作。"(第 2 卷,第 290 页)

张说:"一说反复诵读一本不甚了解的书至烂熟为止,便是死读书,私塾里的儿童有这样的事。"但不能责怪儿童,"因为他们是被强迫使然的"。

陶说:"谁来责备小孩呢?但强迫小孩这样死读书的人,就能宣告无罪吗?"(第 3 卷,第 290 页)

张说:"我以为如承认读书是件好事,正不妨多读。……书不像食物,吸收多了会停滞的;倒是像货财,多多益善。"

陶回答:"这是多么精彩的一段读书发财论!我肥天下瘦,我智天下愚,本来是同一个人导演出的两出悲剧。"(第 3 卷,第 291 页)

张又说:"假若有人无需为目前个人衣食而劳作,致全力于读书,不管他是为求学或为消遣,我们都不应非议他。"

陶回答:"请问这位致全力于读书的先生衣从何来?食从何来?正当大众吃树皮草根的时候,读书人还以'致全力于读书'为消遣,还不许人非议。好,'农夫心内如汤煮,公子王孙把扇摇。'我们看到这两句诗,再看看张先生的言论,当作何感想?只吃桑叶而不肯吐丝的蚕谁愿养?"(第 3 卷,第 291 页)

张说:"读书读得太多,把性命送掉,这就是所谓'读书死'了。"

陶回答:"我们对'读书死'的认识,绝不停止在个人的死活上。拼命读书,始而近视,继而驼背,终而吐血以至于夭折。这种狭义的死,固然令人为他可惜,但是更可惜的是未死之前,整个生活之残废麻醉,失却人生、社会的正确意义。只管读书,不管父母死活而父母死;只管读书,不顾民族死活而民族死。这样,小己固然读书成名,升官发财,而袖手坐看大己枯萎,我们要不称他为读书死也不行了。"(第3卷,第292页)

张又说:"嗜书者好沉默,因为他时刻在思想;不爱参加其他活动,因为他已经得着最高等、最愉快之活动。"

陶回答:"这几句话实在是一个有闲的书呆子的小影。除了'思想'宜改为呆想或空想之外,我想这幅小影是画得不错。"(第3卷,第292页)

张辩解说:"犁耕是劳动,笔耕也是劳动。"

陶答:"'只问耕耘不问收获'的时代已经过去了。我们必须问为什么耕?种的什么? 不管是犁耕也好,笔耕也好,而种出来的东西都是麻醉人的大烟,那么,虽能愉快一时,前途怎么呢?"(第3卷,第293页)

陶行知指出,张先生的根本错误是"误认读书与求知为一件事"。"读书只是追求已经发现的知识的一种方法。读书虽然重要,但是如果以书本为一切知识之泉源,那就难免坐井观天了。"(第3卷,第293页)陶行知以法拉第为例说明这个道理。法拉第(1791—1867)的父亲是一位铁匠。法拉第没上过学,十三岁跟着利波做学徒,学订书,干了七年。法拉第爱看书,一面订书,一面看书,书订好了,也读完了。他曾装订《百科全书》,书里有一篇《电》。那时人们关于电知道得很少。法拉第看完《电》,觉得很不够味,认为关于电的知识还有很多不知道,于是便产生了向电进攻的动机。陶行知认为:"他以后关于发电机的发明,与其说是从书得来,不如说是从书不够味中得来。"(第3卷,第293页)

我们从世界科学发展史中知道,任何一项发明与创造,都是从大自然的活知识宝库中得来。陶行知说:"学问之道无他,改造环境而已。不能把坏的环境变好,好的环境变得更好,即读百万卷书有何益处?"(第2卷,第232页)只有在变革环境的实践中,我们才能增长才干、有所发明、有所创造;如果一辈子在文字符号上下死功夫,那就钻进了牛角筒,死路一条。

名篇推荐

《通不通》（第3卷，第289～293页）

《棉花与教育》（第3卷，第455～459页）

《为农人服务的方针和做学问的方法》（第3卷，第460～462页）

《为新安小学儿童旅行团拟的计划》（第3卷，第463～465页）

《创造年献诗》（第4卷，第8～9页）

《育才手脑相长歌》（第4卷，第24页）

《育才学校校歌》（第4卷，第25～26页）

《育才二十三常能》（第4卷，第33～35页）

《育才学校节略》（第4卷，第36～38页）

《我们的校徽》（第4卷，第354～355页）

《设立中央儿童学园以倡导幼年社会教育案》（第4卷，第422～423页）

《创造的社会教育》（第4卷，第470～472页）

《中国》（第6卷，第221～264页）

《友穷 迎难 创造——致陶晓光》（第9卷，第205页）

《育才创造之神回来了——致陶宏》（第9卷，第329页）

《人生志在创业——致陶宏》（第9卷，第456～457页）

《仿我者死，创我者生》（第11卷，第625～626页）

《穷人办教育得带创造性》（第11卷，第674页）

《争取"六大解放"》（第11卷，第701页）

德育篇

阅读提示

陶行知历来重视学生道德品行的培养。学生行为的管理时常会遇到严与宽的问题。陶行知给出了很多有效的建议。

"如何可称道德，即在权衡这为人为己两方面，定夺最适宜之一点的所在。"（第11卷，第251页）正是这最适宜的一点，时常引起一系列管理上的问题。1926年11月5日，陶行知在《新教育评论》上发表《南京中等学校训育研究会》。文中谈及："历来办学的人谈到学生品行问题就联想到宽严的观念。其实从前学校一味盲目地压制，近年学校一味盲目地放任，都是不应该走的道路。训育问题不是笼统的宽严问题？究竟什么事应当严？什么事应当宽？我怕专在笼统的宽严问题上做工夫总寻不出什么条理来。……真正的训育是品格修养之指导。我们要在'事'上去指导学生修养他们的品格。事应当怎样，学生就应当怎样修养，先生就应当怎样指导。"（第1卷，第67页）

在《南京安徽公学办学旨趣》中，陶行知提出："我们最注重师生接近，最注重以人教人。教职员和学生愿意共生活、共甘苦。要学生做的事，教职员躬亲共做。要学生学的知识，教职员躬亲共学。要学生守的规矩，教职员躬亲共守。我们相信这种共学、共事、共修养的方法，是真正的教育。"（第1卷，第35页）

"现今办学的人，每存新旧宽严之见。我们只问是非好坏，不问新旧宽严。是的、好的，虽旧必存；非的、坏的，虽新必除。应宽则宽，应严则严。随时、随地、随人而施教育。"（第1卷，第36页）

"道德本来是习惯的制度，自然发生，不是有人可以勉强的，与法律不同。法律是行动上的，道德是见解上的。"（第11卷，第252页）正因为道德培养的困难，陶行知的德育思想才弥足珍贵，值得我们在德育领域中推广。我们的德育如能有序地释放孩子的欲望，无疑能为孩子增加正能量，鼓励孩子向上向前进步。

名篇评述

评述38

是非

孟子说:"是非之心,人皆有之。"生理心理学家把人的头脑解剖实验了几千百次,至今没有找着这样一个专管是非的"心"。

是非只是判断行为的一种符号。这种判断的能力是在判断上得来的。它是在实际生活里学得的本领,不是与生俱来的良知良能。

在实际生活中,人们对于某一种行为加以某一种符号,丝毫不容假借,久而久之,习惯成自然,是的便会说是,非的便会说非,没有什么参差。如果在实际生活中,有人混乱黑白,指鹿为马,是的有时说作非,非的有时说作是,这样一来,是非便不能分明了。

为什么要颠倒是非?大凡自己讨便宜的时候,不愿是非分明;只要自己吃了一点亏,便大声疾呼地要人家辨别是非。"是非"是上算者的敌人,"明是非"是吃亏者的呼冤。人不能老是上算,也不能老是吃亏,故有时要是非,有时不要是非。

靖节公①有诗说:"荣衰无定在,彼此更共之。""是"岂能专属于我?"非"岂能常属于人?

是非如贞操,既已挥之而去,何能招之即来?

当前的势力是占便宜的势力。拜倒在当前势力膝下的人的字典里,没有"是非"。如果有,便是另有注解。

只许自己是,硬派别人非,是当前势力之惯技。有时连呼冤也不许。在这种情形之下,受冤屈的人只有打出是非来。是非要靠武力来打出来,那是多么不经济的一回事呀!

是非之判断大都含有时代性、地域性、阶级性。一时代有一时代之"是非",

––––––––––––––––––––

① 靖节公即陶渊明。

一地域有一地域之"是非"，一阶级有一阶级之"是非"。

量布用尺，量米用斗，量是非的尺与斗是什么？我以现代中国大众的一份子提出是非标准如下：

（一）公者是；不公者非。增进大众福利者是；损害大众福利者非。大众福利与小集团福利冲突时，拥护大众福利者是；拥护小集团福利者非。

（二）真者是；不真者非。

（三）推动时代前进者是；阻碍时代前进者非。（第2卷，第172～173页）

是非

什么叫做是？

什么叫做非？

合于"天下为公"者是，

不合于"天下为公"者非。

什么叫做是？

什么叫做非？

使中华民国名实相符者是，

使中华民国名不符实者非。

什么叫做是？

什么叫做非？

使中华民族进一步者是，

使中华民族退一步者非。

什么叫做是？

什么叫做非？

使中华民族富强者是，

使中华民族贫弱者非。

什么叫做是？

什么叫做非？

使中华民族聪明者是，

使中华民族愚昧者非。

什么叫做是？

什么叫做非？

使老百姓增加幸福者是，

使老百姓增加痛苦者非。

什么叫做是？

什么叫做非？

努力和平协商者是，

硬要武力解决者非。

什么叫做是？

什么叫做非？

真者是，

假者非。

（第 7 卷，第 999 页）

短评《是非》一文，原载于 1932 年 1 月 21～22 日《申报·自由谈》。当时陶行知还在被国民政府通缉之中，直到 1932 年 2 月 22 日，陶行知才被国民政府内政部解除通缉令。自 1930 年 4 月 "四八" 事件以来，尽管晓庄师范被封，陶行知被通缉，深受冤屈，但他一直没有停止战斗。他担任了上海《申报》总管理处顾问，与黄炎培、戈公振合作，协助史量才对《申报》进行改革，使《申报》成为当时最有权威的时评报刊。

《是非》一诗发表的历史背景：1927 年蒋介石、汪精卫分别于 1927 年的 4 月 12 日和 7 月 15 日发动了反革命政变，中国共产党遂于 1927 年发动了 "八一" 南昌起义,建立了工农红军,并创建了井冈山革命根据地。蒋介石国民政府于1930年11月发起对井冈山革命根据地的第一次围剿;1931年日本侵略者乘机发动了"九一八"事变,至1932年1月东北全境沦陷。所有这些,难免引起人们思想上的波澜,有的说是,有的说非,莫衷一是,弄得老百姓头昏脑黑。在这种情况下,陶行知提出了是非的标准:"公者是;不公者非。增进大众福利者是;损害大众福利者非。大众福利与小集团福利冲突时,拥护大众福利者是;拥护小集团福利者非。真者是;不真者非。推动时代前进者是;阻碍时代前进者非。"(第2卷,第173页)这些是非标准不是陶行知主观臆想出来的,而是根据历史唯物论提出来的。在此之前几天,陶行知发表了《颠倒的逻辑》(第2卷,第160页)一文,驳蒋介石的"攘外必先安内"政策。

陶行知为劳苦大众讨个是与非,1932年6月30日在《申报时评》发表《"剿匪"与"造匪"》(第11卷,第403~405页),时隔两天又发表《再论"剿匪"与"造匪"》(第11卷,第408~410页),7月4日又发表《三论"剿匪"与"造匪"》(第11卷,第414~415页)。陶行知指出:"今日举国之'匪',皆黑暗之政治所造成。政治上既一面造'匪',政府复一面剿'匪'。在此矛盾行为下,'匪'既绝不能以剿而绝,或且以剿而势日以张大。抑且所剿之'匪',何莫非我劳苦之同胞?何莫非饥寒交迫求生不得之良民?枪口不以对外,而以之剿杀因政治经济两重压迫铤而走险之人民。正如杨杏佛氏所言:'对杀人放火奸淫掳掠之日军,既委曲求全,礼尚言和,请其撤退。'独对于国内铤而走险之人民,则竟动员大军,大张挞伐,此诚为吾人所不解也。"(第11卷,第403页)"今日之所谓'匪'者,与其谓为由于共党政治主张之煽惑,毋宁谓为由于政治之压迫与生计之驱使。政治如不改革,民生如不安定,则虽无共党煽惑,紊乱终不可免。……故今日'剿匪'为扬汤止沸,澄清政治安定民生,乃为釜底抽薪。"(第11卷,第415页)这就是陶行知的是非观。他坚定地站在人民一边,坚持历史唯物论,据理力争。

诗《是非》原载于1948年6月《现代妇女》第7卷第5、6期会刊。本诗写于1946年,正当内战全面爆发的前夜。短评《是非》与诗《是非》在时间上相隔14年之久,可见陶行知观点之鲜明、态度之坚定,堪称民族的脊梁骨。

评述39

道德问题

"世风不古,人心浇薄。"我们耳闻目见已经不少,直到今天,还有恢复旧道德的声浪,也可见得五千年的旧道德势力确是不小。

旧道德三字,当然是新道德的反响。但是道德两字,只有是与不是的问题,不能有新与旧的问题。道德是人在社会上最适当的行为,所以适当的是道德,不适当的不是道德。人的本质,原有为人为己两种趋向。但是为己的行为,未必全是不道德行为;反之,为人的行为,也未必全是道德行为。因为社会、个人,是相辅相成,不是各自生存的。所以为己之极,反是为人;为人之极,亦可为己。至于如何可称道德,即在权衡这为人为己两方面,定夺最适宜之一点的所在。大概道德的原则,是在个人有充分的发展,但不致损坏在社会全体之安全;社会有支配的势力,而又不致侵害个人生存的目的。因此一来,道德两字就极难讲,因为社会状态何等复杂,个人差别何等显著,社会有流动性,个人亦有流动性,这最适宜的一点便时时发生疑问和争执。从古到今,社会不断地变化,道德也不断地迁移,没有一时,没有一地,道德性质不在那里更变。今日称为最适宜的行为,明日也未必适宜;昨日称为最适宜的,今日又未必适宜。换句话说,可以维持此一时代之社会,未必能维持彼一时代之社会。道德固是造成社会的要素,但时刻显露其裂痕,补救方法,就在时时有适宜的道德,来代替不适宜的地位。如此社会可以常有进化,个人方面不受压迫。

欧美有欧美的道德,代表欧美社会最适宜的行为。宋、元、明、清有宋、元、明、清的道德,代表宋、元、明、清社会最适宜的行为。在欧美或宋、元、明、清的社会内,我们不能指出他道德的不是。但是社会不是只有欧美式同宋元明清式两种,以为除了欧美式只有宋元明清式的道德的心理,恐怕对于道德两字的观念有些弄错吧。总之,道德本来是习惯的制度,自然发生,不是有人可以勉强的,与法律不同。法律是行动上的,道德是见解上的。这是道德教育家应该研究的。(第11卷,第251~252页)

《道德问题》一文原载于1928年6月8日《申报·本埠增刊》,署名知。这是一篇关于道德的泛论,或概述;该短文全文不足900字,却把问题说得明明白白。中国历来就有新旧道德之争,陶行知根据历史唯物论观点提出:"道德两字,只有是与不是的问题,不能有新与旧的问题。"(第11卷,第251页)陶行知在《每天四问》(第4卷,第435页)中谈了"道德是做人的根本""公德与私德"等问题。

关于道德的原则与道德的进化,陶行知认为:"大概道德的原则,是在个人有充分的发展,但不致损坏在社会全体之安全;社会有支配的势力,而又不致侵害个人生存的目的。"(第11卷,第251页)"从古到今,社会不断地变化,道德也不断地迁移,没有一时,没有一地,道德性质不在那里更变。今日称为最适宜的行为,明日也未必适宜;昨日称为最适宜的,今日又未必适宜。"(第11卷,第251页)1933年,陶行知提出:"向工业文明前进的农业国的一切是变动的。我们要有动的道德、动的思想、动的法律、动的教育、动的人生观。有人说,知识要新,道德要旧,这是应该扫除的一种迷信。旧道德只能配合旧知识。新知识也得要求新道德。"(第3卷,第479页)

当今中国是一个正在迅速发展的大国,一切都在随经济的发展而发展。因而随时都会产生在权衡为人为己两方面并定夺最适宜之一点的问题。一切都在变动,在儿童的教育中尤应注意这一点。

名篇推荐

《南京安徽公学办学旨趣》(第1卷,第35~38页)

《南京中等学校训育研究会》(第1卷,第67~69页)

《学做一个人》(第2卷,第236~238页)

《育才十二要》(第4卷,第15页)

《重视儿童自治》(第11卷,第254~256页)

《恋爱与事业——人生可以做主的两大问题》(第11卷,第265~266页)

十五

科学教育篇

阅读提示

　　陶行知非常关心儿童的科学教育。早在1932年,陶行知就提出,"科学训练要从幼稚园开始"(第3卷,第437页)。这是他的远见卓识。近年来,有些家庭已开始从5—7岁让孩子玩科学把戏,主要表现在手脑并用,效果很好。手促进大脑活动,大脑的活动又促进手的灵活运动。如果有人指导,孩子的进步会更快,甚至超出父母的预计。可以说,世上没有天才。天才是一步一步培养出来的。陶行知说:"行动是思想的母亲,科学是从把戏中玩出来的。"(第2卷,第114页)陶行知曾说过:"自然小姐欢喜熟人,不喜欢生人。您从小便须和她做朋友。您做小学生的时候便要与她订交。最好,是在幼儿园里。不,在妈妈的怀抱里便须与她一块儿玩。过了中学时代您与她还不相认识,那么我怕您终身就无与她见面的姻缘了。"(第2卷,第546页)

　　"科学是工业文明的母亲。"(第2卷,第510页)可以说,科学能否发展,与国家的存亡关系极大。如果一个国家的科学失去了发展的机会,犹如一个人失去了血液循环。所以,我们必须抓住一代又一代儿童的科学教育,使中华民族一天比一天兴旺起来。陶行知的一生都在疾呼,让我们极力造就科学儿童,千万不要使民族的"造血功能"枯萎了。

名篇评述

评述40

儿童科学教育

　　在二十世纪科学昌明的时代,应当有一个科学的中国。然而科学的中国,谁来负起造就的责任? 就是一班小学教师。造成科学的中国,责任大得很啦。小学教师们一定要说:"我们负不起这种重大的责任。"别怕。我想,造成科学的中国,也只有小学教师可以负责。因为要建设科学的中国,第一步是要使得中国人个个都知道科学,要使个个人对于科学发生兴趣。年龄稍大的成人们,对于科学引不起他们的兴趣来。只有在小孩子身上，施以一种科学教育，培养他们科学的兴趣，发展他们科学的天才。只要在孩子们中培养出像爱迪生那样的几个科学杰出人才，便不难使中国立刻科学化。所以我说要造成科学的中国，责任是在小学教师。但是谈到科学教育，在施行上大家都觉有些难色，因为科学是一种很高深很精微的学问，小学教师的本身，对于科学尚未登堂入室，而要负起科学教育的责任，谈何容易。殊不知科学并不是很难的东西，高深的科学，固然很难研究，但是浅显的科学，我们日常玩着的，人人都会做。我们用科学的教育训练小孩子，譬如教小孩子爬树。你教人爬树，如从小教起，到了长大，便会爬到树顶，如果教成年人爬树，势必爬到皮破血流，非特爬不到顶，并且于他的手足伤害甚多。所以我们必先造就了科学的小孩子，方才有科学的中国。

造成科学的小孩子，向来教师是不注意的。检查过去的事实，父亲母亲倒或有一些帮助。如今我讲两个故事，一是讲述一个造就科学小孩子的父亲，一是讲述一个造就科学小孩子的母亲。我们大家不是都知道一位大科学家富兰克林（Franklin）吗？富氏是证明天空的电，和我们人工摩擦出来的电是一样的东西。天空的电，可以打死人，富氏于是制成避电针。他是在科学上一位很有贡献的学者。他的父亲是做肥皂和洋烛的，他自己能教小孩子。富氏入学读书不久，便去学手艺。他的父亲任凭他东去看看，西去做做，随意地、自由地去工作，去参观。他愿意做什么，便让他做什么，所以使他对于工厂中的化学和工作很有兴趣。富氏自传中谈起他四十岁然后从事于科学，然而富氏对于科学的兴趣，在很小的时候，东看西玩的已经培养成了，这是他父亲的功绩。所以小学教师也须得率领儿童时常到工厂、农场和其他相当的地方去玩玩。

去世不久的爱迪生氏，举世都承认他是一位大科学家。他关于电气上的发明，数目真可惊人。他有一个很好的母亲。他不过进了三个月的学校。在校时，校中的教师，都当他是一个十分顽劣的小孩，所以入学三个月，便把他开除了。爱迪生从此以后也再没有进过学校。他的母亲知道自己的小孩子并非坏东西，反怪校中教师只会教历史、地理，不能适合自己孩子的需要。因为那个时候的爱迪生，十分爱玩科学的把戏，在学校的时候，也只爱玩这一套而不留心学业，所以遭受教师的厌恶。西洋人的家里，都有一个贮藏杂物的地窖，爱迪生即在他家中的地窖里玩他科学的把戏。他在地窖中藏着许多玻璃瓶，瓶里都是藏着化学品,有的药品而且是毒性猛烈的。爱迪生的母亲,起初亦不愿孩子玩那些毒药,要想加以制止,但是不可能,于是也任他去玩了。玩化学上的把戏,须要用钱买药品,爱氏在替他母亲出外买东西时,必定要揩一些油,藏几个钱来,去买药品。后来他做了报贩;在火车上卖报,他卖报赚下来的钱,大部分是去买化学药品的。他并且在火车上堆货包的车棚里,贮藏他的玩意儿,报纸卖完,便躲在车棚里玩他的把戏。有一回,车棚坏了,把他化学的瓶子打破,于是烈火熊熊,把破坏的车棚烧了起来。车上的警士跑来一看,知道是爱迪生出的岔子,于是猛力地向爱氏一个耳刮,把爱氏的耳朵打聋了。后来据他自己说,耳朵聋了以后,反而使他专心科学。

我希望中国的父亲,都学做富兰克林的父亲;中国的母亲,都学做爱迪生的母亲。任凭自己的小孩子去玩把戏,或许在其中可以走出一个爱迪生来。我更希望中国的男教师学做富兰克林的父亲,女教师学做爱迪生的母亲。所以说出这两个故事,作为我们提倡科学教育的楔子。

再说我们提倡科学教育该怎样地来干呢? 我们的教育向来有许多错误,小时候读书便成了小书呆子,做教师时便成了大书呆子,因此我们中国没有什么科学,没有什么爱迪生的产生。不但是中等教育完全是洋八股,就是小学也成了小书呆子的制造场。我们提倡科学,就是要提倡玩把戏,提倡玩科学把戏。科学的小孩子是从玩科学的把戏中产生出来的。我们要小孩子玩科学的把戏,先要自己将把戏玩给他看。任小孩子自由地去玩,不能加以禁止,不能说玩把戏的孩子是坏蛋。

晋朝时代,江苏宜兴有一位叫周处的,他有些无赖的行为,当时宜兴的父老,称说地方有三害,一是南山猛虎,一是长桥蛟龙,一就是指周处。周处听到了这话,他便杀了猛虎,刺死蛟龙,自己亦改过自新,替地方除掉三害。我们从事教育的人,也要学做周处,须得自己悔悟,改过自新,再不要教成书呆的小孩子,而要造就科学的小孩子。然则取怎样的态度呢? 我可以略为申述我的意见:

(1)每个教师都变成小孩子,加入小孩子队里玩把戏。所谓把戏,并不是上海"大世界"游艺场所玩的把戏。像教师这样的尊严,说加入孩子队中玩把戏,似乎不妥当。然而科学把戏,和别的把戏不同。把戏上面加着科学二字,冠冕得多。教师应当和小孩子一起玩，而且应当引导小孩子一同玩。"大世界"的把戏是秘密的，科学的把戏是公开的。知道的就告诉学生，能做的就做给学生看，总须热忱地去干。

（2）我们对于科学的把戏，既是愿意和小孩子一起玩了，但是没有玩的本领，那怎么办呢？不要紧，有法儿可想，我们可以找教师，请他教去。我以前曾写了一首白话诗，诗的第一句说："宇宙为学校。"此话怎讲？就是想把我们的学校除墙去壁，拆掉藩篱，把学校和社会、和自然联合一起。这样一来，学校的范围广而且大。第二句："自然是吾师。"大自然便是我们的先生。第三、四句说："众生皆同学，书呆不在兹。"这样一来，我们研究切磋的同学很多，学问也因此很广，先生亦复不少。怎样把我们书呆的壳子脱掉？在我个人，中了书呆的毒很深，要返老还童地再去学习，固然困难，然而我极力还想剥去书呆子的一层壳。如今我报告我的几桩经过的事情。有一回，我买了一只表送我的母亲，这表忽然坏了，便送到修钟表匠那里去修理。修表的人说："要一元六角修费。"我说："可以，不过我有一个条件，在拆开的时候，我要带领我的小孩来看你拆。"他于是答应了，修钟表匠约定在明天下午一时。到了那个时候，我带领四五个人同去，看他修理，看他装，完结的时候，我向修钟表匠说，你们的工具和药水是到什么地方去买的？他以为我们也去开什么修理钟表店，未免抢了他的生意经，所以秘而不宣，随随便便回答我们说是外国来的。我想物件当然是外国来，但是中国店家，当然也有卖处。上海的钟表店，最大的有"亨达利"，我且到亨达利去问声，究竟有否出卖，谁知亨达利的楼上，多是卖修钟表器械和药水的场所，我便买了几样回来。当晚就到小押当里面去买到了一只表，花钱七角，拿回动手开拆，拆时不费多久，一下便拆开了，但是装可装不上去，直到晚上十二点钟，方才成功，于是大家欢天喜地，不亦乐乎。第二、第三天，大家学着做修表拆表的工作，学不多时，好而且快。有一位董先生，他是擅长绘画的，于是叫他拆一部画一部，经此一番工作，而装钟拆钟，全部告成。我们在这一桩事实中，可以说，社会各处都可求获一种技能。钟表店是我们的教室，钟表匠是我们的教师，一元六角便是我们所纳的学费；而我们同去学的儿子、父亲、朋友，都成了同学。回家学习，学习会的，便算对于这一课已经及格。在同道中间，只有我尚不及格，因为我小时手没有训练，书吃得太多，书呆程度太深了。如果我小时候的先生，他用这种方法教我，我不致如此啊！但是我们自己只要肯干，我们的先生很多，不要自己顾虑的。

我如今再举一个例子。南京的晓庄学校，自从停顿以后，校具都没有了。如今晓庄又开学了，几个小学校都已恢复，幼稚园的儿童已有八十多人。我写封信对主办的人说："你们此刻的工作对象，譬如一张白纸，白纸可以随意作画。我希望你们不要乱画。第一笔切须谨慎。"从前孔夫子的讲学，讲堂里没有凳子及桌子，苏格拉底率领弟子在树下讲学，把树根当作椅子。我说这两位先生，有些书呆气，既然没有椅子坐，为什么不自己制作起来呢？如今晓庄学校没有凳子，我们可以请一个木匠来做太先生，教教师和小孩子做凳，而且给以相当的工钱。做一工，或做一张椅子，便给他多少钱。这种工作十二三岁的小孩很会做。所以自己不会教，可以请太先生。有一天我在上海，走过静安寺路，看见一个女人，手提一花络，上面插着许多棕树叶做的好玩东西。这种东西，在小孩子眼光中看来，着实比洋囡囡好看。于是我便把她请到家里，做我们的教师，教了两小时，结果给我都学会了。做几个虾儿、几只蚱蜢，真是孩子们的好玩意儿。这样看起来，七十二行，行行都可做我们的教师。

自己愿意学了，先生有了，但是学校没有钱便怎样办呢？原来大家误会得很，以为施行科学的教育，一定要大大地花一笔钱；不知有些科学不十分花钱，有些教学简直一钱也不要花。我们在无钱的时候，可以做些无钱的科学，玩些不花钱的科学把戏。譬如教小孩子看天文，教小孩子看星宿。天文是一种科学，这种科学，你如果说要花钱，便千百万块钱也可花，因为造一个天文台，置些天文镜及其他仪器，那么百万千万块钱，用去也不嫌其多。说要不花钱的话，我们也可以研究天文，推求时刻和节气。我们两只眼睛，便是一对天文镜；用两根棒，便可做窥视星宿的器具。从前小孩子问他的老师说："先生，这是什么星？"老师只摇着头说道："不知。"如今教师懂得一些科学，知道一些科学，知道一些天文，将天空的星宿指点给小孩子看，小孩子一定兴趣浓郁。所以教科学，有钱便做有钱的布置，无钱便做无钱的事业。还有我们可以利用现成的东西，玩我们科学的把戏，譬如一只杯子、一个面盆、一根玻璃管、一张白纸，可以玩二十套科学把戏。其他校中所有的仪器，可以充分利用，火柴废纸都可以做玩科学把戏的工具。我们没有玻璃管，便可用芦柴管通个孔来替代。内地如果买不到软木塞，可以用湿棉花来做瓶塞，破布烂纸，都可利用。从不花钱的地方干去，这是很有兴趣的。如果推而广之，学校之外，也可给你去干，那是兴趣更浓了。所以我们没有钱，便拣着没有钱的先干。

我如今再可以举一个例子。上海有一个外国人，他专门研究上海所有的鸟，共历五年之久，如今他著成一本书，就署称《上海的鸟》。此书价格要四块美金。另有一外国人，研究中国南部的鸟，也著了一部书，买起来要花十二三元中国钱。居住在上海的中国人，以为上海人烟稠密，哪里有什么鸟？这是他们不留心研究的缘故。据这位外国人的研究，认为上海有49种鸟。我们别说上海了，就是内地的乡村，以为除了雀儿、燕子、老鹰、喜鹊四五种鸟之外，没有其他的鸟，这种见地狭窄得很。如果以宇宙为学校，则我们不必在教室中找知识，四处都可以找知识，四处都有相当的材料。要研究鸟类，真不必到什么博物院、动物园中去观察，随时随地都可研究。这位外国先生，他研究鸟的方法，就是在住宅旁边多种些树，树一长大，许多鸟儿便自己送来给他观察。到了冬天，他在树上筑几个窠，留鸟儿们来住宿，庭园里撒些谷类，留过往的鸟类吃点心。夏天置几个水盆，供给鸟儿洗澡。这些研究法，不必花钱，而所得者，都是很真切的知识。

惟在研究科学教育时，有一点要注意、要预防。小学中的教师，捉到一只蝶儿、蚱蜢，便用针一根，活活地钉在一块板上，把它处死，说是做标本。这我以为不对，因为我们观察生物，是要观察活的生物，要观察生物的自然活动。如今将活的生物剥制成死的标本，致将生物学成了死物学，生物陈列所变成僵尸陈列所。我近来曾写信和研究生物学的朋友讨论及此。我以为生物不应当把它处死做标本，只可待它死了以后，再用防腐剂保护它，看作朋友死亡了，保存遗躯留个纪念。把活的东西弄死，太嫌残忍，增长儿童残酷的心理，这是不行的。这种意见，我常与研究生物的朋友讨论，他们都说对，他们和我讨论的时候态度很诚恳，想不至于奚落我罢！上海科学社中养有白鼠，工人要拿几只回去，我不许，恐怕他拿了回去要弄死。我们教小孩子能仁慈，知道爱惜生物，这点是很紧要。达尔文研究生物学，他也不轻易杀害生物。中国老年人多爱惜生物，放生戒杀，虽近迷信，也是仁者胸怀。中国的蛙，向来由政府禁止捕捉的，但是在英国，别说普通人的捕捉，便是生物实验室中想要解剖一只蛙，也要向政府去纳护照。这是很正当的。所以我们要教小孩子养生，不当教小孩子杀生。生物学是一种有兴味的科学，研究起来，也要有许多材料，但是少杀生是要注意的。

我还可以申述我得到的感触。我们知道蛙是从蝌蚪变成的，蝌蚪是粒状，像灵隐的念佛珠般大小。有一天，一个孩子从河边，淘到一群蝌蚪，移殖到天井中的一个小小池潭里，过了几天，蝌蚪生尾了，再过几天，蝌蚪生足了，小孩子观察得很快活。再过几天，蝌蚪挤得一片墨黑。但是不久，一个都没有了，这并不是成了蛙跳走了的，原来都死光了。这是因为蝌蚪长大了，还是蹲在小潭里，生活条件不适合，所以非死不可。如果我们抱着宇宙即学校的观念，那么野外的池塘，便是我们蛙的实验所，我们要看蝌蚪的变化，我们就时常到那个池塘里去看，为什么要把蝌蚪捉到家中来呢？我们任凭生物在大自然安居乐业，过它们的生活。要观察便率领小孩到自然界去观察。我们须把我们学校的范围扩展，海阔天空便是一个整个的学校。这样一来，所观察的也就比较真确可靠，生物学也不致成为死物学。不然，要讲蛙时，便捞取许多蝌蚪，养育在学校中所备的缸或瓶里，结果死得精光。我希望这样的科学教育不能提倡，否则科学教育提倡得愈利害，杀死的生物愈多，恐怕蝌蚪死尽，中国的蛙便绝迹了。

所以提倡科学教育，有一点很要注意。欧洲大战，人家都说是科学教育的结果。科学教育之提倡，徒使人类互相残杀。中国无科学，真是中国的长处。这是不信任科学、怀疑科学那一部分人的话。还有一部分人迷信科学，自己终日埋头地研究科学，然而忘了人类，所以拼命在科学上创造些杀人的利器。这实在错误之极。我们须知科学是一种工具，犹如一柄锋利的刀，刀可杀人也可切菜；我们不能因为刀可杀人废弃不用，也不能专用刀去杀人，须要用刀来作切菜之用，做其有益人类的工作。科学是要谋大众幸福，解除大众苦痛。我们教小孩子科学，不要教小孩子做少数富人的奴隶，要做大众的天使。不是徒供少数人的利用和享受，当使社会普遍的民众多受其实惠。应当用科学来养生，不当用科学来杀生，这是提倡科学教育最紧要的一点。（第3卷，第411～418页）

本篇系陶行知先生1932年5月13日在杭州师范学校的演讲记录稿，原载于杭州师范学校编《师范教育学术讲座讲演集》（第一辑），1932年6月20日出版。演讲后，由陶晓光（陶行知的次子）等分四个实验台现场演示科学实验。

陶行知毕生关注着中国的科学事业,并身体力行从事儿童科学教育。早在晓庄时代,陶行知就十分关注晓庄学校的科学化。1928年,晓庄学校创建晓庄科学社,以促进晓庄学校的科学化。陶行知在《晓庄科学社宣言》中说:"中国人到了现在这样大祸临头的时节、九死一生的关头,总不致还有人相信'读经可以退兵',我们的精神文明可以克服'夷狄之邦'的物质文明罢!"(第2卷,第594页)

1924年7月,陶行知(时任中华教育改进社总干事)发起组织科学教员暑期研究会,1931年夏与丁柱中、高士其、戴伯韬等共创自然学园,编写"儿童科学丛书",发起"科学下嫁"运动;1932年,陶行知又创办"儿童科学通讯学校";陶行知不仅是一个儿童科学教育的倡导者、组织者,还是一位出色的科普作家。

在陶行知的教育思想中,儿童科学教育占有头等重要的位置。他的教育理论与实践活动,目的只有一个:寻求民族解放的教育理论与方法,把教育普及大众,使大众掌握文化科学的武器,提高中华民族的创造力,培养和造就各级各类的创新人才,实现中华民族的解放和伟大复兴。陶行知说:"创造富的社会,头脑里要装着科学,手里要掌着马力,这样,大自然会变成我们的宝藏。"(第2卷,第512页)这样,我们便能高效地实现"用知识去造财富,用财富去求知识,使人民愈富愈智,愈智愈富"(第2卷,第510页)。可见,"科学技术是第一生产力"。

对于中国科学技术不发达的根本原因,陶行知认为:"鉴于中国科学不振,固由于中学以上之科学教育偏重书本,亦由于小学抹杀自然科学,不能教导小孩用手与脑在大自然里去追求真知识。"(第8卷,260页)陶行知早在1924年就提出:"中等教育所有弱点中,最弱的莫过于科学的讲授。在这一方面,科学一直是通过讲课和按照教科书来讲授的,很少给学生本人以积极从事实验工作的机会。科学的学习所产生的结果应当是形成一种实验的态度和习得对自然加以有效的控制,但这历来是被忽视的。"(第6卷,第243页)陶行知还关注着幼稚园的科学教育,他说:"科学的训练是很重要,但是现在的一般幼稚园里是很少的。""科学训练要从幼稚园开始。"(第3卷,第437页)这是一种超越常规的教育思想。

培养科学的孩子,造就科学的中国。"只有在小孩子身上,施以一种科学教育,培养他们科学的兴趣,发展他们科学的天才。只要在孩子们中培养出像爱迪生那样的几个科学杰出人才,便不难使中国立刻科学化。"(第3卷,第411页)现今大家都知道芭蕾舞、体操、乒乓球、足球及其他许多运动项目,都必须从小训练,实际上科学人才也必须从小训练。这种训练的根本思想就是使孩子从小受到专项的手脑并用的训练。特别是有某种天赋的孩子,其天赋只要一经诱导便立刻爆发而不可遏。

最后,我们还要指出,孩子的科学教育成功与否,取决于我们是否坚决地与传统的错误教育观念做斗争。在传统观念里,"教育与读书成了一个名词"(第11卷,第711页),以为学科学只要读读科学的书就够了,这样很容易走上洋八股教育之路。一定要让孩子在科学的实验生活中熏陶自己,才有希望成为科学的孩子,成为中国未来的大科学家、大发明家的幼苗。也就是说,我们要用合理的知识、进化的方法训练孩子,必须在"教学做合一"下培养他们的科学兴趣,发展他们的科学天赋。否则以"假"造"假",永远培养不出科学的孩子。科学教育只有在"教学做合一"指导下,让孩子手脑并用,在做上教,在做上学,才有实效,使学生获得真切的真知识。

名篇推荐

《伽利略与木星的月亮》(第2卷,第50~52页)

《怎样学爱迪生》(第2卷,第94页)

《不如学阿尔》(第2卷,第95~96页)

《法拉第》(第2卷,第97~98页)

《化磁为电》(第2卷,第99~100页)

《科学的孩子》(第2卷,第106~107页)

《思想的母亲》(第2卷,第114页)

《莫轻看徒弟》(第2卷,第115页)

《佛兰克林》(第2卷,第116~122页)

《科学的生活》(第2卷,第541~547页)

《科学训练要从幼稚园开始》(第3卷,第437~438页)

《手脑相长》(第3卷,第439~445页)

《关于儿童科学通讯学校的两个文件》(第3卷,第627～628页)

《写在〈植物小世界〉创刊号之后》(第4卷,第437～438页)

《儿童天文学活页指导(函授教材)》(第5卷,第167～234页)

《怎样做一个科学的孩子》(第5卷,第632～635页)

《送科学丛书》(第5卷,第636页)

《怎样选书》(第5卷,第637～639页)

《〈儿童科学丛书〉的用法》(第5卷,第640～656页)

《谢允担任自然科学指导——给吕镜楼先生的信》(第8卷,第103页)

《小学理科——给吕镜楼先生的信》(第8卷,第164～165页)

《关于科学教育——致庄泽宣》(第8卷,第253～254页)

《附:庄泽宣复陶知行函》(第8卷,第255～257页)

《培养科学儿童以利创造科学中国之始基——致伍朝枢》(第8卷,第260页)

《附一:伍朝枢致陶知行函》(第8卷,第261页)

《附二:伍朝枢复陶知行函》(第8卷,第262页)

《以大自然为生物园——致台和中》(第8卷,第363～364页)

《科学下嫁》(第11卷,第285页)

《创设儿童科学通讯学校》(第11卷,第398～399页)

《牙齿和唾液的功能》(第11卷,第634～635页)

十六

大众艺术篇

　　陶行知是世界闻名的大众诗人。早在20世纪30年代,他的诗,尤其是大众诗已流传于世。陶行知最令人敬佩的是他为了大众的请求而发起大众的艺术高潮。陶行知说:"真正的艺术是长青的。"(第11卷,第675页)这句话的含义是深刻的。在民族解放运动中,大众艺术是民族解放的武器。

　　陶行知是伟大的人民诗人,一生创作了许多为大众所喜爱的诗歌。在育才,有文学组、音乐组、绘画组、戏剧组、舞蹈组,因此怎样把握文艺各组创作的正确方向,也就成为育才培养人才的一个根本问题。早在1941年,陶行知就向音乐组学生提出"留心不要把艺术当嫁奁",要"把音乐之神从大出丧、大结婚、大宴会中迎出来,送到巷头、送下乡村、送上战场去"。(第12卷,第403页)1942年5月,育才组织师生学习毛泽东《在延安文艺座谈会上的讲话》(以下简称《讲话》)及延安整风的文献资料。《讲话》鼓舞着育才师生。这时育才创造教育开始走向高潮,在"为工农兵服务"的号召下,育才艺术各组显得更加活跃。陶行知写诗宣传《讲话》的精神,他们用行动来宣传,虽然在1941年皖南事变后,育才进入最艰难的1942年,学生从两顿干饭变成了两顿粥,但这些困难没有阻碍育才师生的创造激情。年初以来,育才组织学生向社会汇报见习后的成果:绘画组举办儿童抗日画展;戏剧组公演儿童剧《表》;音乐组在广播大厦举行音乐会,轰动了重庆山城。

　　《大众的艺术》一文,发表在1946年1月1日《民主教育》第3期。文中以绘画为例,说明了什么是大众的艺术,"我对于绘画完全是外行;我只是拿大众的尺度来量。我为自己配了一副大众的眼镜来观察"(第4卷,第499页)。陶行知用诗来表达他的思想。

为老百姓而画

为老百姓而画,
到老百姓的队伍里去画,
跟老百姓学画,
教老百姓学画。

画老百姓，

画老百姓的爸爸，

画老百姓的妈妈，

画老百姓的小娃娃；

画出老百姓的好恶悲欢、作息奋斗，

画出老百姓之平凡而伟大。

希望有一天老百姓都喜欢我们的画，

尤其欢喜挂他们自己画的画。

把画送进每一个劳苦的人家，

使乡村美化，

使都市美化，

使中国美化，

使全世界美化。

给老百姓一个安慰，

将老百姓的智慧启发，

刺激每一个老百姓的创造力，

创造出老百姓所愿意有的新天下。

（第4卷，第500页）

当时，文学组主任、诗人力扬说，陶先生"所讲的不但是为绘画组说法，而且对于音乐组、戏剧组、舞蹈组、文学组皆同样地指出了应该走的路"（第4卷，第500页）。这一条路就是文学艺术为工农兵服务、为人民服务。

名篇评述

评述41

春风文艺社题词

为大众写！为小孩写！

钻进大众小孩的队伍里去,

和他们共患难、同喜悦。

向大众小孩学习,

写出他们心头所要说。

要做到:

　　一闻牛粪诗百篇,

　　风花雪月都变节。

倘使写出来的东西,

大众小孩喜欢满屋贴、满街贴、满乡贴,

不但高兴看、高兴谈、高兴唱,

高兴干得有力量,

而且还要拿起笔来自己写——

写他们自己的奋斗、创造、肚子瘪,

那才算妙绝。

三十五年六月十九日

（第7卷,第995页）

　　本篇选自1947年大孚出版公司出版的《行知诗歌集》。

　　陶行知一生都在写诗,今天我们能见到的共计600余首。其中310篇诗歌收录在《知行诗歌集》①《知行诗歌续集》②《知行诗歌别集》③《知行诗歌三集》④《知行诗歌集》⑤中。另外还有300余篇集外诗歌。陶诗之所以有生命力,就在于陶行知的生命是在大众的生命里活着,他的血管里流淌着大众的血液,他的心脏时刻都与劳苦大众的心声同脉搏。正因为如此,劳苦大众在想什么,想要得到什么,陶行知立刻能够感悟到,并立刻以诗来表达出来。

------

① 《知行诗歌集》:上海儿童书局1933年7月出版,诗歌72篇。
② 《知行诗歌续集》:上海儿童书局1935年10月出版,诗歌46篇。
③ 《知行诗歌别集》:又名《清风明月集》,上海儿童书局1935年12月出版,诗歌137篇。
④ 《知行诗歌三集》:上海儿童书局1936年11月出版,诗歌33篇。
⑤ 《知行诗歌集》:生活书店1936年11月出版,诗歌22篇。

诗的好与不好,要由老百姓来评价,如果写出来的诗老百姓喜欢,就是好诗;如果在你的诗歌感召下,老百姓自己拿起笔来写,写自己的奋斗、创造、所受的压迫、感受到的痛苦,那才是"妙绝"。这样,诗歌便成了劳苦大众战斗的武器! 在陶行知看来,这个"妙绝"也并不深奥,其中也并无奥秘。陶行知说:"我们要把自己的生命,放在大众的生命里,个人的生命才有意义。唯有把自己的生命放在大众的生命里,个人才不会死!"(第4卷,第127页)

陶行知在《春风文艺社题词》里全面阐述了毛泽东《在延安文艺座谈会上的讲话》的精神,推动了育才文艺各组的健康发展。陶行知的思路很明确:为大众写、为小孩写,这是方向;钻进大众、小孩的队伍里去,和他们共患难、同喜悦,这是生活基础;有了这个基础,还要向大众、小孩学习,虚心地学,没有这个态度,就不能真正了解大众、小孩,也就无法创造。陶行知用大众的语言写诗,通俗易懂,育才的孩子们是能够心领神会的。育才的孩子是很幸福的,他们赤脚步入育才这所生活教育的殿堂,享受着其他同龄人没有机会享受的好教育,而茁壮成长为新中国的栋梁之材。

名篇推荐

《戏剧与教育》(第1卷,第239~241页)

《大众歌曲与大众歌唱团》(第3卷,第397~403页)

《新诗路线》(第3卷,第578~579页)

《大众的艺术》(第4卷,第499~500页)

《为老百姓而画》(第7卷,第947~948页)

《诗人节祝词》(第7卷,第994页)

《艺术是老百姓最需要最爱好的东西》(第11卷,第672~673页)

《真正的艺术是长青的》(第11卷,第675~676页)

《革命的教育和革命的艺术携手》(第12卷,第173页)

参考文献

[1]《陶行知全集》编辑委员会主编．陶行知全集(1—10卷)[G]．成都：四川教育出版社,1991.

[2]《陶行知全集》编辑委员会主编．陶行知全集(11卷)[G]．成都：四川教育出版社,1988.

[3]《陶行知全集》编辑委员会主编．陶行知全集(12卷)[G]．成都：四川教育出版社,2002.

[4]梁伯琦,赫连素贞．陶行知教育思想基础[M]．杭州：浙江大学出版社,2010.

后　记

　　陶行知用了毕生的精力,在实践中创建了中国化的生活教育理论。这个理论蕴藏着陶行知深邃的教育智慧,为后人构建了一个从中国历史中吸取教训,从现代世界的比较中来研究当今中国教育改革的多维的教育思维空间。至今为止,中国还没有一位教育家像陶行知那样能够诠释中国教育的过去、现在与未来。但是要想把握陶行知的教育思想,对于初学者而言,至少要若干年,似乎太漫长了。这本《陶行知教育名篇评述》,精选了陶行知的41篇经典名篇,基本上可以把陶行知的教育思想比较完整地表达出来,帮助初学者在较短的时间里了解陶行知的教育思想。限于笔者的水平,未必尽善,深望大家批评指点。

　　陶行知是一位忠实的学者,一位谦逊的大学问家,他在做学问上从不封顶。相反地,他教导我们要创造性地独立地思考教育问题。他说,"仿我者亡,创我者生"(第11卷,第625页)。这真是一位伟大学者的博大胸怀。纵观陶行知一生的教育实践活动及其所创建的全部教育理论,贯穿着一条主线,就是怎样使人类的生活进化、教育进化及知识进化,探索着进化的根本方法。这就是他在20世纪20年代所创建的生活教育理论。其生活教育的根本主张就是"生活即教育""教学做合一""社会即学校""在劳力上劳心",这是人类生活、教育与知识进化最有效率的方法。从另一方面来看,他的一生都在反传统教育,反对传统的错误教育观念,因为这个传统的错误教育观念一直阻碍着中华民族的进步。如果我们把握了这条主线,就是基本上学到了陶行知的教育思想,这也是本书的一个使命。

　　陶行知是向人民敞开胸怀说真话的伟大的教育家,是人民的良师益友。他对人民谆谆善诱、诲人不倦。他告诉我们:"一个诗人或学问家,首先要高瞻远瞩,认清前人所走过的道路。也就是说,总结和清理前人的经验是艺术创作或学术研究的起点。第二步,要覃思苦虑,孜孜以求,犹如热恋中的情人,热切地、不惜一切地追求着所思。只有这样,才能一朝顿悟,发前人未发之秘,辟前人未辟之境,在艺术上或学术上做出独创性的贡献,犹如在灯如海、人如潮的灯节之夜,千追百寻终于找到了朝思暮想的心上人一样。"(第11卷,第436页)陶行知说,办教育要有三种境界:第一种境界"要先天下之忧而忧,要从高处远处着眼……要放开眼界,纵的看看,横的也看看";第二种境界,"是看清楚人民的隐痛之后,要时时刻刻记着它,用尽自己的力量,为解除人民的隐痛而努力奋斗,为它牺牲一切,为它憔悴,终不懊悔";第三种境界,"是从各地实际工作中寻求个解决,只要我们百折不回地去找它,终有出人不意遇着的一天"。(第11卷,第437页)这里陶先生为我们提出了怎样对待困难和应有的解决方法。这就是陶先生以他自己的亲身经历给我们的忠告,让我们去思考、去探索、去创造,共勉吧!